Wettbewerb unter Krankenhäusern

Europäische Hochschulschriften

Publications Universitaires Européennes
European University Studies

Reihe V
Volks- und Betriebswirtschaft

Série V Series V
Sciences économiques, gestion d'entreprise
Economics and Management

Bd./Vol. 2320

PETER LANG
Frankfurt am Main · Berlin · Bern · New York · Paris · Wien

Regina Wiedemann

Wettbewerb unter Krankenhäusern

Eine institutionenökonomische Analyse unter besonderer Berücksichtigung von Informationsasymmetrien

PETER LANG
Europäischer Verlag der Wissenschaften

Die Deutsche Bibliothek - CIP-Einheitsaufnahme

Wiedemann, Regina:

Wettbewerb unter Krankenhäusern : eine institutionenökonomische Analyse unter besonderer Berücksichtigung von Informationsasymmetrien / Regina Wiedemann. - Frankfurt am Main ; Berlin ; Bern ; New York ; Paris ; Wien : Lang, 1998
(Europäische Hochschulschriften : Reihe 5, Volks- und Betriebswirtschaft ; Bd. 2320)
Zugl.: Münster (Westfalen), Univ., Diss., 1998
ISBN 3-631-33534-2

D 6
ISSN 0531-7339
ISBN 3-631-33534-2

Inhaltsverzeichnis

Abkürzungsverzeichnis

BPflV	Bundespflegesatzverordnung
DIN	Deutsche Industrie Norm
DKG	Deutsche Krankenhausgesellschaft
EWU	Europäische Währungsunion
GKV	Gesetzliche Krankenversicherung
GKVWG	GKV-Weiterentwicklungsgesetz
GRG	Gesundheitsreformgesetz
GSG	Gesundheitsstrukturgesetz
HMO	Health Maintenance Organization
HWG	Heilmittelwerbegesetz
ISO	International Organization for Standardization
KHG	Krankenhausfinanzierungsgesetz
MC	Managed Care
NOG	Neuordnungsgesetz
o.V.	ohne Verfasser
RVO	Reichsversicherungsordnung
SGB	Sozialgesetzbuch
SVRKAiG	Sachverständigenrat für die Konzertierte Aktion im Gesundheitswesen
u.a.O.	und andere Orte
UWG	Gesetz gegen unlauteren Wettbewerb
WHO	Weltgesundheitsorganisation

1 Einleitung

Die Ausgaben für Krankenhausleistungen werden seit Jahren problematisiert:[1] Schon im zweiten Jahr nach Inkrafttreten des Gesetzes zur Sicherung und Strukturverbesserung der gesetzlichen Krankenversicherung (Gesundheitsstrukturgesetz - GSG) am 01.01.1993 verzeichnete die gesetzliche Krankenversicherung für das Jahr 1995 wieder ein Finanzierungsdefizit. Obwohl im GSG eine „Sofortbremsung" der Ausgabenentwicklung der gesetzlichen Krankenversicherungen für Krankenhausleistungen verankert war, konnte das Gesetz die „Kostenexplosion im Gesundheitswesen" - anders als vom Gesetzgeber ursprünglich vorgesehen - nicht stoppen. Die Budgets der Krankenhäuser sollten von 1993 bis einschließlich 1995 nicht stärker steigen als die beitragspflichtigen Einnahmen der Krankenkassenmitglieder. Tatsächlich sind die Ausgaben der Krankenkassen für die stationäre Versorgung in den Jahren 1992 bis 1995 mehr als doppelt so stark gestiegen wie die beitragspflichtigen Einnahmen der Krankenkassenmitglieder. Denn gesetzlich vorgegebene Ausnahmeregelungen durchkreuzten das Ziel des GSG. 1996 sind die Krankenhauskosten in den alten Ländern erstmals in der Geschichte gesunken. Man glaubt mitunter, den Vorwurf, Krankenhäuser seien der Kostentreiber im Gesundheitswesen, damit widerlegen zu können.[2] Außergewöhnliche Erhöhungen des Krankenhausbudgets wurden durch das Gesetz zur Stabilisierung der Krankenhausausgaben 1996 vom 29. April 1996 gebremst: Die Gesamterlöse des einzelnen Krankenhauses durften für das Jahr 1996 nicht höher sein als der vergleichbare Erlösbetrag für das Jahr 1995 plus die Erhöhung der Gehälter im öffentlichen Dienst im Jahr 1996. Prinzipiell ist derzeit dem Grundsatz der Beitragssatzstabilität Folge zu leisten.[3]

Entscheidungen über den Einsatz von Gütern[4] sind Teil menschlichen Lebens. Sie stellen ein Optimierungsproblem dar, weil Güter knapp sind, und werden aus ökonomischer Sicht am besten unter funktionsfähigem Wettbewerb in Märkten getroffen. Denn jener bewirkt nachweislich einen Zwang zur Optimie-

1 Vgl. im folgenden insbesondere TUSCHEN/ QUAAS (1996), S. 20 und 26 f.

2 Vgl. dazu die Auffassung von KONRAD REGLER, Vorsitzender der Bayrischen Krankenhausgesellschaft in o.V. (1997d) , S. 5.

3 Vgl. dazu § 6 BPflV.

4 Als Güter seien hier sowohl Güter im engeren Sinne als auch Dienstleistungen und Faktoren bezeichnet.

rung von Entscheidungen über die Verwendung von Gütern. Dies gilt grundsätzlich auch für den Fall, daß die Güter im Krankenhauswesen Verwendung finden können oder sollen.

Damit Diskussionen über die Ausgabensituation überflüssig werden, weil sie automatisch entschieden werden könnten, würde sich die Sicherstellung funktionsfähigen Wettbewerbs in Märkten für Krankenhausleistungen anbieten. Das Vorschreiben von „zulässigen" Ausgaben wäre dann nicht nur unnötig, sondern sogar schädlich und sollte deshalb gänzlich unterbleiben. Ausgabenzuwächse können in Marktsystemen auftreten, wenn Kunden eine höhere Angebotsmenge wünschen. Sie sind dann aber gewollt und brauchen nicht zum Streitpunkt zu werden.

Dennoch begegnet man im Krankenhauswesen Markt- und Wettbewerbsmechanismen mit großer Skepsis. Dies mag ein Grund dafür sein, daß der Krankenhaussektor ein relativ stark regulierter[1] Bereich im deutschen Gesundheitswesen ist.

Die Erklärung der Skepsis gegenüber Markt- und Wettbewerbsmechanismen scheint einfach zu sein: Es gibt offenbar „gute" Gründe, sich im Krankenhaus- bzw. Gesundheitswesen nicht ohne weiteres auf die Funktionsfähigkeit des Wettbewerbs in Märkten zu verlassen, sondern verschiedenste staatliche Regulierungen zu vertreten. In dieser Arbeit soll die Stichhaltigkeit solcher „guter" Grund untersucht werden.

Im *folgenden Abschnitt* wird das deutsche Krankenhauswesen vorgestellt. Dazu gehört zum einen die kurze Zusammenfassung der Leistungen eines Krankenhauses und zum anderen die Beschreibung der Entwicklung und Regulierung des deutschen Krankenhauswesens, die einen Eindruck von den Rahmenbedingungen vermitteln soll, in denen Krankenhausleistungen in Deutschland erbracht werden. Im *dritten Kapitel* werden die Besonderheiten der Krankenhausleistungen, von denen einige immer wieder als „gute" Gründe für die Regulierungen angeführt werden, aufgelistet. Informationsasymmetrien im Krankenhauswesen als Teil der Besonderheit „Krankenhausleistung als Gut mit Infor-

---

1 Ein regulierter Bereich ist mit Regulierungen versehen. Regulierungen bedeuten Beschränkungen für Verfügungen, die Personen über sich selbst, Sachen oder Rechte treffen dürfen. Vgl. DEREGULIERUNGSKOMMISSION (1991), S. 1.

mationsmängeln“ werden in der Arbeit genauer analysiert. Es sollen zwei Fragestellungen untersucht werden:

1. Stellt die Besonderheit „Informationsasymmetrie“ tatsächlich einen plausiblen Grund für die mangelnde Funktionsfähigkeit von Krankenhausmärkten dar?

2. Sind bestimmte Regulierungen mit der Existenz von Informationsasymmetrien ökonomisch zu rechtfertigen oder sind sie womöglich selbst der Grund für die mangelnde Funktionsfähigkeit von Krankenhausmärkten und sollten deshalb abgeschafft bzw. durch andere ersetzt werden?

Die Argumentationsbasis für die Beantwortung beider Fragen ist Gegenstand des *vierten Kapitels*. Im *fünften Kapitel* werden die Informationsasymmetrien analysiert. Die Analyse umfaßt eine genaue Beschreibung von Informationsasymmetrien im Krankenhauswesen und die Darstellung von grundsätzlich in allen Bereichen einer Volkswirtschaft anwendbaren Möglichkeiten zu Minderung der negativen Folgen asymmetrischer Informationsverteilung. Vor dem Hintergrund der Existenz solcher Möglichkeiten wird die Bedeutung von Informationsasymmetrien im Krankenhauswesen untersucht, bevor schließlich Ansätze der beschriebenen Möglichkeiten im deutschen Krankenhauswesen identifiziert werden. Im *sechsten Kapitel* sollen mit Hilfe der Ergebnisse aus der Analyse der Informationsasymmetrien und vor dem Hintergrund der theoretischen Basis aus dem *vierten Kapitel* Vorschläge für die Gestaltung von Rahmenbedingungen für funktionsfähigen Wettbewerbs im deutschen Krankenhauswesen entwickelt werden. Die Arbeit endet im *siebten Kapitel* mit einer Zusammenfassung.

2 Das Krankenhauswesen in Deutschland

2.1 Krankenhausleistungen

Im folgenden soll das umfassende Spektrum von Krankenhausleistungen dargestellt werden. Der deutsche Gesetzgeber beschreibt *Krankenhäuser* als „Einrichtungen, in denen durch ärztliche und pflegerische Hilfeleistung Krankheiten, Leiden oder Körperschäden festgestellt, geheilt oder gelindert werden sollen oder Geburtshilfe geleistet wird und in denen die zu versorgenden Personen untergebracht und verpflegt werden können“[1]. Daneben dienen Krankenhäuser als Ausbildungsstätten.[2] Krankenhäuser sollen also[3]

(1) die Behandlung der einer stationären Behandlung bedürftigen Patienten - insbesondere der Schwerkranken und Schwerverletzten - nach Maßgabe des medizinischen Kenntnisstandes und unter Berücksichtigung des medizinischen Fortschritts ermöglichen,

(2) die Vorhaltung ausreichender Sach- und Personalressourcen gewährleisten, um jederzeit bei Unfällen, Notfällen, Katastrophen oder Seuchen die erforderliche medizinische Versorgung zu garantieren,

(3) eine humane ärztliche und krankenpflegerische Versorgung Sterbender bieten, für die das Krankenhaus oftmals letzte lindernde und sterbebegleitende Zuflucht ist,

(4) die Entwicklung/Implementation des medizinischen, medizinisch-technischen, pharmakologischen und pflegerischen Fortschritts forcieren,

(5) Aus- und Weiterbildung der Ärzte, Pflegekräfte und zahlreicher anderer wichtiger Gesundheitsberufe für das gesamte Gesundheitssystem sichern und

(6) Forschung und Lehre unterstützen.

---

1 § 2, 1. KHG.

2 Vgl. dazu § 2, 1a. KHG.

3 Vgl. DEUTSCHE KRANKENHAUSGESELLSCHAFT (1994), S. 538.

Definitionen von *Krankenhausleistungen* ergeben sich unmittelbar aus den vorangegangenen Formulierungen der Aufgaben des Krankenhauses, denn Krankenhausleistungen sind sämtliche Anstrengungen eines Krankenhauses, die der Erfüllung eben jener Aufgaben dienen: Das Krankenhaus erbringt eine Leistung, wenn es den einer stationären Behandlung bedürftigen Patienten nach Maßgabe des medizinischen Kenntnisstandes und unter Berücksichtigung des medizinischen Fortschritts behandelt. Analog ließen sich auch aus den verbleibenden Krankenhausaufgaben Leistungen formulieren. Beispielsweise zählen auch sämtliche Anstrengungen zur Vorhaltung von ausreichenden Sach- und Personalkapazitäten zum Aufbau einer ständigen Notfallbereitschaft zu den Krankenhausleistungen.

Die soeben beschriebenen Krankenhausleistungen seien als *Primärleistungen* bezeichnet. Zur Konkretisierung der Primärleistungen seien ebenfalls *Sekundärleistungen* vorgestellt. Sekundärleistungen erbringt das Krankenhaus, indem es durch Diagnose, Beratung, Therapie, Pflege, Versorgung und Verwaltung zur Erbringung der Primärleistungen beiträgt. Die genannten Sekundärleistungen zielen vornehmlich auf die Erfüllung der ersten drei genannten Aufgaben bzw. auf die Erbringung der dazugehörigen Leistungen. Dies ist damit zu erklären, daß PREUSS, von dem die Bezeichnungsweise im wesentlichen übernommen ist,[1] als eigentliche Krankenhausleistung und damit einzigen Primärleistungen die Veränderung des Gesundheitszustandes und die Geburtshilfe ansieht. Im weiteren soll die stärkere Gewichtung der ersten drei Aufgaben bzw. Leistungen beibehalten werden, da die Implementation des Fortschritts, die Aus- und Weiterbildung sowie Forschung und Lehre als Beitrag zur Erfüllung bzw. Erbringung der ersten Aufgaben bzw. Leistungen gelten können.

Sekundärleistungen können dem medizinischen oder dem nicht-medizinischen Bereich zugeordnet werden. Diagnostische Leistungen schätzen individuelle Symptome ein, beratende Leistungen informieren über die Wirkungsweise verschiedener Therapien für die gestellte Diagnose und empfehlen eine mögliche Therapie, während mittels therapeutischer Leistungen die vorgeschlagene Behandlung durchgeführt wird.[2] Diagnose, Beratung und Therapie gehören zu den

---

1 Vgl. dazu PREUSS (1994), S. 104 ff.

2 Vgl. dazu die Einteilung von Gesundheitsleistungen bei RICHARD (1993), S. 36, in enger Anlehnung an PAULY (1978), S. 13.

medizinischen Leistungen, während die Pflegetätigkeit, die Versorgung beispielsweise mit Speisen, Wäsche oder Medikamenten sowie die Verwaltung des Krankenhausbetriebs nicht-medizinische Leistungen darstellen.

Im folgenden wird auf alle vorgestellten Leistungen des Krankenhauses vielfach mit dem einzigen Begriff „Krankenhausleistung" Bezug genommen.

2.2 Entwicklung und Regulierung des Krankenhauswesens

Um das deutsche Krankenhauswesen zu beschreiben, wird die Verfasserin zunächst einen kurzen Überblick über seine geschichtliche Entwicklung geben.[1] Einzelne derzeit gültige und das Krankenhauswesen betreffende Regelungen im deutschen Gesundheitswesen werden anschließend insoweit beschrieben, als deren Kenntnis für das Verständnis der folgenden Kapitel erforderlich ist.

Schaut man sich an, in welcher Trägerschaft sich Krankenhäuser heutzutage befinden, trifft man auf drei unterschiedliche Formen: öffentliche, freigemeinnützige und private Trägerschaften.[2] Mit allen drei Kategorien sind Entwicklungsphasen des Krankenhauswesens in Deutschland zu verbinden.

Die ersten Hospitäler waren *Gründungen von Klöstern oder Bischöfen*,[3] also Einrichtungen der freigemeinnützigen Kategorie. Sie machten es sich zur Aufgabe, mittellosen Menschen, die in der Familie keine Hilfe und Pflege fanden, geistlich zu betreuen und zu pflegen. Geringe medizinische Kenntnisse und Möglichkeiten ließen einer organisierten ärztlichen Therapie keinen Raum.[4]

Den Gründungen durch Klöster und Bischöfe folgten im Spätmittelalter die *Gründungen von städtischen Bürgerhospitälern*.[5] Städte erkannten die Vorhal-

---

1 Umfassendere Darstellungen finden sich z.B. bei FISCHER (1988), S. 14 ff., TUSCHEN/ QUAAS (1996), S. 1 ff., oder WIEMEYER (1984), S. 11 ff.

2 Vgl. PREUSS (1994), S. 102. Die Auflistung erfolgt nach der Bedeutung der Träger in der Krankenhausversorgung. Die meisten Krankenhausbetten befinden sich in öffentlicher, die wenigsten in privater Trägerschaft. Vgl. dazu HAUBROCK/ SCHÄR (1994), S. 77.

3 Schon die frühen christlichen Konzilien im 4. Jh. verpflichteten alle Bischöfe, in ihren Bischofsstädten Hospitäler einzurichten. Vgl. WIEMEYER (1984), S. 11.

4 Vgl. TUSCHEN/ QUAAS (1996), S. 1.

5 Vgl. WIEMEYER (1984), S. 12.

tung von Krankenhausleistungen als Verpflichtung gegenüber ihren Bewohnern. Die städtischen Krankenanstalten wurden nur gelegentlich auch von wohlhabenderen Bevölkerungskreisen in Anspruch genommen.[1] Im Zeitalter des Absolutismus nahm das Engagement der Städte weiter zu. Verstärkt kümmerten sich nun auch die Landesherren um die Errichtung von Krankenhäusern.[2] Die Scheu vor dem Krankenhaus legten die bürgerlichen Schichten, die eine häusliche Behandlung und Pflege bevorzugten, jedoch erst ab, als die Ursachen der Hospitalinfektion erkannt waren, erfolgreich bekämpft werden konnten und sich die Überzeugung durchsetzte, daß der medizinisch-technische Fortschritt im Krankenhaus eine bessere Versorgung als im eigenen Haus zuließ.[3] Die Bedeutung der öffentlichen Krankenhäuser nahm zu, als im Zuge der Säkularisierung 1803 den Klöstern und kirchlichen Stiftungen die Tätigkeit in der Krankenpflege untersagt wurde.[4] Mit der Überführung zahlreicher konfessioneller Krankenhäuser in die Zuständigkeit und Finanzverantwortung der Städte und Gemeinden wuchs die Überzeugung, daß die Krankenhausversorgung eine öffentliche Aufgabe sei.[5]

Die ersten *privaten Krankenhäuser* wurden durch engagierte Ärzte gegründet, als sich abzeichnete, daß die öffentliche Zuständigkeit für die Versorgung mit Krankenhausleistungen den Erfordernissen des medizinisch-technischen Fortschritts nicht gerecht wurden. Die Einführung der Narkose um 1847, die Entwicklung der Bakteriologie durch die Einführung der Antisepsis im Jahre 1867 sowie der Asepsis im Jahre 1886 und die damit verbundene Ausweitung hygienischer Kenntnisse gestatteten bislang undenkbare chirurgische Eingriffe und eine bessere Bekämpfung gefürchteter Infektionskrankheiten,[6] die in den schwerfällig geführten öffentlichen Krankenhäusern nicht zur Durchführung

---

1 Vgl. WIEMEYER (1984), S. 12 f.

2 Vgl. WIEMEYER (1984), S. 13. Die ersten Universitätskliniken wurden gegründet, z.B. 1710 die der Charité in Berlin. Vgl. TUSCHEN/ QUAAS (1996), S. 2.

3 Vgl. WIEMEYER (1984), S. 14.

4 Vgl. TUSCHEN/ QUAAS (1996), S. 2.

5 Vgl. FISCHER (1988), S. 16.

6 Vgl. dazu TUSCHEN/ QUAAS (1996), S. 2

gelangen konnten.[1] In den Privatkliniken konnten hochqualifizierte Ärzte die neuartigen Verfahren anwenden.

Mit der Entstehung von Privatkliniken verbunden war ein bis dahin unbekannter Wettbewerbsdruck auf die öffentlichen Krankenhäuser um qualifiziertes Personal und zahlungskräftige Patienten.[2] Der Druck wurde geringer, als mit Einführung der Krankenversicherung der Arbeiter im Jahr 1884 und deren Ausbau öffentliche Krankenhäuser nicht mehr auf Zuschüsse von Gemeinden und Stiftungen angewiesen waren. Von nun an flossen für die stationäre Aufnahme von Arbeitern regelmäßig Gelder in die betreffenden Krankenhäuser. Die Änderung der Finanzierungsbedingungen erlaubte eine raschere Angleichung der öffentlichen Krankenhäuser an den Standard ihrer privaten Konkurrenten. Das Krankenversicherungssystem, das auf dem Sachleistungsprinzip[3] basierte, sorgte zudem für umfassende Rechtsbeziehungen zwischen Krankenkassen und Krankenhäusern: Das Sachleistungsprinzip zwang Krankenkassen, dafür zu sorgen, daß das Angebot von Krankenhausleistungen tatsächlich vorhanden war.[4]

Lange Zeit waren die Vertragsparteien in ihren Verhandlungen weitgehend frei von staatlichen Eingriffen oder Reglementierungen. Dies änderte sich, als 1933 durch eine Novellierung des § 301 Abs. 2 RVO die Auswahlmöglichkeiten von Krankenhäusern, zu denen Krankenversicherungen Vertragsbeziehungen unterhalten wollten, eingeschränkt wurden und als 1936 mit der Verordnung über das Verbot von Preiserhöhungen erstmals ein Eingriff in die Preisgestaltung der Krankenhäuser stattfand.[5] In der Folgezeit bis in die Gegenwart ist eine Fülle weiterer Regulierungen im deutschen Krankenhauswesen erfolgt.[6] Um dem Leser einen Eindruck von der derzeit herrschenden Regelflut zu geben, seien eini-

---

1 Vgl. dazu MURKEN (1971), S. 292.

2 Vgl. FISCHER (1988), S. 20.

3 Sachleistungsprinzip bedeutet, daß die gesetzlichen Krankenversicherungen ihren Versicherten unmittelbar Leistungen zur Verfügung stellen. Der Gegensatz ist das Kostenerstattungsprinzip, bei dem Versicherte angefallene Ausgaben für Gesundheitsleistungen ersetzt bekommen.

4 Vgl. TUSCHEN/ QUAAS (1996), S. 2.

5 Vgl. TUSCHEN/ QUAAS (1996), S. 3.

6 Vgl. dazu im Detail TUSCHEN/ QUAAS (1996), S. 3 ff.

ge Vorschriften an dieser Stelle kurz aufgelistet: 5. Sozialgesetzbuch (SGB V), Gesetz zur wirtschaftlichen Regelung der Krankenhäuser und zur Regelung der Krankenhauspflegesätze (Krankenhausfinanzierungsgesetz - KHG), Verordnung zur Regelung der Krankenhauspflegesätze (Bundespflegesatzverordnung - BPflV), dazu diverse Gesetze, die Änderungen des SGB V und KHG verfügten und zu Neufassungen der BPflV führten, wie beispielsweise das Krankenhauskostendämpfungs-Gesetz vom 22. Dezember 1981, das Krankenhaus-Neuordnungsgesetz vom 20. Dezember 1984, das Gesundheitsreformgesetz (GRG) vom 20. Dezember 1988, das Gesundheitsstrukturgesetz (GSG) vom 21. Dezember 1992, das Stabilisierungsgesetz vom 29. April 1996 und schließlich das 1. und 2. Krankenversicherungs-Neuordnungsgesetz (1. und 2. NOG) vom 12. Juni 1997. Einige der aufgelisteten Gesetze und Verordnungen sollen näher beschrieben werden.

Das *SGB V* befaßt sich mit der gesetzlichen Krankenversicherung. Es finden sich dort insbesondere Vorschriften, die den Leistungsanspruch der Versicherten und das Verhältnis von Krankenkassen zu den Leistungserbringern, also auch zum Krankenhaus, regeln.[1]

Das *KHG* verfolgt den Zweck, die Krankenhäuser wirtschaftlich zu sichern, um eine bedarfsgerechte Versorgung der Bevölkerung mit leistungsfähigen, eigenverantwortlich wirtschaftenden Krankenhäusern zu gewährleisten und zu sozial tragbaren Pflegesätzen beizutragen. Das Gesetz ist 1972 verabschiedet worden, weil ständige Defizite zu einer erheblichen Überalterung der Krankenhäuser geführt hatten und den Anforderungen einer ausreichenden Versorgung der Bevölkerung mit Krankenhausleistungen nicht mehr entsprachen. Die Vorhaltung von Krankenhausleistungen wird als eine öffentliche Aufgabe verstanden. Die Aufgabe wird erfüllt, indem Investitionskosten im Wege öffentlicher Förderung übernommen werden. Die Finanzierung der laufenden Betriebs- und Behandlungskosten erfolgt dagegen über Pflegesätze, welche die Patienten oder ihre Krankenkassen zahlen. Die damit entstandene duale Krankenhausfinanzierung soll den Krankenhäusern einerseits die erforderlichen Investitionsmittel sichern

---

1 Vgl. §§ 69 ff. SGB V und insbesondere §§ 107 ff. SGB V.

und andererseits die Höhe der Pflegesätze mäßigen. Das Procedere bei der Festlegung von Pflegesätzen ist in der *BPflV* geregelt.[1]

Das *GSG* verfügt, daß spätestens ab 1. Januar 1996[2] die Betriebskosten mittels Abteilungsbudgets, Sonderentgelten und Fallpauschalen abgerechnet werden müssen. Das vormals bestehende Selbstkostendeckungsprinzip[3] und die prospektive Budgetierung auf der Basis tagesgleicher Pflegesätze ist damit abgeschafft worden.[4] Die leistungsbezogenen Vergütungsformen sollen wettbewerbliches Verhalten der Krankenhäuser lohnenswert machen.[5] Bestimmte Investitionskosten können fortan im Pflegesatz berücksichtigt werden,[6] was als erster Schritt in Richtung einer monistischen Finanzierung, bei der sämtliche Kosten der Krankenhausbehandlung mittels Pflegesätzen finanziert würden, gewertet wird.[7]

Neueste Änderung des Krankenhausrechtes sind mit der Verabschiedung der *Neuordnungsgesetze* verfügt worden. Sie verfolgen insbesondere die Erweiterung der Gestaltungsmöglichkeiten der Selbstverwaltung der gesetzlichen Krankenversicherungen und die Erhöhung der Finanz- und Leistungsverantwortung der Krankenkassen.[8]

---

1 Vgl. TUSCHEN/ QUAAS (1996), S. 5 f.

2 Freiwillig konnten Krankenhäuser auch schon 1995 nach der neuen Form abrechnen. Vgl. § 17 KHG.

3 Das Selbstkostendeckungsprinzip ist ein Kostenerstattungsverfahren, das die Höhe der Vergütung von Krankenhausleistungen in einer Rechnungsperiode von den tatsächlich nachgewiesenen Kosten abhängig macht. Vgl. dazu KOMMISSION KRANKENHAUSFINANZIERUNG DER ROBERT BOSCH STIFTUNG (1987), S. 65.

4 Vgl. dazu NEUBAUER (1993), S. 79.

5 Vgl. BÄR (1995), S.118, und dazu auch OSSEN (1995), S. 62.

6 Vgl. TUSCHEN/ QUAAS (1996), S. 18, und dazu § 18b KHG.

7 Vgl. HAUBROCK (1994), S. 217, und dazu TUSCHEN/ QUAAS (1996), S. 16, die auf eine Entschließung des Bundestages im Vorfeld des GSG hinweisen, nach der eine monistische Finanzierung im Krankenhauswesen angestrebt werden soll.

8 Vgl. o.V. (1996c), S. 545.

Kommen wir zu den einzelnen, für diese Arbeit bedeutsamen Regelungen. Beginnen wir mit der Mitgliedschaft in einer gesetzlichen Krankenversicherung.[1] Mit der Zahlung des Versicherungsbeitrags erwirbt der Versicherte den Anspruch auf diverse Leistungen. Kann eine Krankheit nicht durch eine teilstationäre, vor- und nachstationäre oder ambulante Behandlung geheilt oder gelindert werden, muß dem Versicherten eine vollstationäre Behandlung zugestanden werden. Der Umfang der Krankenhausleistungen bemißt sich nach den Erfordernissen des einzelnen Krankheitsfalls.[2] Die Leistungen selbst müssen dem Wirtschaftlichkeitsgebot genügen: Sie „müssen ausreichend, zweckmäßig und wirtschaftlich sein; sie dürfen das Maß des Notwendigen nicht überschreiten. Leistungen, die nicht notwendig oder unwirtschaftlich sind, können Versicherte nicht beanspruchen, dürfen die Leistungserbringer nicht bewirken und die Krankenkassen nicht bewilligen“[3]. Um die Qualität der Leistungen zu sichern, sind Krankenhäuser verpflichtet, sich an Maßnahmen zur Qualitätssicherung zu beteiligen.[4] Die Landesverbände der Krankenkassen, die Verbände der Ersatzkassen und der Landesausschuß des Verbandes der privaten Krankenversicherung können gemeinsam die Wirtschaftlichkeit, Leistungsfähigkeit und Qualität der Krankenhausleistung prüfen lassen. Sie bestellen dazu einvernehmlich mit dem Krankenhaus einen Prüfer.[5] Die von einem Krankenhaus angebotenen Wahlleistungen muß der Patient entweder selbst oder durch eine freiwillige Zu-

---

1 § 5 SGB V legt in Abhängigkeit vom Einkommen fest, welche Personen sich pflichtmäßig in einer von ihnen frei zu wählenden gesetzlichen Krankenkasse versichern müssen. In dieser Arbeit wird vorwiegend die Versicherung von Personen in gesetzlichen Krankenversicherungen berücksichtigt, da 90 % der deutschen Bevölkerung Mitglied in einer solchen ist. Vgl. dazu CASSEL/ KNAPPE/ OBERENDER (1997), S. 30. Die verschiedenen Arten der gesetzlichen Krankenversicherung werden in § 143 ff. SGB V beschrieben.

2 Vgl. für den Umfang der Krankenhausbehandlung § 39 (1) SGB V: „Die Krankenhausbehandlung umfaßt im Rahmen des Versorgungsauftrags des Krankenhauses alle Leistungen, die im Einzelfall nach Art und Schwere der Krankheit notwendig sind, insbesondere ärztliche Behandlung (§ 28 Abs. 1), Krankenpflege, Versorgung mit Arznei-, Heil- und Hilfsmitteln, Unterkunft und Verpflegung.“

3 § 12 (1) SGB V.

4 Vgl. § 137 SGB V.

5 Vgl. § 113 (1) SGB V.

satzversicherung finanzieren.[1] Der Versicherte kann die Leistungen entweder in Form der Sachleistung einfordern oder mit der Krankenversicherung Kostenerstattung vereinbaren.[2] Im Fall der Sachleistung läßt der Patient in Anspruch genommene Leistungen über die Versichertenkarte abrechnen, während das Kostenerstattungsprinzip vorsieht, daß der Patient Leistungen selbst bezahlt und sich die Kosten von seiner Versicherung erstatten läßt.[3] In beiden Fällen ist der Patient berechtigt, vom Leistungserbringer eine Aufstellung erbrachter Leistungen und deren Kosten zu verlangen. Der Leistungserbringer ist verpflichtet, die Information auf Antrag auszuhändigen.[4] Für bestimmte Leistungen ist eine Zuzahlung des Versicherten vorgesehen. Für den stationären Aufenthalt im Krankenhaus muß der Versicherte täglich 17 DM bzw. 14 DM zuzahlen.[5] Diese Beteiligung an den Krankenhauskosten wird aufgrund der Ersparnis der häuslichen Aufwendungen für Unterkunft und Verpflegung gerechtfertigt.[6] Darüber hinaus haben Krankenkassen die Möglichkeit, in ihrer Satzung weitere Selbstbehalte oder bei nicht in Anspruch genommenen Leistungen eine Beitragsrückzahlung vorzusehen.[7]

Die Bundesländer erstellen Krankenhauspläne und Investitionsprogramme.[8] Krankenhäuser haben einen Anspruch auf Förderung durch das Land, sofern sie in den Krankenhausplan aufgenommen und im Investitionsprogramm berücksichtigt worden sind.[9] Die Fördertatbestände sind im KHG aufgelistet.[10] Die

---

1 Wahlleistungen sind Leistungen, die nicht zu den allgemeinen Krankenhausleistungen gehören. Vgl. dazu § 2 BPflV. Das Angebot von Wahlleistungen ist in § 22 BPflV geregelt.

2 Vgl. o.V. (1997a), S. 6, sowie o.V. (1996c), S. 545, und dazu den geänderten § 13 SGB V.

3 Die Kostenerstattung ist möglich seit der Änderung des § 13 SGB V durch die Krankenversicherungs-Neuordnungsgesetze. Vgl. dazu o.V. (1997a), S. 6.

4 Vgl. o.V. (1996c), S. 545, und dazu die geänderte Fassung des § 305 SGB V.

5 Vgl. § 39 (4) SGB V und o.V. (1997a), S. 6. Westdeutsche Patienten zahlen 17 DM, ostdeutsche Patienten 14 DM.

6 Vgl. Sachverständigenrat für die Konzertierte Aktion im Gesundheitswesen (SVRKAiG, 1995), Ziff. 485.

7 Vgl. §§ 53 und 54.

8 Vgl. § 6 (1) KHG.

9 Vgl. § 8 KHG.

Länder legen somit fest, welches Ausmaß das durch sie mitzufinanzierende Angebot von Krankenhausleistungen annehmen soll bzw. darf. Die Krankenversicherungen und Krankenhäuser selbst sind an der Planung nur insoweit beteiligt, als der Gesetzgeber ihre *Mitwirkung* vorsieht. Mitwirkung bedeutet jedoch lediglich eine enge Zusammenarbeit. Eine einvernehmliche Regelung mit den Beteiligten ist *anzustreben*; sie ist keineswegs vorgeschrieben.[1]

Allgemeine Krankenhausleistungen[2] werden mittels Pflegesätzen (Fallpauschalen und Sonderentgelte), einem Gesamtbetrag (Budget) und tagesgleichen Pflegesätzen, durch die das Budget den Patienten oder ihren Kostenträger anteilig berechnet wird, vergütet.[3] Die Pflegesätze sind für alle Nachfrager von Krankenhausleistungen einheitlich zu berechnen.[4] Sie werden von den Parteien der Pflegesatzvereinbarungen (Vertragsparteien) verhandelt und von der zuständigen Landesbehörden genehmigt.[5] Die Vertragsparteien sind „der Krankenhausträger und Sozialleistungsträger, soweit auf sie allein, oder Arbeitsgemeinschaften von Sozialleistungsträgern, soweit auf ihre Mitglieder insgesamt im Jahr vor Beginn der Pflegesatzverhandlungen mehr als fünf vom Hundert der Berechnungstage des Krankenhauses entfallen“[6].

Mit Fallpauschalen wird die Vergütung von Krankenhausleistungen für einen bestimmten Behandlungsfall festgelegt.[7] Mit Sonderentgelten wird die Vergü-

---

10 Vgl. § 9 KHG. Zu den Fördertatbeständen zählen z.B. Investitionskosten für die Errichtung von Krankenhäusern einschließlich der Erstausstattung mit den für den Krankenhausbetrieb notwendigen Anlagegütern sowie für die Wiederbeschaffung von Anlagegütern mit einer durchschnittlichen Nutzungsdauer von mehr als drei Jahren.

1 Vgl. § 7 KHG.

2 „Allgemeine Krankenhausleistungen sind Krankenhausleistungen, die unter Berücksichtigung der Leistungsfähigkeit des Krankenhauses im Einzelfall nach Art und Schwere der Krankheit für die medizinisch zweckmäßige und ausreichende Versorgung des Patienten notwendig sind.“ § 2 BPflV.

3 Vgl. § 10 BPflV.

4 Vgl. § 115a SGB V, § 17(1) KHG und § 14 (1) BPflV.

5 Vgl. § 18 (1) und (5) KHG.

6 § 18 (2) KHG.

7 Vgl. § 11 (1) BPflV.

tung bestimmter Leistungskomplexe eines Behandlungsfalles geregelt.[1] Der Katalog von Fallpauschalen und Sonderentgelten wird von den Vertragsparteien auf Bundesebene gepflegt.[2] Fallpauschalen und Sonderentgelte werden mittels eines Punktesystems in Relation gesetzt.[3] Zur Bestimmung der monetären Höhe der Fallpauschalen und Sonderentgelte legen die Vertragsparteien auf Landesebene einen Punktwert fest, der multipliziert mit der jeweiligen Punkteanzahl den Wert der Fallpauschale bzw. des Sonderentgeltes ergibt.[4] In einem Land herrschen damit zunächst gleiche „Preise“ für bestimmte Leistungen. Allerdings können in den Pflegesatzverhandlungen (für alle Nutzer gleiche!) krankenhausindividuelle Zu- und Abschläge auf Fallpauschalen und Sonderentgelte vereinbart werden.[5] Das Budget legen die Vertragsparteien ebenfalls krankenhausindividuell fest. Für Leistungen eines Krankenhauses, die nicht über Fallpauschalen und Sonderentgelte vergütet werden, ist das flexible Budget vorgesehen.[6] „Die Vertragsparteien vereinbaren für den Pflegesatzzeitraum das Budget auf der Grundlage der voraussichtlichen Leistungsstruktur und -entwicklung des jeweiligen Krankenhauses ...“.[7] Auf der Grundlage des vereinbarten Budgets und der voraussichtlichen Belegung des Krankenhauses werden in den Verhandlungen Abteilungspflegesätze, Basispflegesätze und entsprechende teilstationäre Pflegesätze festgelegt.[8] Budgets, Fallpauschalen und Sonderentgelte dürfen nicht stärker steigen als die von den Spitzenverbänden der Krankenkassen und dem Verband der privaten Krankenversicherung gemeinsam und der Deutschen Krankenhausgesellschaft geschätzten Veränderung der beitragspflichtigen Einnahmen der Mitglieder der Krankenkassen je Mitglied.[9]

---

1 Vgl. § 11 (2) BPflV.

2 Vgl. o.V. (1996c), S. 545.

3 Vgl. Haubrock (1994), S. 230 f.

4 Vgl. § 16 (1) BPflV.

5 Vgl. §17 (1) BPflV.

6 Vgl. § 12 BPflV.

7 § 12 (1) BPflV.

8 Vgl. § 13 (1) BPflV.

9 Vgl. § 6 BPflV.

Krankenkassen dürfen Krankenhausleistungen nur durch zugelassene Krankenhäuser erbringen lassen.[1] Zugelassene Krankenhäuser sind Hochschulkliniken im Sinne des Hochschulförderungsgesetzes, Krankenhäuser, die in den Krankenhausplan eines Landes aufgenommen sind, oder Krankenhäuser, die einen Versorgungsvertrag mit den Landesverbänden der Krankenkassen und den Verbänden der Ersatzkassen abgeschlossen haben. Die Krankenkassen sind per Gesetz zum gemeinsamen Handeln bei den Vertragsabschlüssen gezwungen: „Der Versorgungsvertrag ... kommt durch Einigung zwischen den Landesverbänden der Krankenkassen und den Verbänden der Ersatzkassen *gemeinsam* und dem Krankenhausträger zustande."[2] Ein einzelner Verband oder gar eine einzelne Krankenkasse darf alleine keinen Versorgungsvertrag mit einem Krankenhaus seiner/ ihrer Wahl schließen oder kündigen.[3] Dies ist allenfalls im Rahmen von Modellvorhaben zur Weiterentwicklung der Verfahrens-, Organisations-, Finanzierungs- und Vergütungsformen der Leistungserbringer möglich.[4]

Gemeinsames Handeln der Akteure wird auch bei der Verzahnung von stationärer und ambulanter Behandlung der Versicherten verlangt: „Die Landesverbände der Krankenkassen und die Verbände der Ersatzkassen *gemeinsam* und die Kassenärztlichen Vereinigungen schließen mit der Landeskrankenhausgesellschaft oder mit den Vereinigungen der Krankenhausträger im Land *gemeinsam* Verträge mit dem Ziel, durch enge Zusammenarbeit zwischen Vertragsärzten und zugelassenen Krankenhäusern eine nahtlose ambulante und stationäre Behandlung der Versicherten zu gewährleisten."[5] Die Möglichkeiten eines Krankenhauses, vor- und/ oder nachstationär bzw. ambulant Behandlungen durchzuführen sind vom Gesetz vorbestimmt. Vor- und/ oder nachstationär, d.h. ohne Unterkunft und Verpflegung, kann ein Krankenhaus einen Patienten behandeln, um die Erforderlichkeit einer vollstationären Krankenhausbehandlung zu klären oder die vollstationäre Krankenhausbehandlung vorzubereiten oder um im Anschluß an eine vollstationäre Krankenhausbehandlung den Behandlungserfolg

1 Vgl. § 108 SGB V.

2 § 109 SGB V.

3 Vgl. § 110 SGB V.

4 Vgl. o.V. (1996c), S. 545, und dazu die Neufassung der §§ 63-65 SGB V.

5 § 115 (1) SGB V.

zu sichern oder zu festigen.[1] Der Umfang ambulant durchzuführender Operationen im Krankenhaus und deren Vergütung sowie Maßnahmen zur Sicherung der Qualität und Wirtschaftlichkeit werden von den Spitzenverbänden der Krankenkasse *gemeinsam*, der Deutschen Krankenhausgesellschaft oder den Bundesverbänden der Krankenhausträger *gemeinsam* und den Kassenärztlichen Bundesvereinigungen vereinbart.[2]

Dies soll als Einführung in das deutsche Krankenhauswesen genügen. Im nächsten Kapitel beginnt mit der Beschreibung von Besonderheiten der Krankenhausleistung die ökonomische Analyse.

---

1 Vgl. § 115a SGB V.

2 Vgl. § 115b SGB V.

3 Besonderheiten der Krankenhausleistung

3.1 Vorbemerkungen

Entscheidungen über die Verwendung von Gütern werden aus ökonomischer Sicht am besten von den betroffenen Individuen selbst und unter dem in Märkten herrschenden, annahmegemäß funktionsfähigen Wettbewerb getroffen. Denn von jenem erwartet man einen Zwang zur Optimierung der Entscheidungen über die Verwendung von Gütern und in Verbindung mit den Tauschmöglichkeiten in Märkten die Tendenz zum gesellschaftlich effizienten Einsatz jener Güter.[1] Die Entscheidungen betreffen die Verteilung von Gütern auf verschiedene Individuen zum Ge- oder Verbrauch oder zur Produktion anderer Güter. Mittels Entscheidungen unter Wettbewerb in Märkten werde somit über die *Bereitstellung* von Gütern entschieden, d.h. darüber befunden, welche Güter in welcher Menge und Qualität für wen zur Verfügung gestellt werden. Wettbewerb in Märkten ist insofern auch eine Möglichkeit der Bereitstellung von Gütern.[2]

Die Abkehr von wettbewerblichen Entscheidungen in Märkten ist nur dann vertretbar, wenn die Funktionsfähigkeit des Wettbewerbs tatsächlich eingeschränkt ist oder die mangelnde Funktionstüchtigkeit in näherer Zukunft zu befürchten ist,[3] und insofern ein Marktversagen vorliegt. FRITSCH/ WEIN/ EWERS stellen dazu allerdings fest, daß der Bereich eingeschränkter Funktionsfähigkeit nicht wissenschaftlich exakt eingegrenzt werden könne, so daß die Entscheidung über den Zeitpunkt wirtschaftspolitischen Handelns zur Behebung oder Minderung eines potentiellen Marktversagens stets auch eine wertende sei.[4] Dies könnte bedeuten, daß eine Reihe von Diskussionen um die Funktionsfähigkeit von bestimmten Märkten letztlich Diskussionen um Werturteile sein

---

1 Diese Behauptung wird in Abschnitt 4.2 genauer erläutert werden.

2 Vgl. zum Bereitstellungsbegriff auch GROSSEKETTLER (1989), S. 441. GROSSEKETTLER verwendet den Begriff allerdings im Rahmen der Kollektivguttheorie und legt fest, daß Bereitstellen heißt „zu definieren, in welchem Umfang das Gut beschafft und nach welchem Modus es finanziert werden soll".

3 Siehe dazu auch Abschnitt 4.5.4.

4 Vgl. FRITSCH/ WEIN/ EWERS (1996), S. 62.

würden, die zu keinem richtigen Ergebnis, im Zweifel aber zu einer theoretisch nicht gerechtfertigten Abkehr von Markt und Wettbewerb führen können. Wenn die Befürwortung individueller Entscheidungen unter Wettbewerb in Märkten zur Bereitstellung von Gütern grundsätzlich unstrittig ist, sollte deshalb die Existenz eines Marktversagens nur dann in Betracht gezogen und sollten wirtschaftspolitische Maßnahmen nur dann ergriffen werden, wenn plausible Gründe für eine unzureichende Funktionsweise des Marktes genannt werden können. Auf diese Weise wird der existierende Willkürspielraum der Politik möglichst klein gehalten.[1] Bei der Ausgestaltung der Maßnahmen ist zudem stets dem Anspruch zu genügen, möglichst wenig in die Entscheidungsfreiheit der Individuen einzugreifen.[2] Außerdem sollte der wirtschaftspolitische Eingriff nicht nur geeignet sein, den betreffenden Mangel zu beheben, sondern die Kosten des Eingriffes sollten den erzielten Nutzen nicht übersteigen, wenn die Maßnahme tatsächlich die gesellschaftliche Wohlfahrt verbessern soll.[3] Dabei sind die Möglichkeiten der Wirtschaftspolitik möglichst realistisch einzuschätzen, damit das Marktversagen nicht durch ein Staatsversagen „behoben" wird.[4] Die bisherigen Aussagen, auf die wir noch mehrfach zurückkommen werden,[5] sollten zunächst grundsätzlich auch im Krankenhauswesen Gültigkeit besitzen.

Die im zweiten Kapitel vorgestellten Regulierungen signalisieren, daß man im Krankenhauswesen offenbar eine ganze Reihe von wirtschaftspolitischen Eingriffen vertritt. *Gesundheitsgüter* sind Güter, die der Förderung der Gesundheit

---

1 Vgl. dazu FRITSCH/ WEIN/ EWERS (1996), S. 62.

2 Dies gebietet nicht nur die Hoffnung, eine mögliche „Restfunktionsfähigkeit" des Marktes zu erhalten, sondern ist vor allem Zeichen liberaler wirtschaftspolitischer Maßnahmen, die als solche dem Subsidiaritätsprinzips Folge zu leisten haben. An dieser Stelle soll eine genaue Legitimation von Entscheidungen in Märkten aus der Sicht liberaler Wirtschaftstheorie allerdings unterbleiben. Von Bedeutung ist lediglich die Tatsache, daß Märkte bei Entscheidungen über die Verwendung knapper Güter grundsätzlich zu favorisieren sind, und dies ist auf einfache Weise auch schon mit den in Märkten erwarteten, guten ökonomischen Ergebnissen begründbar. Siehe dazu insbesondere Abschnitt 4.2. Vgl. zur Definition des Subsidiaritätsprinzips NELL-BREUNING (1962), dazu DÖRING (1994) und zu Gedanken über ökonomischen Liberalismus z.B. GROSSEKETTLER (1991).

3 Vgl. FRITSCH/ WEIN/ EWERS (1996), S. 294 f., und auch Abschnitt 4.5.4.

4 Vgl. FRITSCH/ WEIN/ EWERS (1996), S. 295.

5 Siehe hierzu insbesondere das vierte Kapitel.

dienen.[1] Für die ökonomische Analyse dieser Güter hat sich ein eigener Teilbereich der Wirtschaftswissenschaften herausgebildet: die Gesundheitsökonomie[2]. Einige Gesundheitsökonomen schreiben Gesundheitsgütern Besonderheiten zu, welche die Bereitstellung jener Güter über einen Markt[3] stören und nicht zu den für „normale" Güter bekannten guten Ergebnissen führen würden. Die entsprechenden Besonderheiten werden dann als plausible Gründe für die mangelnde Funktionsfähigkeit des Marktes verstanden.[4]

Krankenhausleistungen stellen solche Gesundheitsgüter dar. Die Bedenken gegenüber Wettbewerbs- bzw. Marktmechanismen sind deshalb auch im Krankenhauswesen fest etabliert.[5] Wirtschaftspolitische Eingriffe sind dort zahlreich.[6] Im folgenden sollen mögliche *Besonderheiten von Krankenhausleistungen* mit ihren Folgen aufgelistet werden. Einige der Besonderheiten werden in der Literatur schon explizit als Besonderheit der Krankenhausleistung genannt, andere werden in die Liste aufgenommen, weil sie aus den Besonderheiten von Gesundheitsgütern abgeleitet werden können. Für diese Arbeit maßgebliche Aussagen zur Bedeutung der Besonderheiten für den Wettbewerb unter Krankenhäusern sollen an dieser Stelle jedoch ausdrücklich nicht gewonnen werden.

---

1 Vgl. HERDER-DORNEICH (1980), S. 1.

2 Als Ursache für die Entstehung der Gesundheitsökonomie gilt allgemein die Erkenntnis, daß das Gesundheitswesen mit anderen gesellschaftlichen Bereichen um die knappen wirtschaftlichen Mittel konkurriert. Vgl. GÄFGEN (1990), S. 12.

3 Vielfach ist mit der Idee des Marktes das von ARROW beschriebene Referenzmodell verbunden. „... a competitive model, that is, the flows of services that would be offered and purchased and the prices that would be paid for them if each individual in the market offered services at the going prices as if his decisions had no influence over them, and the going prices were such that the amounts of services which were available equalled the total amounts which other individuals were willing to purchase, with no imposed restrictions on supply or demand." ARROW (1963), S. 941 f.

4 Vgl. dazu z.B. MEYERS-MIDDENDORF (1993), S. 180 ff.

5 Vgl. dazu z.B. BOLLES (1994).

6 Siehe dazu Abschnitt 2.2.

3.2 Krankenhausleistung als Zukunftsgut

Kein Mensch kann davon ausgehen, in seinem Leben nicht krank zu werden.[1] Früher oder später wird er mit großer Wahrscheinlichkeit Gesundheitsgüter nachfragen wollen. Und dann ist seine Zahlungsbereitschaft häufig sehr hoch, wenn nicht sogar maximal, weil er sein Leben nicht verkürzen oder gar verlieren will. Solange der Mensch allerdings keine gesundheitlichen Beschwerden hat und sich insofern wohl fühlt, besteht für ihn kaum Anlaß, sich um die Versorgung mit Gesundheitsgütern in *Zukunft* überhaupt zu sorgen.[2] Tut er dies dennoch, weil er es als rational empfindet, für Anforderungen in der Zukunft etwas zurückzulegen,[3] bleibt immer noch zu befürchten, daß er wie die meisten Menschen seine zukünftigen Bedürfnisse unterschätzen wird.[4] Im Ergebnis muß also damit gerechnet werden, daß vorsorgliche Einkommensaufwendungen für die zukünftige Nachfrage nach Gesundheitsgütern in der Regel zu gering ausfallen.[5]

Besonders folgenschwer können sich die Konsequenzen fehlender Zukunftsvorsorge insbesondere bei der Nachfrage nach dem Gesundheitsgut „Krankenhausleistung“ auswirken. Ebensowenig wie ein Mensch mit lebenslanger Gesundheit rechnen kann, wird er davon ausgehen können, in seinem Leben niemals auf die Leistungen eines Krankenhauses angewiesen zu sein. Unter dem oben angesprochenen *Gesetz der Minderschätzung zukünftiger Bedürfnisse* wird das Individuum aber dennoch keine ausreichende Vorsorge treffen, um im Krankheitsfall die Ausgaben für einen stationären Aufenthalt decken zu können. Im Normalfall wird das Individuum in einem reinen Marktsystem also zum Verzicht auf die unter Umständen lebenswichtige Behandlung gezwungen sein.[6]

---

1 Vgl. HERDER-DORNEICH (1994), S. 642.

2 Vgl. HERDER-DORNEICH (1980), S. 7.

3 Vgl. HERDER-DORNEICH (1994), S. 640.

4 Das Gesetz der Minderschätzung zukünftiger Güter hat bereits VON BÖHM-BARWERK 1884 dargestellt. Vgl. dazu BÖHM-BARWERK (1961), S. 332 ff.

5 Vgl. dazu ZÖLLNER (1965), S. 173 ff.

6 Vgl. dazu ANDREAS (1994), S. 177.

3.3 Krankenhausleistung als Versicherungsgut

Ein risikoscheues Individuum wird die Unsicherheit zukünftiger Aufwendungen für die eigene Gesundheit als Belastung empfinden, zumal es befürchten muß, im Extremfall Ausgaben für ein lebensnotwendiges Gesundheitsgut gar nicht auf einmal aufbringen zu können. Zur Absicherung des Krankheitsrisikos wird es deshalb eine Versicherung abschließen wollen, die es für eine entsprechende Prämie zum einen von der beschriebenen Risikolast befreien soll und die zum anderen durch das Poolen von Risiken für jeden die „anzusparende" Summe für die denkbar kostspieligste Krankheit verkleinern würde.[1] Die Argumentation, die Krankenhausleistung sei ein Versicherungsgut, ähnelt damit stark der Beschreibung der Krankenhausleistung als Zukunftsgut.[2] Gemeinsam ist beiden das Ausgangsproblem, daß ein gesundes Individuum im gegenwärtigen Zeitpunkt die Ausgaben für die Behandlung einer zukünftigen Krankheit bedenken muß. Die Tatsache, daß ein Individuum im Gesundzustand seine spätere Nachfrage nach Gesundheitsgütern unterschätzt, war Kennzeichen der Gesundheitsgüter als Zukunftsgüter. Die Tatsache, daß ihm der genaue Zeitpunkt und das sich im Bedarfsfall ergebende Ausmaß der Nachfrage außerdem ex ante unbekannt sind, weil das in der Zukunft liegende Krankheitsereignis naturgemäß mit Unsicherheit behaftet ist,[3] charakterisiert Gesundheitsgüter jetzt als Versicherungsgüter.

Die Krankenhausleistung gehört zweifellos zu der Kategorie von Gesundheitsgütern, die den Versicherungscharakter besonders deutlich werden läßt:[4] Wann und in welchem Umfang jemand Krankenhausleistungen in Anspruch nehmen muß, ist in der Regel ungewiß. Mit anderen Worten: Eintrittswahrscheinlichkeit und Schadenshöhe des individuellen Risikos sind unbekannt. So gut wie sicher

1 Vgl. dazu ARROW (1963), S. 159 f.

2 Siehe zum Zukunftsgut Abschnitt 3.2. Beide Besonderheiten werden deshalb mitunter fälschlicherweise vermischt. Vgl. dazu z.B. ANDREAS (1994), S. 176 f.

3 ARROW stellt dazu fest: „The most obvious distinguishing characteristics of an individual`s demand for medical services is that it is not steady in origin as, for example, for food or clothing, but irregular and unpredictable." ARROW (1963), S. 948. Siehe zur Beschreibung von Unsicherheit auch Abschnitt 4.5.2.

4 Die folgenden Ausführungen stützen sich auf KOMMISSION KRANKENHAUSFINANZIERUNG DER ROBERT BOSCH STIFTUNG (1987), S. 127.

ist allerdings, daß für die Mehrzahl der Patienten die stationäre Behandlung so teuer sein wird, daß sie kaum aus dem laufenden Einkommen finanziert werden kann. Die unsichere Nachfrage nach Krankenhausleistungen muß deshalb vom risikoscheuen Individuum als besonders drückend empfunden werden, und die Möglichkeit, daß bei einer gemeinschaftlichen Vorsorge der einzelne im Krankheitsfall höchstens einen Teil der Krankenhausrechnung übernehmen müßte,[1] scheint besonders erstrebenswert.

3.4 Krankenhausleistung als soziales Gut

Es wird vielfach die Ansicht vertreten, daß die Zahlungsfähigkeit von Individuen kein Kriterium für die Zuteilung von Gesundheitsgütern darstellen solle. Jeder Mensch besitze ein Anrecht auf Gesundheitsgüter ausreichender Menge und Qualität.[2] Krankheit solle kein Bereich des Geschäftemachens sein.[3] Regulierende Eingriffe zur Gewährleistung eines chancengleichen Zugangs zu Gesundheitsleistungen folgen deshalb häufig dem Grundsatz, daß das Wohl des Kranken oberstes Gesetz sei.[4] Unterschiedliche, durch die Natur vorgegebene Startchancen sollen ausgeglichen werden. Personen, die von Natur aus mit einer größeren Anfälligkeit für Krankheiten (z.B. einer angeborenen Krankheit oder Behinderung) ausgestattet sind, sollen dadurch in ihren Entfaltungsmöglichkeiten nicht benachteiligt sein.[5]

3.5 Krankenhaus als räumliches Monopol

Ein Anbieter von Gütern wird zum Monopolisten, wenn er keine Konkurrenten besitzt und damit zum Alleinanbieter avanciert.[6] Auf diese Weise erlangt der

---

1 Vgl. KOMMISSION KRANKENHAUSFINANZIERUNG DER ROBERT BOSCH STIFTUNG (1987), S. 127.

2 Vgl. BREYER/ ZWEIFEL (1997), S. 163. Das Prinzip des gleichen Zugangs zu Gesundheitsleistungen wird grundsätzlich auch vom deutschen Verfassungsrecht unterstützt, das gleiche Lebensbedingungen in allen Bundesländern verlangt.

3 Vgl. MEYER (1993), S. 26.

4 Vgl. MEYER (1993), S. 26.

5 Vgl. BREYER/ ZWEIFEL (1997), S. 164.

6 Vgl. zur Marktform des Monopols z.B. SCHUMANN (1992), S. 25 ff.

Anbieter Marktmacht, weil er sich nicht mehr mit seiner Angebotsmenge an den Marktpreis anzupassen braucht, sondern jenen simultan mit der Menge gewinnmaximierend wählen kann. Gegenüber der Konkurrenzsituation erzielt der Monopolist eine Monopolrente. Diese ist besonders groß, wenn die Nachfrager preisunelastisch reagieren.

Ein Krankenhaus als Anbieter von Krankenhausleistungen kann zumindest in akuten Notsituationen für Patienten zum räumlichen Monopol werden, weil der Erkrankte in diesem Fall auf die Leistungen des räumlich am nächsten gelegenen und damit in der Regel am schnellsten zu erreichenden Krankenhauses angewiesen sein dürfte. Erst wenn ein lebensbedrohlicher Gesundheitszustand überwunden ist, kann beispielsweise über die Verlegung in ein Krankenhaus eigener Wahl überhaupt erst nachgedacht werden. Da bei akuter Bedrohung des eigenen Lebens die Nachfrage eines Individuums mit seiner Zahlungs*fähigkeit* übereinstimmen und deshalb preisunelastisch sein dürfte, findet das Krankenhaus außerdem „ideale" Preissetzungs- bzw. Ausbeutungsspielräume vor.

3.6 Krankenhausleistung als Dienstleistungsgut

Dienstleistungen werden in der Regel drei zentrale Merkmale[1] zugeschrieben:[2] Dienstleistungen sind nicht greifbare (intangible) Güter. Erstellung und Konsum erfolgen simultan. Dienstleistungen werden unter Einbringung eines externen Faktors erbracht. Die *Intangibilität* beschreibt den Umstand, daß eine Dienstleistung nicht wie eine Ware vorgeführt werden kann, weil sie vor dem Kauf noch nicht existiert. Die *Simultanität von Erstellung und Konsum* bezieht sich auf den Umstand, daß Dienstleistungen im Leistungserstellungsprozeß „uno actu" konsumiert werden. Sie sind damit nicht lagerfähig. Das bedeutet allerdings nicht, daß der Konsument während des Leistungserstellungsprozesses anwesend sein müßte,[3] obwohl dies bei einer Reihe von Dienstleistungen zwangsläufig der Fall ist. Das uno actu-Prinzip beschreibt lediglich den Um-

---

1 Vgl. dazu auch die Liste von Eigenschaften „typischer" Dienstleistungen bei LEHMANN (1993), S. 21.

2 Vgl. zu den folgenden Ausführungen STAUSS (1989), S. 48.

3 Dies wird jedoch vielfach - nach Ansicht der Verfasserin fälschlicherweise - mit dem uno-actu-Prinzip verbunden. Vgl. dazu z.B. MEYER (1993), S. 25.

stand, daß schon mit der Erbringung der Leistung die Vertragserfüllung bzw. die Konsumtion der Dienstleistung beginnt. Dies ist anders bei einer Ware, über deren Kauf man sich in der Regel erst einigt, wenn sie als Produktionsergebnis vorliegt und begutachtet werden kann. Die Vertragserfüllung besteht lediglich im Austausch der vereinbarten Leistungen. Die *Integration eines externen Faktors* bezeichnet die Tatsache, daß die Leistungserstellung nur möglich ist, wenn der Konsument sich selbst oder eines seiner Güter an dem Prozeß beteiligt.

Der potentielle Nachfrager von Krankenhausleistungen kann sich von bestimmten Leistungen zwar vor dem eigenen Bedarfsfall ein Bild machen, indem er beispielsweise Unterbringungs-, Verpflegungs- oder Behandlungsmöglichkeiten ansieht, es ist allerdings unmöglich, daß er die speziell für ihn erstellte Dienstleistung, die er im Fall eines stationären Aufenthalts tatsächlich erhält, vorher ausprobiert. Sie wird erst bei Inanspruchnahme der Krankenhausleistung, also in der Regel unter ständiger Anwesenheit bzw. Beteiligung des Patienten, unmittelbar erstellt und dann zeitgleich konsumiert. Krankenhausleistungen erfüllen also die zuvor beschriebenen Merkmale und zählen somit zu den Dienstleistungen.

Aus der Tatsache, daß Produzent und Konsument bei der Erstellung von (Gesundheits-) Dienstleistungen zusammenwirken müssen, ergibt sich die Schwierigkeit, daß beim Konsumenten mit großer Wahrscheinlichkeit starke persönliche, räumliche und z.T. auch zeitliche *Präferenzen* entstehen.[1] „Der Patient wird sich von seinem Hausarzt, den er schon jahrelang kennt, lieber behandeln lassen als von einem ihm unbekannten Arzt, der in einem Ambulatorium gerade Dienst tut."[2] Es ergibt sich daraus das Problem, daß Anbieter von Gesundheitsgüter in eine *monopolähnliche Position* geraten und somit eine eingeschränkten Funktionsfähigkeit des betreffenden Marktes begründen könnten.[3]

---

1 Vgl. RICHARD (1993), S. 41.

2 HERDER-DORNEICH (1980), S. 6.

3 Vgl. HERDER-DORNEICH (1980), S. 6, und dazu auch ANDREAS (1994), S.173.

3.7 Krankenhausleistung als öffentliches Gut

HERDER-DORNEICH weist auf die Möglichkeit hin, daß Gesundheitsgüter Kollektivgüter sein können und verbindet mit dem Kollektivgut die Idee, daß niemand von dessen Genuß ausgeschlosssen werden kann.[1] Nach einer Definition von ARNOLD, der hier gefolgt werden soll, ist ein Kollektivgut ein Gut, dessen einmal bereitgestellte Mengen von mehreren Konsumenten gemeinsam genutzt werden können. Die von HERDER-DORNEICH unterstellte fehlende Möglichkeit, rivalisierende Konsumenten von der Nutzung auszuschließen, ist dann erst die Eigenschaft einer Teilmenge der Kollektivgüter, der sogenannten öffentlichen Güter.[2] Folglich werden wir uns hier mit öffentlichen Gütern beschäftigen, um dann zu untersuchen, ob Krankenhausleistungen in die Kategorie dieser Güter gehören und welche Probleme gegebenenfalls bei der Bereitstellung von Krankenhausleistungen zu beachten wären.

Das sogenannte öffentliche Gut ist erstmals von SAMUELSON zum Gegenstand modelltheoretischer Betrachtungen gemacht worden.[3] In einem seiner Beiträge definiert er: „A public good ... is simply one with the property of involving a 'consumption externality', in the sense of entering into two or more persons' preference function simultaneously.“[4]

Die Tatsache, daß eine Menge des öffentlichen Gutes zwei oder mehreren Personen gleichzeitig Nutzen stiftet, führt also zu dem Kernproblem solcher Güter. Es besteht darin, daß aus der Sicht des Einzelnen die nutzbare Menge des Gutes unabhängig von dem bezahlten Betrag oder aber der zu zahlende Betrag unabhängig von der genutzten Menge ist und daß ein solches Arrangement zu falschen Anreizwirkungen, einer Divergenz zwischen individuellem und gesamtwirtschaftlichem Interesse, strategischem Verhalten und schließlich zu einer Fehlversorgung führt.[5]

---

1 Vgl. HERDER-DORNEICH (1994), S. 644 ff.

2 Vgl. zu dieser Definitionssystematik ARNOLD (1992), S. 79.

3 Vgl. z.B. SAMUELSON (1954), SAMUELSON (1955), SAMUELSON (1969).

4 Vgl. SAMUELSON (1969), S. 108.

5 Vgl. BONUS (1978), S. 57.

Individuen wollen beispielsweise das öffentliche Gut Hygiene konsumieren. Für die Bereitstellung des Gutes sind viele aber nicht bereit, Ausgaben zu tätigen oder Unannehmlichkeiten auf sich zu nehmen, indem sie sich - um beispielhaft eine mögliche Maßnahme zu nennen - impfen lassen. Vielmehr verläßt sich jeder auf den anderen, in der Erwartung, daß genügend Personen die Möglichkeit der Impfung wahrnehmen werden und das Risiko, an einer ansteckenden Krankheit lebensbedrohlich zu erkranken, auf diese Weise auch ohne das eigene Zutun auf ein vertretbares Maß begrenzt wird. Verhalten sich alle Beteiligten als solche „Trittbrettfahrer“ wird das öffentliche Gut Hygiene nicht ausreichend oder überhaupt nicht erstellt.[1]

Die Schwere des beschriebenen Defektes kann durch den Öffentlichkeitsgrad bestimmt werden. Er gibt an, wie stark das Kernproblem öffentlicher Güter individuelles und gesellschaftliches Interesse auseinandertreibt. Dabei ist seine absolute Höhe uninteressant. Vielmehr von Bedeutung ist die Frage, ob der Öffentlichkeitsgrad überhaupt von Null verschieden ist und inwiefern er durch Variationen der Rahmenbedingungen verändert wird.[2]

Ein Gut, dessen Exemplare getrennt an einzelne Personen geliefert und dessen Leistungsstrom von den Personen exklusiv genutzt werden kann, besitzt einen Öffentlichkeitsgrad von Null und wird privates Gut genannt. Dasselbe Gut kann einen Öffentlichkeitsgrad ungleich Null besitzen und sogar zu einem rein öffentlichen Gut werden, wenn in einem solchen Extremfall der Leistungsstrom eines Exemplars jeder einzelnen Person in gleicher Weise zukommt. Sobald Leistungsströme nicht trennscharf einer einzelnen Person nutzen oder wenn sie umgekehrt nicht länger gleichförmig über alle Personen verteilt sind, liegen nicht mehr die Reinformen, sondern Mischgüter vor.[3] Die Einordnung von Gütern auf der imaginären Öffentlichkeitsgradskala zwischen privat und rein öffentlich hängt dabei häufig nicht von deren objektiven Eigenschaften ab. Stattdessen bestimmen die Rahmenbedingungen der Gutszuteilung auf die Personen, ob der Öffentlichkeitsgrad aufgrund einer Divergenz von individuellen und ge-

---

1 Vgl. dazu HERDER-DORNEICH (1994), S. 649.

2 Vgl. BONUS (1978), S. 57, und weiter BONUS (1980a).

3 Vgl. BONUS (1978), S. 58.

sellschaftlichen Interessen von Null verschieden ist.[1] Dies wird weiter unten an einem Beispiel der Krankenhausleistung deutlich werden.

Der Öffentlichkeitsgrad von Gütern ist - gemäß SAMUELSON`s Definition - ausserdem eng mit dem Phänomen der externen Effekte[2] verknüpft.[3] In dem Maße, in dem eine Person unter Umgehung des Marktes in den Genuß von Leistungsströmen eines Gutes kommt, profitiert sie von nun entstandenen positiven externen Effekten: Jemand, der sich impfen läßt und somit einen Beitrag zur Bereitstellung des öffentlichen Gutes Hygiene leistet, verursacht einen positiven externen Effekt, wenn andere Personen, die für die Kosten der Impfung nicht aufkommen müssen, davon profitieren, daß sie durch den Geimpften nicht mehr infiziert werden können. Der gesellschaftliche Nutzen einer Impfaktion liegt über dem individuellen Nutzen, so daß sich aus gesellschaftlicher Sicht zu wenig Menschen freiwillig impfen lassen. Der Anteil würde auf die gesellschaftlich optimale Höhe steigen, wenn der Einzelne für den positiven externen Effekt, den er durch eine Impfung aussendet, belohnt würde, der externe Effekt somit internalisiert wäre.

Fragen wir uns nun nach möglichen Öffentlichkeitsgraden bzw. Externalitäten von Krankenhausleistungen. Dazu ist es zweckmäßig, einzelne Krankenhaussekundärleistungen differenzierter zu betrachten. Gesunde genießen positive externe Effekte, wenn ein ansteckend Kranker in einer *Isolierstation* behandelt wird, um die Ausbreitung der Krankheit weitgehend auszuschließen.[4] In diesem Fall sind die verrichteten Krankenhausleistungen nicht nur für den Kranken

---

1 BONUS illustriert dies anhand einer Geschichte vom Brotzauberer, dessen "Ratschläge" an die Bevölkerung aus dem anfangs privaten Brot ein problematisches öffentliches Brot werden läßt, indem die Rahmenbedingungen dahingehend verändert werden, daß die Zuteilung des Brotes nicht mehr über Märkte, sondern über ein extra geschaffenes Brotamt erfolgt. Vgl. BONUS (1978), S. 52 ff.

2 Externe Effekte sind Auswirkungen einer wirtschaftlichen Aktivität, die nicht über den Preis- bzw. Marktmechanismus kontrolliert werden. Vgl. GABLER-VOLKSWIRTSCHAFTS-LEXIKON (1996), S. 339, und dazu z.B. SOHMEN (1976), S. 221 ff. Eine systematische Darstellung externer Effekte liefern auch FRITSCH/ WEIN/ EWERS (1996), S. 74 ff.

3 BONUS beschreibt externe Effekte als großen Komplex teilweise öffentlicher Güter. Vgl. dazu BONUS (1980b), S. 144.

4 Vgl. dazu KOMMISSION KRANKENHAUSFINANZIERUNG DER ROBERT BOSCH STIFTUNG (1987), S. 125.

selbst von Nutzen, sondern vom Leistungsstrom der Behandlung profitieren zum Teil auch Unbeteiligte. Die Leistungen besitzen also einen von Null verschiedenen Öffentlichkeitsgrad.

Auf eine Reihe von Krankenhausleistungen kann das Individuum krankheitsbedingt nicht all zu lange warten. In einem Notfall beispielsweise richten sich Krankenhausleistungen zunächst in erster Linie auf die Erhaltung und Stabilisierung lebenswichtiger Körperfunktionen. Das Angebot hat in diesem Fall überhaupt keine oder allenfalls nur begrenzt Zeit, um sich zu formieren. Es muß vielmehr bei Auftreten der Nachfrage schon vorhanden oder schnell erstellbar sein. Das gesunde Individuum weiß nicht genau, wann und wo es auf welche Krankenhausleistungen angewiesen sein wird. Es wird deshalb daran interessiert sein, daß ein ausreichendes Angebot von Krankenhausleistungen überall in angemessener Zeit verfügbar ist. Krankenhäuser müssen dazu teilweise kostspielige Leerkapazitäten vorhalten, um für jeden Bedarfsfall leistungsbereit zu sein, und sie werden dies nur tun, wenn sie die entstehenden Kosten erwirtschaften können. Individuen werden bereit sein, neben einer tatsächlichen Behandlung auch für die ständige Behandlungs*bereitschaft* zu zahlen, weil ihnen annahmegemäß an der Versorgung mit jenen Krankenhausleistungen gelegen ist. Wir betrachten nun also die Krankenhausprimärleistung „Behandlungsbereitschaft“[1] und stellen erneut die Frage nach dem Öffentlichkeitsgrad bzw. den Externalitäten.

Zur Beantwortung der Frage sei an dieser Stelle zwischen unterschiedlichen Rahmenbedingungen unterschieden. Zunächst soll über die Rahmenbedingungen angenommen werden, daß jedes Individuum einen gesicherten Anspruch auf eine Behandlung im Krankenhaus hat. Wann immer eine Person auf die Leistungen eines Krankenhauses angewiesen ist, sollen ausreichende Kapazitäten bereitstehen und der Person unabhängig von ihrer Zahlungsfähigkeit gewährt werden. In diesem Fall wird das Individuum die Behandlungsbereitschaft des Krankenhauses sowie auch eine mögliche Behandlung kaum freiwillig finanzieren wollen, wenn es sich darauf verlassen kann, im Krankheitsfall dennoch mit den notwendigen Leistungen versorgt zu werden. Es profitiert dann von positiven externen Effekten, welche die Behandlungsbereitschaft - finan-

---

1 Vgl. dazu die in Abschnitt 2.1 vorgestellten Krankenhausaufgaben, insbesondere Aufgabe (2).

ziert durch andere - aussendet. In diesem Arrangement besitzt die Krankenhausleistung „Behandlungsbereitschaft“ einen deutlich von Null verschiedenen Öffentlichkeitsgrad, weil individuelles und gesamtwirtschaftliches Interesse auseinanderfallen. Denn der von der Gesellschaft gewünschte gesicherte Anspruch auf Krankenhausleistungen wird nicht erreicht werden, wenn es für das einzelne Gesellschaftsmitglied von Vorteil ist, sich von der Finanzierung fern zu halten und ein entsprechendes Angebot deshalb nicht zustande kommt. Die Individuen befinden sich hier in dem sogenannten Gefangenendilemma, das eine Situation beschreibt, in der individuell rationales Verhalten zu kollektiv unerwünschtem Ergebnis führt.[1]

Anders sieht dies für den Fall aus, daß Krankenhausleistungen im Bedarfsfall nur denjenigen gewährt würden, die sich vorher an der Finanzierung der Behandlungsbereitschaft eines Krankenhauses beteiligt haben und für die Kosten des eigentlichen stationären Aufenthaltes aufkommen. Niemand kommt dann in den Genuß der Krankenhausleistung, ohne für sie gezahlt zu haben bzw. zu zahlen. Der Öffentlichkeitsgrad ist nun Null, weil gesellschaftliche und individuelle Interessen im Einklang stehen: Krankenhausleistungen werden angeboten, weil für sie bezahlt wird.

3.8 Krankenhausleistung als Gut mit Informationsmängeln

Ein kritischer Konsument ist Voraussetzung für das Funktionieren des Wettbewerbs in Märkten, weil seine Zahlungsbereitschaft das Angebot steuert.[2] Der kritische Konsument ist ein Nachfrager, der über die am Markt erhältlichen Produkte, ihre Qualität und ihren Preis vollständig informiert ist.[3] Von Gesundheitsgütern wird behauptet, daß sie den Ansprüchen insbesondere an die Informiertheit der Konsumenten über die Qualität der Güter in vielfältiger Weise nicht gerecht würden und damit eine wichtige Voraussetzung für die Funktionsfähigkeit des marktlichen Wettbewerbs nicht erfüllten.

---

1 Vgl. dazu GABLER-VOLKSWIRTSCHAFTS-LEXIKON (1996), S. 386, im einzelnen AXELROD (1984), S. 3 ff., und auch BONUS (1979), S. 75 ff.

2 Vgl. KOMMISSION KRANKENHAUSFINANZIERUNG DER ROBERT BOSCH STIFTUNG (1987), S. 130.

3 Vgl. RICHARD (1993), S. 35.

Im Rahmen der Betrachtungen von Krankenhausleistungen als Versicherungsgut wurde die Tatsache herausgestellt, daß die Nachfrage nach Krankenhausleistungen mit Unsicherheit behaftet sei, weil der Nachfrager ex ante nicht genau wisse, wann er wo auf welche Leistungen zurückgreifen wolle.[1] Das Auftreten und der Verlauf von Krankheiten oder Leiden ist eben nicht vorhersagbar. In diesem Abschnitt kommt ein weiterer Unsicherheitsaspekt hinzu, um die Besonderheiten von Gesundheitsgütern zu beschreiben: die Unsicherheit über die Qualität der Leistungen einzelner Anbieter,[2] die im Fall der Gesundheitsgüter - so vermutet ARROW - sogar so groß ist wie bei keinem anderen Gut. Man werde niemals genau erfahren, inwieweit die Minderung eines Leidens auf die konsumierten Gesundheitsgüter zurückzuführen sei, da der Zusammenhang zwischen beidem als ähnlich ungeklärt und unvorhersehbar gelte wie das Auftreten einer Krankheit selbst.[3] Zudem sei die Möglichkeit, Erfahrungen durch wiederholten Konsum der gleichen Güter im Gesundheitsbereich eingeschränkt, denn zumindest bei ernsthaften Erkrankungen sei ein mehrmaliges „Ausprobieren" verschiedener Behandlungsformen nicht erstrebenswert oder gar nicht möglich.[4] Beide Aspekte bedeuten nichts anderes, als daß zur Beurteilung der Qualität und Notwendigkeit von Gesundheitsgütern in der Regel nur begrenzte Informationen vorhanden sind.

Außerdem ist die beschriebene Qualitätsunsicherheit[5] zwischen Anbietern und Nachfragern ungleich verteilt. Die Informationen, die ein Arzt besitzt, sind notwendigerweise von anderer Tragweite als die Informationen des Patienten.

---

1 Siehe Abschnitt 3.3.

2 ARROW nennt diese Unsicherheit „product uncertainty". Vgl. ARROW (1963), S. 951. HIRSHLEIFER und RILEY bezeichnen die Unsicherheit der Nachfrager über die Qualität der Leistungen neben der „event uncertainty" als „market uncertainty". Vgl. HIRSHLEIFER/ RILEY (1979), S. 1376 f. Siehe zur Unsicherheit auch Abschnitt 4.5.2.

3 Die KOMMISSION KRANKENHAUSFINANZIERUNG DER ROBERT BOSCH STIFTUNG nennt dies „Besonderheit der Angebotsseite". Vgl. KOMMISSION KRANKENHAUSFINANZIERUNG DER ROBERT BOSCH STIFTUNG (1987), S. 131 ff.

4 Vgl. ARROW (1963), S. 951. Erfahrungen mit Gesundheitsgütern sind z.B. denkbar im Bereich nicht-verschreibungspflichtiger Arzneimittel, für Arzneimittel gegen chronische Erkrankungen, normale Entbindungen und Zahnfüllungen. Vgl. RICHARD (1993), S. 37.

5 Die Qualitätsunsicherheit soll sowohl die Unsicherheit aufgrund fehlender Informationen über die Qualität der Leistung, aber auch die Unsicherheit über die Notwendigkeit der Leistung umfassen.

Diese Informationsasymmetrie nimmt bedeutenden Einfluß auf die Beziehung von beiden.[1] Denn *zum einen* ermöglicht die Tatsache, daß Diagnose und Therapie häufig in einer (ärztlichen) Hand liegen, bei asymmetrischer Informationsverteilung *Anbieterdominanz*: Beispielsweise kann der behandelnde Arzt seine Therapievorschläge so gestalten, daß die Nachfrage nach den von ihm ausgeführten Leistungen für ihn selbst - nicht für den Patienten! - optimal ist.[2] Von *Konsumentensouveränität*, die dafür sorgt, daß das Angebot von den Nachfragern bestimmt wird, kann dann keine Rede mehr sein.[3] MEYERS-MIDDENDORF stellt dazu fest, daß eine souveräne Konsumentenentscheidung über Gesundheitsgüter nicht nur für den Fall der Bewußtlosigkeit, sondern für den medizinischen Laien schlechthin ausgeschlossen werden müsse.[4]

Zum anderen besteht für den Anbieter von Gesundheitsleistungen wenig Anreiz, Leistungen hoher Qualität anzubieten, wenn sie von den Nachfragern im Zweifel nicht als solche erkannt und folglich nicht honoriert werden. Im Ergebnis kann sich prinzipiell der schon von AKERLOF für Gebrauchtwagen beschriebene Prozeß der „adverse selection“[5] entwickeln, der dazu führen würde, daß Leistungen hoher Qualität zu wenig oder überhaupt nicht angeboten würden.[6]

Bevor für die Krankenhausleistung das Ausmaß von Informationsasymmetrien dargestellt wird, sei in Abhängigkeit von den Informationen, über die der Käufer zur Beurteilung von Gütern verfügt, zunächst eine allgemeine Systematisierung jener Güter vorgenommen:[7]

---

1 Vgl. dazu ARROW (1963), S. 951.

2 Siehe dazu auch das in Abschnitt 5.2.3 beschriebene Problem des moral hazard.

3 Mit dem Hinweis auf fehlende Konsumentensouveränität wird in einigen Beiträgen auf die Möglichkeit der Anbieterdominanz aufmerksam gemacht. Vgl. z.B. KOMMISSION KRANKENHAUSFINANZIERUNG DER ROBERT BOSCH STIFTUNG (1987), S. 130 f.

4 Vgl. MEYERS-MIDDENDORF (1993), S. 191.

5 Vgl. dazu AKERLOF (1970) und die Ausführungen in Abschnitt 5.3.3.

6 Vgl. dazu auch MEYER (1993), S. 21 f.

7 Vgl. zur Unterscheidung von „search qualities“ und „experience qualities“ von Gütern NELSON (1970), S. 318 f. DARBY und KARNI haben die Kategorien um die „credence quality“ erweitert. Vgl. DARBY/ KARNI (1973), S. 68 f.

Inspektionsgüter zeichnen sich dadurch aus, daß ihre Qualitätseigenschaften schon vor dem Kauf inspiziert werden können. Solche Güter besitzen *Suchqualitäten* (*search qualities*). Die Qualität von *Erfahrungsgütern* (*experience quality*) kann der Käufer erst nach Erfahrungen im Ge- oder Verbrauch des Gutes beurteilen. Schließlich gibt es Güter, die der Kunde nach erfolgter Verwendung nicht oder nur unter Inkaufnahme von relativ hohen Kosten bewerten kann.[1] Der Kunde kann nur darauf *vertrauen*, daß die Qualität dieser Güter derjenigen entspricht, die ihm beim Kauf zugesagt wird. Jene Güter werden deshalb als *Vertrauensgüter* bezeichnet. Sie besitzen *Vertrauensqualitäten (credence qualities)*.[2] Für die Einordnung in eine der Gruppen ist dabei die jeweils vordergründige Eigenschaft der betreffenden Güter maßgeblich. Es gibt aber auch Güter, die sich nicht eindeutig in eine der Kategorien einordnen lassen, weil sie deutliche Spuren verschiedener Qualitätstypen tragen.[3]

Schauen wir uns an, inwiefern die Qualitätstypen auf die Krankenhausleistung zutreffen. Mit der Dienstleistungseigenschaft der Krankenhausleistung[4] ist verbunden, daß nicht das Ergebnis, sondern das Tätigwerden mit der Absicht, ein bestimmtes Ergebnis zu erzielen, als Leistung bezeichnet wird. Da die Absicht des Leistungsanbieters nur schwer operationalisierbar ist, wird die Kontrolle der vertraglich zugesicherten Sorgfalt kaum möglich sein. Vielmehr ist die Absicht der Beschäftigten im Krankenhaus, im Sinne des Patienten zur Heilung von Krankheiten und/ oder zur Linderung von Leiden bestmöglich tätig zu werden, offenbar Vertrauenssache.[5] Die Krankenhausprimärleistung ist deshalb bei der ersten Betrachtung ein Vertrauensgut.

Ein Blick auf einzelne Sekundärleistungen macht allerdings deutlich, daß einige von jenen durchaus auch Such- oder Erfahrungsgutcharakter besitzen können: Die medizinischen Leistungen werden zwar aus der Sicht der Kranken überwiegend Vertrauensgutqualitäten besitzen, da Patienten ohne weiteres kaum in der Lage sein werden, über das notwendige Ausmaß und die Qualität der Leistung

---

1 Vgl. DARBY/ KARNI (1973), S. 69.

2 Vgl. DARBY/ KARNI (1973), S. 68 f., und BACKHAUS (1992), S. 784.

3 BACKHAUS stellt dies für Investitionsgüter fest. Vgl. BACKHAUS (1992), S. 784.

4 Siehe Abschnitt 3.6.

5 Vgl. dazu MEYER (1993), S. 20 f.

zu urteilen. Bei nicht-medizinischen Leistungen kann dies jedoch schon ganz anders aussehen. Die Patienten werden nach dem Krankenhausaufenthalt sehr gut über die Qualität der Pflege und Versorgung befinden können, zumindest dann, wenn es schlichtweg darum geht, ob sie sich während des stationären Aufenthalts wohl gefühlt haben. Da Dienstleistungen in der Regel nicht ohne Sachleistungsanteile darstellbar sind,[1] können sogar einige medizinischen Krankenhausleistungen auch eine Art Inspektionsqualität[2] besitzen. Dies ist beispielsweise für das Angebot einer speziellen Diagnosetechnik oder Therapie plausibel: Je nach erforderlicher oder gewünschter Behandlung kann anhand der dazu notwendigen Ausstattung die Leistung eines geeigneten Krankenhauses ausge*sucht* werden.

Es bleibt also festzuhalten, daß die Krankenhausprimärleistungen deutliche Spuren aller drei Qualitätskategorien tragen und somit in unterschiedlichen Ausmaßen von Informationsasymmetrien betroffen sein können, während bei Sekundärleistung mit zunehmender Konkretisierung der Leistung eher eine eindeutige Zuordnung zu den Gutskategorien möglich ist. Die negativen Konsequenzen der Anbieterdominanz und der adversen Selektion, die soeben als Folge der Informationsasymmetrien in der Beziehung zwischen Patient und niedergelassenem Arzt beschrieben wurden, können bei von Ärzten erbrachten Krankenhausleistungen auftreten, wenn die Leistungen experience oder credence qualities besitzen.

3.9 Krankenhausleistung als meritorisches Gut

Meritorische Güter[3] sind Güter, die vom Staat bereitgestellt werden, weil bei einer privatwirtschaftlichen Regelung eine als unzureichend empfundene Versorgung mit diesen Gütern zustande käme.[4] Der Bereitstellung von meritori-

---

1 Vgl. BRUHN (1996), S. 10.

2 Im eigentlichen Sinne inspiziert werden können Krankenhausleistungen nicht, weil sie als Dienstleistungen intangibel sind und erst uno actu konsumiert werden. Vgl. Abschnitt 3.6.

3 Der Begriff des meritorischen Gutes geht zurück auf HEAD (1966).

4 Vgl. ZIMMERMANN/ HENKE (1994), S. 471, und dazu auch BRÜMMERHOFF (1990), S. 96 ff.

schen Gütern geht eine Ergänzung oder Korrektur von individuellen Präferenzen voraus.[1] MUSGRAVE führt als Rechtfertigung des Eingriffes in die Präferenzstruktur an, daß bei unvollständiger Konsumenten*information* eine zeitweilig auferlegte Konsumentscheidung als Teil eines Lernprozesse erwünscht sein könne, mit dem im nachhinein eine intelligentere freie Entscheidung herbeigeführt werde. Darüber hinaus sei es möglich, daß den Individuen die *Konsequenzen* bestimmter Konsumentscheidungen *nicht bekannt* seien und daß sie einer Führung bedürften.[2] Die Besonderheit „meritorisches Gut" scheint auf den ersten Blick also auf eine Wiederholung der schon im vorherigen Abschnitt diagnostizierten Informationsmängel hinauszulaufen. Auf den zweiten Blick ergeben sich allerdings deutliche Unterschiede: Anders als bei den Informationsmängeln liefert die der Krankenhausleistung zugeschriebene Eigenschaft des meritorischen Gutes die „Therapie" gleich mit: Der Staat soll sich über die aufgrund unvollkommener Information verzerrten Präferenzen hinwegsetzen und für das „richtige" Nachfrageverhalten sorgen.

Im Gesundheitsbereich gibt es mehrere Beispiele für Eingriffe des Staates in das individuelle Nachfrageverhalten,[3] die mit dem Argument des meritorischen Gutes begründet werden. Beispielsweise ignorieren Individuen bestimmte Vorsorgeuntersuchungen oder Impfaktionen, auch wenn sie kostenlos sind, und gefährden damit sich und andere. Würden jene Bürger über die Konsequenzen ihres Verhaltens genau informiert sein, wäre ihr Verhalten vermutlich ein anderes.

Am deutlichsten wird die Möglichkeit der meritorischen Gutseigenschaft von Krankenhausleistungen für den Fall der Bewußtlosigkeit und der psychischen Erkrankung oder Verwirrung. Ein bewußtloser Mensch ist definitiv nicht mehr in der Lage, Entscheidungen zu fällen. Entscheidungen über die Nachfrage nach Krankenhausleistungen müssen dann zwangsläufig von anderen getroffen werden, wenn die betreffende Person nicht schon vorher für gewisse Eventualitäten ihren Willen geäußert hat. Zudem wird oftmals befürchtet, daß ein Kranker in seiner Verfassung generell nicht in der Lage ist, notwendige Entscheidungen zu treffen. Dies ist sofort für psychische Erkrankungen nachvollziehbar, scheint

---

1 Vgl. ZIMMERMANN/ HENKE (1994), S. 49.

2 Vgl. MUSGRAVE/ MUSGRAVE/ KULLMER (1978), S. 77.

3 Vgl. dazu KOMMISSION KRANKENHAUSFINANZIERUNG DER ROBERT BOSCH STIFTUNG (1987), S. 126.

aber auch für viele andere Krankheiten plausibel zu sein. Beispielsweise könnte die Entscheidungsfähigkeit des Patienten in starken Schockzuständen merklich eingeschränkt sein.

Auch die bei Zukunftsgütern auftretenden Schwierigkeiten[1] können mit einem meritorischen Eingriff angegangen werden: Der Tatsache, daß Individuen ihren Nutzen aus dem zukünftigen Konsum von Gesundheitsgütern unterschätzen könnten, kann Anlaß dazu sein, daß jene Gesundheitsgüter zu meritorischen Gütern erklärt werden, um damit den staatlichen Zwang zur finanziellen Vorsorge für den Krankheitsfall zu rechtfertigen.[2] Insofern kann die Besonderheit „meritorisches Gut" nicht nur Parallelen zu den Informationsasymmetrien aufweisen, sondern in ähnlich enger Verbindung auch zur Besonderheit „Zukunftsgut" stehen, indem auch hier gleich die „Therapierung" der Minderschätzung zukünftiger Bedürfnisse vorgestellt wird: der staatliche meritorische Eingriff in das Nachfrageverhalten. Für das Krankenhaus wird dieser Eingriff regelmäßig für besonders dringlich ausgegeben, da die mangelnde finanzielle Vorsorge für den lebensbedrohlichen und mit der Nachfrage nach Krankenhausleistungen verbundenen Krankheitsfall kaum im Interesse des Individuums stehen kann.[3]

3.10 Fazit

In den vorangegangenen Abschnitten wurden eine Reihe von Besonderheiten der Krankenhausleistung vorgestellt. Sie mögen als Gründe für bestehende oder andere Regulierungen eine gewisse Plausibilität besitzen. Die KOMMISSION KRANKENHAUSFINANZIERUNG DER ROBERT BOSCH STIFTUNG beispielsweise rechtfertigt einen Finanzierungszwang für Krankenhausleistungen mit dem Hinweis darauf, daß auf diesem Weg das bei der Finanzierung der Leistungen ansonsten mögliche Gefangenendilemma überwunden werden kann. Sie nennt das Argument zwar im Rahmen der Diskussion meritorischer Staatseingriffe, in

---

1 Siehe Abschnitt 3.2.

2 Vgl. dazu KOMMISSION KRANKENHAUSFINANZIERUNG DER ROBERT BOSCH STIFTUNG (1987), S. 126.

3 Vgl. dazu KOMMISSION KRANKENHAUSFINANZIERUNG DER ROBERT BOSCH STIFTUNG (1987), S. 126 f.

der hier vorgestellten Systematik fällt die Begründung allerdings in den Bereich der Besonderheit „Krankenhausleistung als öffentliches Gut". Gleichzeitig klingt an, daß auch die mangelnde Information über oder die fehlende Einsicht in die Notwendigkeit von Krankenhausleistungen sowie sonstige „Präferenzstörungen" den Finanzierungszwang ausreichend begründen. Jener sei nach Ansicht von Marktwirtschaftlern und offenbar auch nach Ansicht der Kommission durch die Einführung einer Pflichtversicherung zu realisieren.[1] Auch die Notwendigkeit der Krankenhausbedarfsplanung[2] wird unter Berücksichtigung der hier vorgestellten Systematik damit begründet, daß die Krankenhausleistung ein öffentliches Gut sei, deren Bereitstellung deshalb von staatlichen Stellen organisiert werden müsse.

Folgt man der Argumentation von Befürwortern bestehender Regulierungen, mag der Eindruck entstehen, daß eine erneute Diskussion von Regulierungsgründen überflüssig sei. Zudem vermitteln Wettbewerbsgegner bei der Darstellung von Besonderheiten von Krankenhausleistungen gern den Eindruck, daß das „Nein" gegen einen Markt für Krankenhausleistungen feststeht.[3] Die Verfasserin möchte am Beispiel von Informationsasymmetrien[4] dennoch prüfen, ob und inwieweit sie im obigen Sinne tatsächlich einen *plausiblen Grund für die mangelnde Funktionsfähigkeit von Krankenhausmärkten* und damit gegen den Wettbewerb in Märkten zur Bereitstellung von Krankenhausleistungen darstellen.[5] Außerdem ist fraglich, ob die bestehenden Regulierungen in der zu Beginn des Kapitels angedeuteten Weise optimal gestaltet sind oder ob sie womöglich

---

1 Vgl. dazu KOMMISSION KRANKENHAUSFINANZIERUNG DER ROBERT BOSCH STIFTUNG (1987), S. 126 f.

2 Siehe dazu Abschnitt 2.3.

3 Vgl. dazu z.B. OSSEN (1995), S. 63.

4 Informationsasymmetrien sind Teil der Besonderheit „Krankenhausleistung als Gut mit Informationsmängeln". Siehe Abschnitt 3.8. METZE stellt fest, daß bürokratische Eingriffe zur Steuerung des Angebots im Gesundheitssektor im wesentlichen mit der anbieterdominierten Nachfrage begründet werden. Vgl. METZE (1982), S. 23.

5 Siehe dazu insbesondere das fünfte Kapitel.

selbst der Grund für die mangelnde Funktionsfähigkeit des Wettbewerbs im Krankenhauswesen sind.[1]

Im Laufe der Diskussion um die Kostenexplosion im Gesundheitswesen sind Stimmen laut geworden, die für mehr Wettbewerb unter Krankenhäusern plädieren, und seit Inkrafttreten des GSG meinen Krankenhäuser tatsächlich, einem schärferen Wettbewerb ausgesetzt zu sein. Sie gründen diese Aussage auf die Tatsache, daß sie nach Aufgabe der Selbstkostendeckung einem größeren Druck ausgesetzt seien, kostengünstig zu arbeiten.[2] Funktionsfähiger Wettbewerb im Krankenhauswesen ist also doch möglich? Die Erhöhung des Wettbewerbsdrucks unter Krankenhäusern ist vorstellbar, wenn Patienten als mündige Konsumenten akzeptiert würden.[3] Sie könnten mit größerer Entscheidungsbefugnis ausgestattet und mit mehr Verantwortungspflicht konfrontiert werden. Dies würde allerdings bedeuten, die Vorbehalte gegenüber dem weniger regulativen Umgang mit Informationsasymmetrien wenigstens ein großes Stück einzugrenzen. Dieser Versuch soll ebenfalls im weiteren unternommen werden.

---

1 Nach Ansicht der Verfasserin treten Wettbewerbsgegner im Gesundheitswesen mit einem nicht in allen Bereichen gerechtfertigtem Selbstverständnis auf und verbauen damit möglicherweise vorhandene Liberalisierungsspielräume.

2 Siehe Abschnitt 2.2.

3 Siehe dazu das sechste Kapitel.

4 Wettbewerb und Markt

4.1 Vorbemerkungen

Die nun folgenden Ausführungen erarbeiten die Argumentationsbasis für die beiden anschließenden Kapitel. Es soll zunächst geklärt werden, welche Implikationen an dieser Stelle mit der Verwendung der Begriffe „Wettbewerb" und „Markt" verbunden sind. Das mag überflüssig erscheinen. Die Begriffe werden im allgemeinen Sprachgebrauch teilweise wie selbstverständlich verwendet; Ökonomen mögen durch einige der folgenden Ausführungen gelangweilt sein. Die Verfasserin möchte die Begriffsdefinition dennoch zum Ausgangspunkt für die weiteren Betrachtungen wählen. Mit der ausführlichen Beschreibung von funktionsfähigen Wettbewerbs- bzw. Marktmechanismen in Abschnitt 4.2 will sie Skeptikern verdeutlichen, auf welche Leistungsfähigkeit des Entscheidungsmechanismus „Wettbewerb in Märkten" möglicherweise leichtfertig verzichtet wird. Mit dem Zusatz *„funktionsfähig"* sind die Begriffe zudem problematischer,[1] als dies auf den ersten Blick aussieht. Ihre Bedeutung in dieser Arbeit wird deshalb in Abschnitt 4.3 und 4.4 beschrieben. Dabei ergibt sich die anschließend in Abschnitt 4.5 zu beschreibende Sichtweise der Verfasserin, die für die Analyse in den folgenden Kapiteln bestimmend ist.

4.2 Wettbewerb in Märkten als Entscheidungsmechanismus

Am Anfang des dritten Kapitels wurde schon dargelegt, daß der in Märkten herrschende Wettbewerb in der Regel als ein idealer Mechanismus anzusehen ist, um Entscheidungen über eine optimale Verwendung von knappen Gütern zu finden.[2] Diese Aussage wollen wir nun wieder aufgreifen und uns mit ihr näher befassen,[3] indem wir uns auf die Suche nach der Definition von Wettbewerb und Markt begeben. Es wurde ebenfalls schon darauf hingewiesen, daß Entscheidungen, die festlegen, welchen möglichen Verwendungen Güter zugeteilt

---

1 „Wirtschaftstheoretische und wirtschaftspolitische Erörterungen zum Thema <Wettbewerb> gehen häufig aneinander vorbei, weil man nicht den gleichen Wettbewerbsbegriff zugrunde legt." TUCHTFELDT (1973), S. 178.

2 Wettbewerb in Märkten sei deshalb als ein Entscheidungsmechanismus bezeichnet.

3 Vgl. zu folgendem insbesondere auch GUTMANN (1988), S. 207 ff.

werden sollen, in jeder Gesellschaft allgegenwärtig sind. Güter sind knapp, und individuelle Bedürfnisse, zu deren Befriedigung die Güter verwendet werden, sind in der Regel unbegrenzt.[1] Wollen die Gesellschaftsmitglieder die knappen Güter mit dem Ziel der Wohlfahrtsmaximierung einsetzen, werden sie mit ihnen *wirtschaften* müssen.[2] Sie werden Verwendungsentscheidungen[3] also in der Weise treffen wollen, daß jeweils die größten bzw. dringlichsten Bedürfnisse befriedigt würden, damit für die Gesellschaft insgesamt die mit knappen Gütern bestmögliche, weil maximale Bedürfnisbefriedigung realisiert würde. Die Gesellschaft hätte den effizienten Einsatz der Güter und damit das Wohlfahrtsmaximum erreicht.[4]

In freiheitlich ausgerichteten Gesellschaften sollen die Entscheidungen über die Verwendung der knappen Güter zunächst stets auf unterster Entscheidungsebene - also bei den betroffenen Individuen selbst - angesiedelt sein. Jedes Individuum soll seine Bedürfnisse selbst vertreten dürfen bzw. müssen. Denn nur das Individuum kennt deren Größe bzw. Dringlichkeit genau.[5] Zudem vollzieht sich das Wirtschaften in einem arbeitsteiligen Produktions- und Austauschprozeß.

---

1 Die Unersättlichkeit des Individuums ist Gegenstand des ersten Gossenschen Gesetzes: Der Grenznutzen ist grundsätzlich positiv und nimmt mit zunehmender Verbrauchsmenge ab. Vgl. SCHUMANN (1992), S. 49.

2 Die Knappheit von Gütern ist Anlaß für wirtschaftswissenschaftliche Überlegungen. Vgl. dazu z.B. SCHUMANN (1992), S. 6.

3 Mögliche Verwendungen sind dabei nicht nur der Ge- oder Verbrauch, sondern auch der Einsatz der Güter als Produktionsfaktoren zur Herstellung anderer Güter. Denn auch die Produktion eines Gutes ist niemals Selbstzweck, sondern deren Output dient letztlich ebenfalls der Befriedigung von Bedürfnissen. Beide Verwendungsmöglichkeiten betreffen die schon beschriebene Frage der Bereitstellung von Gütern, d.h. die Entscheidung darüber, welche Güter in welcher Menge und Qualität für wen zur Verfügung gestellt werden.

4 Die Bestimmung von Kriterien, die anzeigen, wann Güter in einer Volkswirtschaft optimal eingesetzt werden, ist Gegenstand der Wohlfahrtsökonomie. Vgl. dazu z.B. SOHMEN (1976).

5 Im folgenden wird davon ausgegangen, daß überhaupt nur Individuen Bedürfnisse haben können. Dies ist Gegenstand der ersten Wertprämisse der neoklassischen Wohlfahrtsökonomie, die an dieser Stelle übernommen wird - nicht weil im folgenden eine neoklassische Analyse erfolgen würde, sondern weil das Prinzip ebenso mit einer liberalen Gesellschaftsauffassung vereinbar ist, welche die Verfasserin in dieser Arbeit vertreten will. Die erste Wertprämisse bezieht sich auf die Feststellung, daß die Wohlfahrt einer Gesell-

Daraus ergeben sich zwei Probleme: *Zum einen* das Problem der Einigung aller Individuen auf *eine* - die im obigen Sinne richtige - Verwendungsentscheidung.[1] *Zum anderen* macht es die Komplexität der Produktions- und Austauschprozesse dem einzelnen Entscheidungsträger unmöglich, *alle* individuellen, um die knappen Güter konkurrierenden Bedürfnisse zu kennen. Ebenso wenig kann das Individuum um die *gesamten* verfügbaren Mengen der Güter und um *gegenwärtig mögliche und zukünftig erstrebenswerte* Verwendungen Bescheid wissen. Ähnlich unwissend wird es auch hinsichtlich *sämtlicher* tatsächlich angewendeter oder anwendbarer Herstellungsverfahren von Gütern bleiben müssen. Jedes Individuum müßte aber über eben alle diese Dinge informiert sein, wenn es effiziente Entscheidungen über die Verwendung der knappen Gütern treffen soll. Wie sollte eine Person sonst entscheiden können, ob beispielsweise die Menge eines *knappen* Gutes in ihren Händen richtig aufgehoben ist?[2]

Ein Gut ist ceteris paribus um so *knapper*, je geringer seine zur Verfügung stehende Menge ist und je dringlicher die mit ihm zu befriedigenden Bedürfnisse

---

schaft ausschließlich von deren Mitgliedern abhängen soll. Vgl. dazu KÜLP (1975), S. 4. Die Wohlfahrt einer Volkswirtschaft ist deshalb eine Funktion individueller Nutzenniveaus. Vgl. SOHMEN (1976), S. 21. Die Forderung, daß nur Individuen wirtschaftliche Entscheidungen treffen können, ist Gegenstand der zweiten Wertprämisse. Nur Individuen können Bedürfnisse empfinden und sollten deshalb über die Verwendung von Gütern zur Befriedigung eben jener Bedürfnisse entscheiden. Vgl. dazu KÜLP (1975), S. 7.

1 CONDORCET hat auf die Möglichkeit hingewiesen, daß ein solcher Entscheidungsprozeß in einem Abstimmungsparadoxon enden kann. Die Abstimmung über die Vorteilhaftigkeit alternativer Verwendungen kann zu einer inkonsistenten Ordnung führen. Vgl. dazu z.B. FREY/ KIRCHGÄSSNER (1994), S. 147. Ebenso wenig existiert eine Wohlfahrtsfunktion, die alle denkbaren Verwendungsalternativen lückenlos und logisch konsistent ordnen könnte und deren impliziten Werturteile gleichzeitig auf breite Akzeptanz stoßen würden. Dies ist die Feststellung des Unmöglichkeitstheorems bzw. Arrow-Paradoxons. Vgl. SOHMEN (1976), S. 30 und zum Unmöglichkeitstheorem z.B. SOHMEN (1976), S. 343 ff. PARETO hat ein Kriterium entwickelt, mit dem immerhin eine Menge der Zustände ermittelt werden kann, die anderen Zuständen vorzuziehen ist. Die Zustände stellen sicher, daß kein Individuum mehr besser gestellt werden kann, ohne daß gleichzeitig mindestens ein anderes Individuum schlechter gestellt würde. Das Wohlfahrtsmaximum muß ein Element dieser Menge sein. Vgl. SOHMEN (1976), S. 30 f. Es wird dabei davon ausgegangen, daß Nutzen weder kardinal meßbar noch interpersonell vergleichbar ist. Vgl. KÜLP (1975), S. 6.

2 Vgl. dazu GUTMANN (1988), S. 207.

sind. Ein Wirtschaftssystem braucht also ein Verfahren, das die Informationen über das stets variierende Ausmaß der Knappheit einzelner Güter für den jeweiligen Entscheidungsträger in angemessener Form bündelt und zugleich der Einigung aller Individuen auf *eine* - möglichst pareto-optimale[1] - Entscheidung dient. Erst dann können knappe Güter in die richtige Verwendung *gelenkt* werden.

Das somit aufgedeckte *Lenkungs*problem wird mittels der Wirtschaftsordnung gelöst,[2] und Wettbewerb in Märkten kann als Teil einer marktwirtschaftlichen Ordnung einen Beitrag zur Lösung des Problems liefern. Ein *Markt* ist dabei der Ort, an dem die Individuen ihre Tauschhandlungen vornehmen, der „ökonomische Ort des Tausches, an dem sich durch Zusammentreffen von Angebot und Nachfrage Preise bilden".[3] Im *Wettbewerb* stehen heißt mit anderen wetteifern - wetteifern um knappe Güter zur Befriedigung von Bedürfnissen, also zur Erzielung von Nutzen.[4] Jedes Individuum versucht, diejenigen Güter in derjenigen Menge und Qualität zu tauschen, die seine Bedürfnisbefriedigung bzw. seinen Nutzen maximieren.[5] Das Individuum kann Güter aber nur dann beanspruchen, wenn es bereit ist, die Kosten zu tragen, d.h. den in Märkten geforderten Preis zu zahlen. Marktpreise tragen wichtige Informationen. In Märkten entsprechen Marktpreise tendenziell den im Pareto-Optimum[6] ableitbaren

---

1 Eine Entscheidung ist pareto-optimal, wenn sie dafür sorgt, daß kein Individuum einer Erhöhung seines Nutzenniveaus erfahren kann, ohne daß ein anderes benachteiligt wird. Vgl. dazu z.B. SOHMEN (1976), S. 30.

2 Vgl. dazu EUCKEN (1952), S. 6 f. Nähere Ausführungen zur Wirtschaftsordnung finden sich in Abschnitt 4.4.

3 Vgl. GABLER-WIRTSCHAFTS-LEXIKON, S. 2204.

4 Vgl. dazu SCHUMANN (1992), S. 9. SCHMIDT schlägt vor, Wettbewerb als „das Streben von zwei oder mehr Personen bzw. Gruppen nach einem Ziel ..., wobei der höhere Zielerreichungsgrad des einen i.d.R. einen geringeren Zielerreichungsgrad des(r) anderen bedingt" zu verstehen. Vgl. SCHMIDT (1996), S. 1 f.

5 Produzenten wetteifern insofern um knappe Güter zur Befriedigung von Bedürfnissen, als sie um Güter zur Herstellung anderer Güter konkurrieren in der Erwartung, durch bestmögliche Befriedigung von Nachfragerbedürfnissen auf Märkten Gewinne zu erzielen, die dann schließlich der eigenen Bedürfnisbefriedigung dienen sollen.

6 Ein Pareto-Optimum ist ein Zustand, in dem kein Individuum eine Erhöhung seines Nutzenniveaus erfahren kann, ohne daß ein anderes benachteiligt wird. Vgl. z.B. SOHMEN (1976), S. 30. Es ist erreicht, wenn bestimmte Bedingungen erfüllt sind. Vgl. zu diesen Bedingungen SOHMEN (1976), S. 32 ff.

Schattenpreisen.[1] Schattenpreise sind Knappheitspreise, also Preise, die den Markt räumen. „Der Knappheitspreis gibt ... an, welche Bedürfnisse aufgrund der Knappheit gerade nicht mehr befriedigt werden können."[2] Ein Individuum wird zur Zahlung des Preises bereit sein, wenn die Verwendung des zu erwerbenden Gutes ihm mindestens so viel Nutzen stiftet, um die Kosten zu decken, d.h. um den Nutzen*verzicht* auszugleichen, den es gleichzeitig mit der Zahlung des Preises erfährt. Ist letzteres nicht der Fall, wird ein anderes Individuum mit höherer Zahlungsbereitschaft bzw. -fähigkeit, also gemessen an der Zahlungsbereitschaft bzw. -fähigkeit größerem Bedürfnis zum Zuge kommen und das Gut verwenden. Am Ende werden die in jenem Sinne dringlichsten Bedürfnisse befriedigt.

Indem das Individuum also nur dann ein Gut verwenden kann, wenn es mit der Zahlung des Preises auch die ökonomische Verantwortung zu übernehmen bereit ist, kann bei Wettbewerb in Märkten dafür gesorgt werden, daß mit individuellen, eigennützigen Entscheidungen - gemessen an der Zahlungsbereitschaft bzw. -fähigkeit - tendenziell die dringlichsten Bedürfnisse gestillt werden.[3] Wenn Individuen sich eigene Wünsche erfüllen wollen, dazu Güter mit anderen in Märkten tauschen und dabei im Wettbewerb stehen, können sich die gesuchten Entscheidungen[4] ergeben, weil der Preis, zu dem Individuen die knappen Güter tauschen, in der Tendenz diejenigen Informationen signalisiert, die für die pareto-optimale Entscheidung erforderlich sind. Mittels Wettbewerb wird herausgefunden, „welche Güter knapp oder welche Dinge Güter sind, oder wie knapp oder wertvoll sie sind"[5].

---

1 Vgl. dazu z.B. LANCASTER, K. (1969), S. 246. BONUS bezeichnet Märkte als „überaus effizienten Computer zur Ermittlung von Schattenpreisen". Vgl. BONUS (1972), S. 349. Dem Ideal der Schattenpreise entsprechen Preise im Modell der vollständigen Konkurrenz, das die Bedingungen des Pareto-Optimums erfüllt. Vgl. SOHMEN (1976), S. 73 ff.

2 BINSWANGER/ BONUS/ TIMMERMANN (1981), S. 88. Eine anschauliche Darstellung des Informationsgehalts von Knappheitspreisen findet sich dort auf S. 86 ff.

3 Die dringlichsten Bedürfnisse werden erfüllt, wenn die Preise den Schattenpreisen entsprechen.

4 Die gesuchten Entscheidungen sind die im obigen Sinne „bestmöglichen" Entscheidungen.

5 Wettbewerb wird deshalb von v. HAYEK als Such- und Entdeckungsverfahren bezeichnet. Vgl. HAYEK (1969a), hier insbesondere S. 253.

Ferner führt die Tatsache, daß Bedürfnisse als unbegrenzt angenommen werden,[1] dazu, daß Individuen es mit der durch die Verwendungsweise von vorhandenen Gütern einmal erreichten Bedürfnisbefriedigung nicht bewenden lassen, sondern stets bestrebt sein werden, das Ausmaß der Bedürfnisbefriedigung noch zu vergrößern.[2] Produzenten werden beispielsweise also weiter darum wetteifern, mit vorhandenen Produktionsfaktoren mehr und/ oder bessere Güter herzustellen. Jeweils derjenige, dem dies am besten gelingt, darf die entsprechenden Produktionsfaktoren einsetzen, weil er bereit und in der Lage sein wird, für sie am meisten zu bezahlen. Die vorerst „geschlagenen" Konkurrenten werden sodann versuchen, den gelungenen Verbesserungsversuch zu imitieren und dabei regelmäßig wiederum nach Verbesserung Ausschau halten. Wettbewerb äußert sich nun in Vorstoß und Verfolgung und setzt die Individuen unter Leistungsdruck. Wettbewerb ist insofern auch Such- und Entdeckungsverfahren, „ein Verfahren zur Entdeckung von Tatsachen ..., die ohne sein Bestehen entweder unbekannt bleiben oder zumindest nicht genutzt werden würden"[3]. Die „entdeckten" Informationen setzt er dabei wie die zuvor schon erwähnte Information über das Ausmaß der Knappheit von Gütern in Form von Preisen in Märkten frei. Auf diese Weise wird das in der Gesellschaft verstreute Wissen zur Optimierung von Entscheidungen über die Verwendung knapper Güter besser genutzt, als es durch einen zentralen Entscheidungsträger jemals möglich wäre, und sogar erweitert.

Wettbewerb in Märkten wird im folgenden als ein Entscheidungsmechanismus mit den beschriebenen positiven Eigenschaften bezeichnet. Ein Verfahren zum Finden und Koordinieren individueller Entscheidungen, das dafür sorgt, daß im Entscheidungsfindungs- und -koordinierungsprozeß Informationen verarbeitet

---

1 Siehe dazu den Hinweis auf das erste Gossensche Gesetz am Anfang dieses Abschnittes.

2 Dazu zählt auch die stete Anpassung individueller Entscheidungen an *sich ändernde* Rahmenbedingungen. Denn: „Die Bevölkerung wächst oder schrumpft und ihr Altersaufbau verändert sich; die konkreten Ziele der Lebenserhaltung und der Lebensgestaltung variieren; politische Ereignisse und wissenschaftliche Erkenntnisse modifizieren die Lebensumstände der Menschen; durch Investitionen in Sachanlagen verändert sich die Arbeitsproduktivität; der technische Fortschritt bringt neue Herstellungsverfahren, neue Produktarten und Produktvarianten sowie neue Organisationsformen hervor." Vgl. GUTMANN (1988), S. 207 f.

3 HAYEK (1969a), S. 249. Die durch V. HAYEK betonte Funktion des Wettbewerbs als Such- und Entdeckungsverfahren stellt er an derselben Stelle dar.

werden, von denen anfangs noch keiner der Beteiligten wußte. Wettbewerb in Märkten kann damit die beiden aufgeworfenen Probleme lösen, also zum einen für die Einigung auf *eine* (im Idealfall pareto-optimale!) Entscheidung sorgen und zum anderen durch Preise über das Ausmaß an Knappheit von Gütern informieren. Marktwirtschaftlicher Wettbewerb ist *ein* Mechanismus zum Finden von Entscheidungen über die Verwendung knapper Güter.[1]

Die gewünschten positiven Wirkungen der wettbewerblichen Optimierung von Entscheidungen in Märkten können ebenfalls als Wettbewerbsfunktionen[2] dargestellt bzw. mittels des üblichen wettbewerbstheoretischen Vokabulars beschrieben werden. Im Wettbewerb in Märkten wird über die Zusammensetzung und die Verteilung des Angebots an Waren und Dienstleistungen gemäß der jeweiligen Käuferpräferenzen entschieden. Daneben sorgt der Wettbewerb dafür, daß die Produktionsfaktoren in ihre produktivste Verwendung gelangen, was zu einer Senkung der Gesamtkosten gegebener Produktionsvolumina bei gegebener Produktionstechnik bzw. zu einer Steigerung der Wertschöpfung gegebener Faktoreinsatzmengen führt. Das gleiche gilt zudem, wenn sich Nachfragestruktur und Produktionstechnik ändern. Denn mittels Wettbewerb erfolgt eine flexible Anpassung der Produktion und der Produktionskapazität an geänderte Rahmenbedingungen. Auf diese Weise werden unrentable Investitionen umgangen und notwendige Strukturänderungen kostengünstiger durchlaufen.[3] Alle drei Aspekte werden als *Anpassungs- und Allokationsfunktion* bezeichnet.[4]

Der Wettbewerb übernimmt daneben eine *Fortschrittsfunktion*, weil er die schnellere Durchsetzung von Produkt- und Verfahrensfortschritten ermöglicht.[5] Denn die unersättlichen Bedürfnisse der Individuen stellen zusammen mit dem Wetteifern um Produktionsfaktoren zur Erstellung von noch mehr und/ oder besseren Gütern den dazu notwendigen Anreiz dar.

---

1 Vgl. dazu SCHUMANN (1992), S. 9 f.

2 Eine in der Wettbewerbstheorie bedeutsame Darstellung der Wettbewerbsfunktionen findet sich bei KANTZENBACH (1967), S. 16 ff.

3 Vgl. KANTZENBACH (1967), S. 17.

4 Vgl. dazu HERDZINA (1993), S. 20.

5 Vgl. HERDZINA (1993), S. 25 f.

Auf Märkten wird mittels Wettbewerb eine marktleistungsgerechte Primärverteilung erzielt: Alle Marktteilnehmer werden entsprechend ihrer Marktleistung, d.h. nach Maßgabe ihres in Märkten bewerteten Beitrages zur Verringerung des Knappheitsproblems, entlohnt. Wettbewerb erfüllt somit auch eine *Verteilungsfunktion.*[1]

Außerdem ist Wettbewerb zwangsläufig verbunden mit der „Freiheit zur Initiative, Freiheit zum Vorstoß in technisches, organisatorisches und ökonomisches Neuland, zur Schaffung neuer Güter, neuer Verfahren, neuer Märkte, Freiheit zu ökonomischem Fortschritt", auch mit der „... Freiheit, zwischen mehreren Alternativen wählen zu können"[2] und der Freiheit, all dies unterlassen zu dürfen. Die Möglichkeit zu wettbewerblichem Verhalten ist notwendige Voraussetzung für die bisher genannten positiven Wirkungen der individuellen Entscheidung unter Wettbewerb in Märkten. Individuelle Entscheidungen unter Wettbewerb in Märkten lassen in der Regel größere Handlungs- und Entscheidungsspielräume als eine Zentralplanwirtschaft. Wettbewerb kann insofern zu einem Instrument der Sicherung von Freiheit erklärt werden und damit neben den bisher beschriebenen *ökonomischen Funktionen* eine *Freiheitsfunktion* erfüllen.[3]

Wenn der Wettbewerb in Märkten die genannten Funktionen insoweit erfüllt, daß die positiven Wirkungen in „zufriedenstellendem" Ausmaß erkennbar sind, wird er als *funktionsfähiger* Wettbewerb bezeichnet.[4] Denn Wetteifern allein führt nicht zwangsläufig zu den positiven Wirkungen, die bisher als Ergebnis des Wettbewerbs als Entscheidungsmechanismus beschrieben wurden: Der Entscheidungsmechanismus „Wettbewerb in Märkten" funktioniert nicht bedingungslos.[5]

---

1 Vgl. dazu HERDZINA (1993), S. 29 ff.

2 HOPPMANN (1966), S. 289.

3 Vgl. HERDZINA (1993), S. 16.

4 Vgl. HERDZINA (1993), S. 37 f. Der Begriff „funktionsfähiger Wettbewerb" ist historisch gewachsen aus dem Konzept der workable competition, das von CLARK als Alternative zum bis dahin propagierten Wettbewerbsleitbild der vollständigen Konkurrenz vorgestellt worden ist. Vgl. dazu CLARK (1961). In Deutschland fand das Konzept vor allem durch den Ansatz von KANTZENBACH starke Beachtung. Vgl. dazu KANTZENBACH (1967).

5 Die Feststellung, daß Marktpreise Schattenpreise darstellen *können*, hat dies schon zum Ausdruck gebracht. Schattenpreise ergeben sich im Modell der vollständigen Konkur-

Wenn nicht jedes Wetteifern in Märkten automatisch funktionsfähigen Wettbewerb darstellt, ergibt sich die Frage, welche Umstände über die Funktionsfähigkeit des Wettbewerbs entscheiden und unter welchen Bedingungen das Wetteifern in Märkten zu funktionsfähigem Wettbewerb führt.

Bisher steht fest, daß *funktionsfähiger Wettbewerb* in Märkten ein Verfahren zum Finden und Koordinieren von individuellen Entscheidungen über die Verwendung knapper Güter ist, auch die Frage der Bereitstellung von Gütern löst und mit bestimmten erwünschten positiven Wirkungen verbunden ist, die als Wettbewerbsfunktionen dargestellt wurden. Wir wollen uns nun mit der *Gestalt* funktionsfähigen Wettbewerbs auseinandersetzen, und die wird regelmäßig an den Wettbewerbsvoraussetzungen, -verhaltensweisen und -ergebnissen[1] festgemacht.[2] Dazu gehören beispielsweise Merkmale wie die Zahl der Anbieter und die Höhe der Marktschranken, die Art und Häufigkeit des Einsatzes wettbewerblicher Aktionsparameter sowie die Preishöhe, das Gewinniveau, die Qualität und der Output.[3] Funktionsfähiger Wettbewerb soll aufgrund der mit ihm einhergehenden positiven Ergebnisse als Mechanismus zum Finden und Koordinieren von Entscheidungen über die Verwendung von Gütern Priorität genießen. Die Gestalt funktionsfähigen Wettbewerbs ist nicht zuletzt von Interesse, damit sie zur Grundlage gezielter Veränderungen der Gestalt des Wettbewerbs werden kann - für den Fall, daß jener nicht funktionsfähig ist.

4.3 Funktionsfähiger Wettbewerb

Bei der Suche nach Angaben zu Voraussetzungen, Marktverhaltensweisen und Marktergebnissen funktionsfähigen Wettbewerbs stößt man sehr schnell auf das Problem, daß solche Angaben, wenn sie konkret und allgemein anerkannt sein sollen, offenbar nicht zu finden sind.[4] Schon der Versuch, den Begriff

renz. Als Modell funktionsfähigen Wettbewerbs ist das Modell jedoch umstritten. Vgl. dazu z.B. FRITSCH/ WEIN/ EWERS (1996), S. 51 ff.

1 Da Wettbewerb in Märkten stattfindet, werden die Begriffe Marktstruktur, Marktverhalten und Marktergebnis synonym zu den Begriffen Wettbewerbsvoraussetzung, Wettbewerbsverhalten und Wettbewerbsergebnis verwendet.

2 Vgl. dazu HERDZINA (1993), S. 10 f.

3 Vgl. SCHMIDT (1996), S. 56.

4 Vgl. dazu HERDZINA (1993), S. 7 ff.

„Wettbewerb“ unter Bezugnahme auf bestimmte Marktverhaltensweisen oder Marktstrukturen *genauer zu definieren*, ist schwierig.[1] „Wirtschaftlicher Wettbewerb ist das selbständige Streben sich gegenseitig im Wirtschaftserfolg beeinflussender Anbieter oder Nachfrager (Mitbewerber) nach Geschäftsverbindung mit Dritten (Kunden) durch Inaussichtstellen möglichst günstiger Geschäftsbedingungen“, stellen zwar BORCHARD und FIKENTSCHER fest.[2] OTT behauptet, „Konkurrenz (sei) als eine agonistische Beziehung zwischen Anbietern oder Nachfrager zu definieren. Agonistisch (solle) dabei ... bedeuten, ... daß die Anbieter bzw. Nachfrager sich zu übertreffen suchen.“ Und weiter: „Konkurrenz beginnt demnach apodiktisch jenseits der Teilnehmerzahl eins.“[3] Obwohl beide Feststellungen noch recht vage formuliert wurden, sind aber schon hier die auf das Verhalten und die Struktur bezugnehmenden Elemente (selbständiges Streben, agonistische Beziehung, mindestens zwei Teilnehmer) keineswegs unumstritten. Sie sind weder als notwendiger noch als hinreichender Bestandteil einer Wettbewerbsdefinition anerkannt.[4]

Erst recht ist eine noch genauere und immer noch allgemein anerkannte Festlegung von wettbewerblichen Voraussetzungen, Marktverhaltensweisen und -ergebnissen zur Beschreibung von Signalen oder als Garant für *funktionsfähigen Wettbewerb* problematisch: Auf die Frage, welche Marktstrukturen, -verhaltensweisen und -ergebnisse mit funktionsfähigem Wettbewerb verbunden sind, existieren höchst unterschiedliche Antworten. Um dies zu belegen, wäre ein Blick auf die verschiedenen wettbewerbspolitische Konzeptionen[5] bzw. wettbewerbspolitischen Leitbilder[6] nötig.[7] Um die grundsätzlich angelegte

---

1 In den vorangegangenen Ausführungen wurde deshalb darauf verzichtet und Wettbewerb lediglich als Wetteifern um knappe Güter beschrieben.

2 Vgl. BORCHARD/ FIKENTSCHER (1957), S. 15.

3 Vgl. OTT (1959), S. 44.

4 Vgl. HERDZINA (1993), S. 10.

5 Nach WILLEKE umfaßt die wettbewerbstheoretische Konzeption „theoretische Aussagen über Marktstrukturen, Wettbewerbsprozesse und Wettbewerbsergebnisse, außerdem wettbewerbspolitische Grundsätze“. Vgl. WILLEKE (1973) S. 14.

6 Vgl. dazu BARTLING (1980), insbesondere S. 8.

7 Einen Überblick über diverse Leitbilder geben z.B. SCHMIDT (1996), S. 2 ff. und BERG (1995), S. 245 ff. BORCHERT/ GROSSEKETTLER (1985), S. 271, nehmen in Abhängigkeit von Marktergebnis (market performance), Marktstruktur (market structure) und Verhal-

Unterschiedlichkeit der gesuchten Aussagen zu verdeutlichen, reicht jedoch ein Blick auf zwei idealtypische wettbewerbspolitische Grundpositionen, die quasi eine Synopse der realtypischen Konzeptionen darstellen.[1] Die Positionen werden von HERDZINA beschrieben.[2] Sie vertreten einander diametral entgegengesetzte Auffassungen über funktionsfähigen Wettbewerb und haben damit vollkommen voneinander abweichende Vorstellungen über Aussagen zu Voraussetzungen, Verhaltensweisen und Ergebnissen funktionsfähigen Wettbewerbs.

Den einen Ansatz nennt HERDZINA *wohlfahrtsökonomischen Ansatz.*[3] Die Funktionsfähigkeit des Wettbewerbs wird dort ausschließlich an den ökonomischen Wettbewerbsfunktionen[4] festgemacht. In dem Ansatz existieren grundsätzlich deterministische Zusammenhänge zwischen Marktergebnissen, Marktverhaltensweisen und Marktstrukturen. In einer die drei Kategorien umfassenden Referenzsituation werden zunächst die gewünschten Marktergebnisse, dazu das gewünschte Marktverhalten und daraufhin die dafür optimale Marktstruktur festgelegt. In Abhängigkeit von der jeweils zugrundeliegenden Marktstrukturhypothese[5] werden unterschiedlichste Konstellationen der Parameter funktionsfähigen Wettbewerb propagiert. Dabei ist nicht ausgeschlossen, daß im Einzelfall von der ursprünglich unterstellten Marktstrukturhypothese abgewichen wird, da die Existenz divergierender Hypothesen stets Zweifel an deren Gültigkeit lassen. Die mit funktionsfähigem Wettbewerb einhergehenden Strukturen, Verhaltensweisen und Ergebnisse können mittels gezielter Eingriffe in konkrete Märkte erreicht werden.

---

ten der Marktteilnehmer (market conduct) eine Systematisierung von wettbewerbspolitischen Konzeptionen vor.

1 Vgl. HERDZINA (1993), S. 113.

2 Vgl. dazu HERDZINA (1993), S. 114 ff. Die Einordnung verschiedener Leitbilder in die beiden Positionen nimmt HERDZINA auf den Seiten 118 ff. vor.

3 Der wohlfahrtsökonomische Ansatz gründet in der neoklassischen Theorie, trägt jedoch deutlichere Spuren des workable competition-Ansatzes. Vgl. HERDZINA (1993), S. 114 ff. und dazu die Beschreibung des workable competition-Ansatzes z.B. bei BERG (1995), S. 248 ff.

4 Dies sind die Anpassungs- und Allokationsfunktion, die Fortschrittsfunktion und die Verteilungsfunktion. Vgl. dazu auch Abschnitt 4.3.

5 Unterschiedliche Marktstrukturhypothesen stellt z.B. SCHMIDT (1996), S. 80 ff., dar.

Eine ganz andere Auffassung ergibt sich im *systemtheoretischen Ansatz*.[1] Die Ausprägungen von Marktergebnissen, Marktverhalten und Marktstrukturen ergeben sich erst im Wettbewerb, und da der Wettbewerb als Prozeß grundsätzlich offen ist, wird die Idee von einem festen Zusammenhang zwischen Ergebnissen, Verhaltensweisen und Strukturen von vornherein zurückgewiesen.[2] Die Festschreibung von Optimalkonstellationen jener Parameter wird abgelehnt. Von der Struktur und den Verhaltensmustern im Sinne von Rahmenbedingungen wird lediglich angenommen, daß sie in jedem Fall ausreichende Freiheitsspielräume als die wichtigste Voraussetzung für funktionsfähigen Wettbewerb sichern müßten. Von einer Beurteilung der Freiheitsspielräume im Einzelfall sieht man ab. Verhaltensweisen, die generell als wettbewerbsfreiheitsbeschränkend identifiziert werden können, werden per se verboten.

Angesichts der kontroversen Auffassung von Wettbewerbstheoretikern zieht BERG mit Recht das Resumée, daß funktionsfähiger Wettbewerb unter unterschiedlichen Bedingungen entstehen und Bestand haben kann.[3] Nach konkreten, allgemein anerkannten Angaben zur Gestalt funktionsfähigen Wettbewerbs braucht man gar nicht erst zu suchen: Es gibt sie nicht!

HERDZINA stellt fest, daß wenigstens *wesentliche Eigenschaften des Wettbewerbs* wohl nie ernsthaft strittig gewesen seien, auch wenn sie zuweilen durch teilweise mißlungene Versuche theoretischer Präzisierung ein wenig in den Hintergrund gedrängt worden seien: „Der Wettbewerb ist ein in der Zeit ablaufender, dynamischer Prozeß, der sich in Vorstoß und Verfolgung dokumentiert. In diesem Prozeß setzen verschiedene Akteure unterschiedliche Parameter ein. Er ist eingebettet in den Entwicklungsprozeß des jeweiligen Marktes sowie in den allgemeinen Wachstums- und Entwicklungsprozeß der gesamten Volkswirtschaft."[4] Diese wesentlichen Eigenschaften sollen hier für eine wettbe-

---

1 Vgl. dazu HERDZINA (1994), S. 117 f. Der systemtheoretische Ansatz entspricht im wesentlichen dem Konzept des freien Wettbewerbs der sogenannten Neuklassik. Vgl. zu diesem Konzept SCHMIDT (1996), S. 14 ff.

2 Diese Auffassung zu funktionsfähigem Wettbewerb steht in engem Zusammenhang mit den Aussagen zum Wettbewerb als Such- und Entdeckungsverfahren, die auf V. HAYEK zurückgehen. Vgl. dazu auch Abschnitt 4.3.

3 Vgl. BERG (1995), S. 250 f.

4 Vgl. HERDZINA (1975), S. 25.

werbstheoretisch elaborierte Variante der hier vorgestellten Definition[1] des Wettbewerbs als Wetteifern um knappe Güter zur Befriedigung individueller Bedürfnisse stehen. Und trotz der fehlenden Allgemeingültigkeit von Aussagen zu Marktstrukturen, -verhaltensweisen und -ergebnissen funktionsfähigen Wettbewerbs steht offenbar zumindest eines fest: Die Gestalt, insbesondere das Marktergebnis funktionsfähigen Wettbewerbs, hat in jedem Fall mit realisierten *Wettbewerbsfunktionen* in Verbindung zu stehen. Unabhängig davon, ob - wie aus wohlfahrtsökonomischer Sicht - den ökonomischen Wettbewerbsfunktionen Priorität eingeräumt wird oder - wie aus systemtheoretischer Sicht - die Freiheitsfunktion größere Bedeutung genießt; und auch unabhängig davon, daß zwischen den Wettbewerbsfunktionen Zielkonflikte bestehen mögen und sie womöglich gar nicht gleichzeitig realisiert werden *können.*[2] Genauer kann funktionsfähiger Wettbewerbs allgemeingültig anhand von Marktstrukturen, -verhalten und -ergebnissen nicht beschrieben werden. Als nächstes soll der ähnlich lautende Begriff „funktionsfähiger Markt" untersucht werden.

4.4 Funktionsfähiger Markt

Der Markt wurde als Ort des Zusammentreffens von Angebot und Nachfrage vorgestellt.[3] In ihm kann funktionsfähiger Wettbewerb stattfinden. Märkte können unterschiedlich geformt sein. Da Märkte und Wettbewerb miteinander verbunden sind, ist es nicht verwunderlich, daß zur Unterscheidung verschiedener Marktformen dieselben Merkmale herangezogen werden wie zur Charakterisierung der Gestalt funktionsfähigen Wettbewerbs: Klassisches Unterscheidungsmerkmal ist die Anzahl der Marktteilnehmer.[4] Prinzipiell sind aber auch weitere Strukturmerkmale marktformend. Zur Struktur gehören neben der schon erwähnten Anzahl der Marktteilnehmer auch deren Größe sowie beispielsweise der Grad der Produktdifferenzierung, der Markttransparenz und der Offenheit eines Marktes.[5] Daneben werden Märkte auch durch die in ihnen anzutreffenden

---

1 Siehe Abschnitt 4.2.

2 Vgl. dazu SCHMIDT (1996), S. 72 ff., HERDZINA (1993), S. 39 ff.

3 Siehe Abschnitt 4.2.

4 Vgl. dazu z.B. das Marktformenschema bei SCHUMANN (1992), S. 179 f.

5 Vgl. dazu auch HERDZINA (1993), S. 74, der eine Reihe der genannten Strukturmerkmale nennt, und SCHMIDT (1996), S. 56.

Verhaltensweisen und Ergebnisse charakterisiert.[1] Aufgrund der zwangsläufig engen Verbindung zum Wettbewerb ist es ebenso wenig verwunderlich, daß es analog zu funktionsfähigem und nicht-funktionsfähigem Wettbewerb auch funktionsfähige und nicht-funktionsfähige Märkte gibt.

GROSSEKETTLER schlägt zur Überprüfung der *Funktionsfähigkeit von Märkten* vor, deren Markträumungs-, Renditenormalisierungs-, Übermachterosions- sowie Produkt- und Verfahrensfortschrittsfunktion zu testen.[2] Inhaltlich geben jene Marktfunktionen aber nichts anderes wieder als das, was schon die Wettbewerbsfunktionen beschrieben:[3] optimale Anpassung und Allokation, leistungsgerechte Verteilung, Freiheit und Fortschritt.[4] Dies ist auch angesichts der Tatsache, daß die Wettbewerbsfunktionen erfahrungsgestützte Erwartungen über Verlaufsmuster von funktionierenden Märkten sind,[5] nicht verwunderlich. Märkte sind also funktionsfähig, wenn in ihnen funktionsfähiger Wettbewerb stattfindet.

Auch hier interessiert jetzt die Frage nach der *Gestalt funktionsfähiger Märkte.* Aufgrund der genannten Marktkennzeichen fällt sie zusammen mit der Frage nach Voraussetzungen, Verhaltensweisen und Ergebnissen *funktionsfähigen Wettbewerbs*. Damit ist die Antwort klar: Funktionsfähige Märkte können situations- und zeitabhängig *sehr unterschiedlich* aussehen. Eine allgemein anerkannte Festlegung jener Charakteristika funktionsfähigen Wettbewerbs bzw. nun auch funktionsfähiger Märkte ist unmöglich bzw. nur auf sehr abstraktem Niveaus möglich. Konkreter formulierte Aussagen zur Gestalt eines Marktes können nicht verbindlich als Voraussetzung für die Funktionsfähigkeit des Marktes festgeschrieben werden.

Dennoch ist und bleibt die Frage nach der Gestalt funktionsfähiger Märkte ein wichtiges ökonomisches Problem, zumindest dann, wenn - wie hier unterstellt -

---

1 Vgl. dazu HERDZINA (1993), S. 10 f.

2 Vgl. dazu BORCHERT/ GROSSEKETTLER (1985), S. 170 ff., und insbesondere GROSSEKETTLER (1995b)

3 Siehe Abschnitt 4.3.

4 Die Überprüfung der Funktionsfähigkeit von Märkten ist auch eine Überprüfung der Funktionsfähigkeit des Wettbewerbs.

5 Vgl. FRITSCH/ WEIN/ EWERS (1996), S. 7.

Wettbewerb in Märkten aufgrund seiner Leistungsfähigkeit als Entscheidungsmechanismus Priorität genießt. Funktionsfähige Märkte sollen uns deshalb weiter interessieren und zwar insofern, als mit ihnen die *Rahmenbedingungen* für funktionsfähigen Wettbewerb angesprochen sind: Der hier betrachtete Wettbewerb findet schließlich *in* Märkten statt, und ein Markt muß offenbar bestimmte Rahmenbedingungen sicherstellen, wenn er als funktionsfähig gelten bzw. der Ort funktionsfähigen Wettbewerbs sein will.

„Rahmenbedingungen für Wettbewerb" soll heißen, daß die wetteifernden Marktteilnehmer mit *Gegebenheiten* konfrontiert sind, die ihren Entscheidungs- und Verhaltensspielraum beeinflussen. Marktteilnehmer sind dabei konkurrierende Anbieter und deren Nachfrager. Ihre Freiheitsspielräume begrenzen sich gegenseitig. Zu den Gegebenheiten sollen sämtliche Umstände gehören, die Wirtschaftssubjekte bei den schon vielfach angesprochenen Entscheidungen über die Verwendung knapper Güter zu beachten haben. Selbstverständlich spielen bei den Gegebenheiten auch die bisher diskutierten Wettbewerbsvoraussetzungen, -verhaltensweisen und -ergebnisse eine Rolle. Denn der Freiheitsspielraum, den eine Person bei Aktionen in Märkten nutzen kann, hängt beispielsweise von der Größe seiner Konkurrenten ab. Der Grad der Markttransparenz - also die Informiertheit der Marktteilnehmer - entscheidet über die faktische Größe des Freiheitsspielraums, den die Teilnehmer nutzen können. Ähnliches gilt für das Marktverhalten: Verhaltensweisen von Marktteilnehmern beeinflussen gegenseitig die Freiheitsspielräume und stellen somit aus der Sicht des Wirtschaftssubjektes Rahmenbedingungen dar. Vergleichbare Aussagen können für Marktergebnisse formuliert werden.

Aufgrund der aufgezeigten Verbindung der Rahmenbedingungen zur Gestalt des Marktes steht zu befürchten, daß eine konkrete, allgemein anerkannte Antwort auf die Frage nach den Rahmenbedingungen, die mit funktionsfähigen Märkten benannt werden, ebenfalls zum Scheitern verurteilt ist. Denn auch die Frage nach der generell richtigen Größe der jeweiligen Freiheitsspielräume von Marktteilnehmern muß aufgrund der Verbindung zu den Wettbewerbsvoraussetzungen, -verhaltensweisen und -ergebnissen unbeantwortet bleiben. Wir wollen uns dennoch mit den Rahmenbedingungen genauer auseinandersetzen, um die so bedeutungsvollen Entscheidungs- und Verhaltensspielräume wenigstens genauer zu beleuchten. Zunächst soll zu diesem Zweck die Verbindung zur schon in Abschnitt 4.2 eingeführten Wirtschaftsordnung erläutert werden.

Die Wirtschaftsordnung ist die Gesamtheit von *Regeln* wie Sitten und Gebräuche, Traditionen und Konventionen, moralische und rechtliche Normen, welche die Entscheidungs- und Verhaltensspielräume der Wirtschaftseinheiten festlegen.[1]

Die Entscheidung darüber, in welchen Bereichen einer Volkswirtschaft über die Verwendung der knappen Güter mittels Wettbewerb in Märkten befunden wird, ist für die grundlegende Gestalt der Wirtschaftsordnung maßgeblich. Das Ergebnis der Entscheidung beeinflußt in den einzelnen Bereichen den Inhalt der Regeln, die sich schließlich zur Wirtschaftsordnung formieren. Die Regeln können „bewußt" geschaffen und in irgendeiner Form fixiert, oder im Laufe der Zeit entstanden sein und sogar ohne Fixierung existieren. Zu ersteren gehören vornehmlich solche Teile der Ordnung, die der Staat als rechtliche Normen vorgibt.[2]

Die Wirtschaftsordnung ist in einem vorangegangenen Abschnitt als Lösung für das dort aufgedeckte Lenkungsproblem genannt worden.[3] Ihre Bedeutung für eine Gesellschaft sollte damit deutlich geworden sein. Daneben ist ihre Relevanz durch folgende Aussagen zu unterstreichen: „Menschen können in der Gesellschaft ihren Zielen mit Erfolg nachgehen, weil sie wissen, was sie vom Menschen zu erwarten haben. Mit anderen Worten, ihre Beziehungen zeigen eine gewisse Ordnung."[4] Das Ergebnis des Wirtschaftens, der Wohlstand des einzelnen und der ganzen Gesellschaft sind nicht nur von der Leistungsbereitschaft und -fähigkeit des einzelnen abhängig, sondern auch davon, wie gut wirtschaftliche Hergänge geplant, organisiert und koordiniert werden können. Erst die Wirtschaftsordnung sorgt dafür, daß das rivalisierende Verhalten insgesamt ein friedliches und kalkulierbares Miteinander bleibt.[5]

---

1 Vgl. CASSEL (1988), S. 314.

2 Fragen der Wirtschaftsordnung - vornehmlich solche, die im Zusammenhang mit der ersten Kategorie von Regeln auftauchen - sind in der Literatur expliziter Gegenstand der Ordnungstheorie bzw. -politik, insbesondere der Wirtschaftsordnungstheorie bzw. -politik. Vgl. dazu CASSEL (1988), S. 313.

3 Siehe Abschnitt 4.2.

4 Vgl. HAYEK (1969b), S. 32.

5 Vgl. CASSEL (1988), S. 314.

Auch die Wirtschaftsordnung bildet Rahmenbedingungen, denn *Regeln* sind Gegebenheiten, die Entscheidungs- und Verhaltensspielräume von Wirtschaftssubjekten definieren. Eine wettbewerbliche Wirtschaftsordnung steht mit Marktstrukturen, -verhaltensweisen und -ergebnissen in Beziehung: Marktstrukturen und -ergebnisse ergeben sich *in* einem bestehenden System von Regeln, und sie haben eine bestimmte Wirkung, weil Wirtschaftssubjekte mit ihnen *in* dem System von Regeln konfrontiert werden. Das Marktverhalten ist geprägt *von* diesen Regeln, die definitionsgemäß die Entscheidungs- und Verhaltensspielräume festlegen. Bestimmte Verhaltensweisen können andererseits im Laufe der Zeit aber auch zur Regel werden und insofern die Gestalt des Regelsystems beeinflussen. Die Rahmenbedingungen, die bisher an Wettbewerbsvoraussetzungen, -verhaltensweisen und -ergebnissen festgemacht wurden, sollen auf ein System von Regeln umgemünzt werden. Unter Rahmenbedingungen werden jetzt Regeln verstanden, die in Märkten herrschen. Die Frage nach der Gestalt bzw. Gestaltung funktionsfähiger Märkte wird zu einer Frage nach der Gestalt bzw. Gestaltung der richtigen Ordnung.

Ein Synomym für die Regeln, aus denen die Wirtschaftsordnung besteht, ist der Begriff der Institutionen.[1] Angesichts der Bedeutung der Wirtschaftsordnung ist es nicht verwunderlich, daß wirtschaftswissenschaftliche Forschung sich schon von Anbeginn mit eben dieser Frage nach der „richtigen" Wirtschaftsordnung bzw. „Institutionalisierung" auseinandersetzt. HARTWIG behauptet sogar, daß institutionelle Aspekte des Wirtschaftsgeschehens zumindest bis ins 19. Jahrhundert im Zentrum der Forschungsbemühungen gestanden hätten.[2] In Deutschland gründen Ideen zur Ordnung einer Wirtschaft in WALTER EUCKENS Ordoliberalismus.[3] Auch Überlegungen, die im vierten Abschnitt dieses Kapitels als Wettbewerbskonzeptionen auftauchten, befassen sich im Grunde - sehr konkret - unter anderem mit dem einen Anliegen: Wie sehen in Märkten die Bedingungen für funktionsfähigen Wettbewerb aus? Auch wenn dort die hier im Vordergrund stehenden Regeln bzw. Institutionen nicht immer explizit angesprochen werden, sondern in Form ihrer „Folgewirkungen" als Wettbewerbs-

---

1 Siehe zur genaueren Definition des Begriffs der Institution die Ausführungen im nächsten Abschnitt.

2 Vgl. HARTWIG (1988), S. 32.

3 Vgl. dazu EUCKEN (1952).

voraussetzungen, -verhalten und -ergebnisse zur Diskussion stehen. Derzeit sorgt eine Theorierichtung für die „Renaissance" institutionenökonomischen Denkens:[1] die Neue Institutionenökonomik[2]. Sie befaßt sich in stärker analytischer Weise als die „alten Institutionalisten" mit dem Entstehen und der Funktion von Institutionen und mit deren Wandel im Zeitablauf. Außerdem versteht sie sich als Weiterentwicklung der Neoklassik, der Theorierichtung, die dafür sorgte, daß institutionenökonomisches Denken nicht durchweg im Zentrum der Forschungsbemühungen stand. Die Neoklassik vernachlässigte Institutionen vollkommen, so daß sie die Welt nicht erklären konnte und die „institutionenökonomische Renaissance" notwendig wurde.[3]

Obwohl es auf die Frage nach der genauen Größe der Freiheitsspielräume in funktionsfähigen Märkten keine generell richtige Antwort gibt und deshalb vermutlich auch eine allgemein anerkannte Vorstellung der „richtigen Institutionalisierung" nicht existieren wird, will die Verfasserin dennoch Institutionen genauer untersuchen. Rahmenbedingungen für funktionsfähigen Wettbewerb bestehen aus den Freiheitsspielräumen, die den Akteuren durch Regeln und Institutionen gegeben werden. Die Verfasserin hofft, in weiteren institutionenökonomischen Überlegungen Hinweise zur Gestalt bzw. Gestaltung einer Ordnung für funktionsfähigen Wettbewerb zu finden.[4]

Im nächsten Abschnitt sollen Vokabular und Argumentationsweisen der Neuen Institutionenökonomik vorgestellt werden.

---

1 Vgl. dazu DIETL (1993), S. 34.

2 Vgl. zum folgenden den Artikel „Neue Institutionenökonomik" von BONUS/ MASELLI (1996a).

3 Siehe dazu auch die Ausführungen in Abschnitt 5.2.

4 In dieser Arbeit soll die Idee, daß funktionsfähiger Wettbewerb auch im Krankenhauswesen nur in einer geeigneten Ordnung ablaufen würde, den Hintergrund bilden, vor dem mit Hilfe der Neuen Institutionenökonomik versucht wird, einen Eindruck von dieser Ordnung und ihrer Entstehung zu entwickeln.

4.5 Funktionsfähiger Wettbewerb bzw. funktionsfähige Märkte und Neue Institutionenökonomik

4.5.1 Der Begriff „Institution“

In der Literatur hat sich ein einheitlicher Institutionenbegriff bisher noch nicht durchgesetzt. In Abschnitt 4.4 ist im Zusammenhang mit der Wirtschaftsordnung eine Definitionsvariante schon angedeutet worden, die in die Richtung der Institutionendefinition von NORTH zielt. Mit dieser Definition soll hier gearbeitet werden. NORTH bezeichnet Institutionen als formale und informelle Regeln in einer Gesellschaft. Untrennbar zu den Regeln dazu gehören die Instrumente, die zu ihrer Durchsetzung vorhanden sind und damit die „Stärke“ der jeweiligen Institution bestimmen.[1] Denn eine gesellschaftliche Regel, die nicht sanktionsbewehrt ist, wird sich schwerlich in einem Kollektiv als Regel durchsetzen. Zu den formalen Regeln zählt NORTH beispielsweise Eigentumsrechte, Verträge[2] oder Gesetze, also die im Rahmen der Wirtschaftsordnungsdefinition aufgelisteten rechtlichen Normen. Unter informellen Regeln versteht er unter anderem Sitten, Gebräuche oder gesellschaftliche Wertvorstellungen.[3] Als Teil der Wirtschaftsordnung sind zusätzlich die zu den informellen Institutionen gehörenden Traditionen, Konventionen sowie moralischen Normen genannt worden. Allgemein bilden Institutionen damit offenbar „the set of fundamental political, social and legal ground rules that establishes the basis of production, exchange and distribution“[4]. Sie sind „sozial sanktionierbare Erwartungen, die sich auf

---

1 Vgl. dazu NORTH (1990), S. 9, und RICHTER/ FURUBOTN (1996), S. 7. NORTH spricht von „... formal rules, informal constraints, and the effectiveness of their enforcement ...“. RICHTER/ FURUBOTN sehen Institutionen „als ein System formgebundener (formaler) und formungebundener (informeller) Regeln einschließlich der Vorkehrungen zu deren Durchsetzung“.

2 Verträge seien hier verstanden als rechtlich durchsetzbare Willenserklärungen sowie Willenserklärungen, die nicht rechtsverbindlich sind, deren außergerichtliche Erfüllung jedoch erwartet wird. Vgl. dazu RICHTER/ FURUBOTN (1996), S. 156 f.

3 Vgl. NORTH (1990), S. 4, und S. 46 ff.

4 DAVIS/ NORTH (1971), S. 6 f.

die Handlungs- und Verhaltensweisen eines oder mehrerer Individuen beziehen"[1].

Eng verbunden mit dem Institutionenbegriff sind die Organisationen. Sie sind korporative Gebilde,[2] die durch Gruppen von Einzelpersonen zu einem gemeinsamen Zweck gebildet werden. Dazu gehören politische, ökonomische, soziale und erzieherische Einrichtungen.[3] Jene Organisationen bilden und entwickeln sich nach NORTH innerhalb von Institutionen,[4] stellen aus der Sicht der Organisationsmitglieder allerdings selbst auch wieder einen Satz von Regeln und Normen, also ein Gefüge bestehend aus Institutionen, dar.[5] Organisationen werden deshalb auch als „Institutionen einschließlich der daran beteiligten Personen" bezeichnet.[6]

4.5.2 Bedeutung von Institutionen

In Abschnitt 4.4 wurde darauf hingewiesen, daß Menschen in der Gesellschaft ihren Zielen mit Erfolg nachgehen könnten, weil sie wissen, was sie vom Menschen zu erwarten haben, denn ihre Beziehungen zeigen eine gewisse Ordnung. Institutionen wurden in Abschnitt 4.4 als Bausteine einer solchen (Wirtschafts-) Ordnung identifiziert. Damit sind wir beim Zweck von Institutionen: Sie sollen

---

1 Vgl. DIETL (1993), S. 37.

2 Vgl. VANBERG (1982), S. 32.

3 NORTH (1990), S. 5, schreibt: „Organizations include political bodies (political parties, the Senate, a city council, a regulatory agency, economic bodies (firms, trade unions, family farms, cooperatives), social bodies (churches, clubs, athletic associations), and educational bodies (schools, universities, vocational training centers). They are groups of individuals bound by some common purpose to achieve objektives."

4 Vgl. dazu NORTH (1990), S. 3 ff.

5 DIETL (1993), S. 71, subsumiert daher die Organisationen unter den Begriff der Institutionen. Vgl. dazu auch VANBERG (1982), S. 32, und SCHMIDTCHEN (1993), S. 60.

6 Vgl. RICHTER/ FURUBOTN (1996), S. 8. Vgl. dazu auch SCHMOLLER (1900), S. 61, der Organisationen „die persönliche Seite der Institution" nennt.

durch die Schaffung einer stabilen Ordnung die Unsicherheit menschlicher Interaktion vermindern.[1]

Unsicherheit ist bei den anfangs angesprochenen Entscheidungen, die Individuen über die Verwendung knapper Güter treffen, allgegenwärtig.[2] Sie existiert hinsichtlich der objektiven Zustände der Welt (Umweltunsicherheit) und/ oder hinsichtlich des Verhaltens von Individuen (Verhaltensunsicherheit).[3] Unsicherheit entsteht schon allein deshalb, weil wir in einem Zeit*raum* leben[4] und die Kenntnis über zukünftige Ereignisse naturgemäß begrenzt ist, unabhängig davon, ob der Eintritt der Ereignisse zumindest mit einer gewissen Wahrscheinlichkeit erwartet werden kann oder ob das Ereignis gänzlich unvorhersehbar ist, weil weder das Ereignis selbst noch seine Eintrittswahrscheinlichkeit bekannt sind. Erstere objektive Unsicherheit wird in der Literatur auch als Risiko, letztere als Ungewißheit bezeichnet.[5]

Daneben ist die menschliche Aufnahme- und Verarbeitungskapazität von Informationen über das eigene Lebensumfeld begrenzt, so daß dem Individuum sogar zukünftige sichere Ereignisse unbekannt sein können, weil sie sich zu komplex darstellen.[6] Für diese Form der subjektiven Unsicherheit hat sich in der Literatur der Begriff „beschränkte Rationalität“[7] durchgesetzt. Die Beschränktheit bezieht sich allerdings nicht auf intellektuelle Beschränkungen im Sinne beeinflußbarer oder inkonsistenter Präferenzen. Insofern ist der Begriff irreführend. Gemeint sind lediglich Beschränkungen des Wissens- und Kennt-

---

1 Vgl. dazu NORTH (1992), S. 6, oder NORTH (1993), S. 15: „Institutions are the humanly deviced constraints that structure human interaction and they exist to reduce the ubiquitous uncertainty arising from that interaction.“

2 Unsicherheiten sind ein unvermeidliches Element in einer dynamischen Wirtschaft und darüber hinaus für das Bestehen von Wettbewerb konstitutiv. Vgl. dazu HAYEK (1969a), S. 249 ff.

3 Vgl. dazu WILLIAMSON (1985), S. 56 ff.

4 MARSHALL (1920), S. 7, hebt hervor, daß das Element „Zeit“ annähernd alle ökonomischen Fragestellungen kompliziert.

5 Vgl. dazu ROTHSCHILD (1981), S. 107, und zur erstmaligen Unterscheidung von Risiko und Ungewißheit KNIGHT (1971/1921), S. 19 f., sowie Kap. VII.

6 Vgl. dazu PICOT/ DIETL (1990), S. 179.

7 Der Begriff der beschränkten Rationalität (bounded rationality) geht zurück auf SIMON. Vgl. dazu insbesondere SIMON (1961/ 1947) und (1957).

nisstandes.[1] Das Verhalten von Individuen ist immer noch intendiert rational, von außen betrachtet aber beschränkt rational.[2] Vor dem Hintergrund begrenzter Rationalität können Individuen nicht ihren Nutzen maximieren, sondern lediglich aus ihrer Sicht befriedigende Ergebnisse erzielen.[3]

Auf welche Weise mindern nun Institutionen das Ausmaß an Unsicherheit?[4] Institutionen sind als sanktionsbewehrte Regeln und Normen eingeführt worden.[5] In einer unsicheren Welt können an bestehende Institutionen sanktionierbare Erwartungen geknüpft werden. Institutionalisierte Erwartungen stehen auf einem sichereren Fundament als andere; Institutionen dienen der Erwartungsbildung und -stabilisierung, weil aus der Vielzahl von Möglichkeiten nur wenige als regelgerecht übrig bleiben.

Außerdem besitzen Institutionen aus der Sicht der einzelnen Wirtschaftssubjekte eine komplexitätsreduzierende Wirkung: Institutionen „koordinieren die Aktionen von Millionen von Menschen, die sie der Notwendigkeit entheben, detailliertes Wissen über andere zu erwerben und zu verarbeiten und sich detaillierte Erwartungsvorstellungen über deren zukünftiges Handeln zu bilden“[6]. Für das Individuum wäre es unmöglich, alle Verhaltensweisen anderer Wirtschaftssubjekte innerhalb seiner eigenen Pläne adäquat zu berücksichtigen, wenn die Anzahl der zu erwartenden Verhaltensweisen nicht mittels Institutionen begrenzt würde.

Der dritte und letzte hier zu nennende unsicherheitsreduzierende Aspekt von Institutionen ist die evolutorische Institutionen, die im Laufe der Zeit entstanden sind, haben sich offenbar im Wettbewerb gegen konkurrierende Institutionen als relativ effiziente Institutionen durchgesetzt. Wohlgemerkt handelt es sich dabei immer nur um eine relative, keine absolute Effizienz, da nicht ausgeschlossen werden kann, daß es noch effizientere Regeln geben könnte, welche die vorherigen verdrängen würden. In Anlehnung an die positiven Wirkungen

---

1 Vgl. BACKHAUS/ AUFDERHEIDE/ SPÄTH (1994), S. 20.

2 Vgl. dazu SIMON (1961/ 1947), S. XXIV, sowie WILLIAMSON (1985), S. 45.

3 Vgl. SIMON (1978), S. 1 ff., und SIMON (1957), S. 204 f.

4 Vgl. im folgenden DIETL (1993), S. 86 ff.

5 Siehe Abschnitt 4.7.1.

6 LACHMANN (1970), S. 46.

des Wettbewerbs als Entscheidungsmechanismus könnte man auch hier konstatieren, daß relativ effiziente Regeln Wissen in sich vereinen, das einer einzelnen Person niemals in Gänze zugänglich wäre. Institutionen ermöglichen den Wirtschaftssubjekten Reaktionen in der sie umgebenden Unsicherheit, zu denen sie ohne die Orientierungshilfe „Institution" nicht fähig wären. Effizienz. Dieser Aspekt ist jedoch nur bei „evolutorischem Optimismus" akzeptabel.[1]

Märkte können in ihrer Funktionsfähigkeit eingeschränkt sein. Die für funktionsfähigen Wettbewerb notwendigen Institutionen sind dann offenbar nicht vorhanden. Anders formuliert: Die für funktionsfähigen Wettbewerb erforderlichen Institutionen entstehen nicht unbedingt von selbst. Wie kommen die geeigneten Institutionen zustande? Im nächsten Abschnitt sollen die Entstehungsmöglichkeiten von Institutionen untersucht werden.

4.5.3 Entstehung von Institutionen

Zwei Arten der Entstehung von Institutionen sollen hier vorgestellt werden. Zum einen können Institutionen Ergebnis gesellschaftlicher Planung sein. Die Entscheidungsträger in einer Gesellschaft können sich bewußt für die Einführung von für alle verbindliche Regeln entscheiden und diese fixieren. Diese Entstehungsvariante trifft für die formalen Institutionen zu. Es gibt zahlreiche Beispiele für Institutionen, die in dieser Weise entstanden sind. Rechtsnormen, die einen parlamentarischen Gesetzgebungsprozeß durchlaufen haben, gehören beispielsweise in diese Kategorie. Zum anderen gibt es Institutionen, die niemals irgendwo verabschiedet worden sind, sondern die sich im Laufe der Zeit herausgebildet haben. Sie sind Ergebnis eines Evolutionsprozesses und werden als informelle Institutionen bezeichnet. Informelle Institutionen können als Folge ihrer Fixierung zu einer formalen Institution werden.[2]

Wie können beide Entstehungswege beurteilt werden? Die dazu herrschenden Ansichten sollen kurz anhand der Auffassungen von V. HAYEK auf der einen und von BUCHANAN auf der anderen Seiten illustriert werden. Eine Sichtweise ist die folgende: Langsam gewachsene Regeln besitzen grundsätzlich den Vor-

---

1 Siehe dazu die Ausführungen in Abschnitt 4.5.3.

2 Siehe dazu die Ausführungen in Abschnitt 4.5.1.

teil der größeren Effizienz, weil sie als Produkte eines langsamen Evolutionsprozesses weit mehr Erfahrung und Kenntnis in sich vereinen, als irgendeine Person überhaupt besitzen kann.[1] Obwohl v. HAYEK grundsätzlich einem solchen „evolutorischen Optimismus“[2] anhängt, schließt er nicht völlig aus, daß einzelne Regeln auch sinnvoll *gestaltet* werden können. Er kritisiert allerdings als „konstruktivistischen Rationalismus“ die Idee einer vollständigen Neugestaltung des gesamten Regelsystems, auf dem als Ergebnis das beruht, was er spontane Ordnung nennt.[3]

BUCHANAN mißfällt der von v. HAYEK an den Tag gelegte evolutorische Optimismus. Er vertritt die Ansicht, daß die Tatsache der Evolution nicht automatisch zur einer positiven Bewertung einer Institution führen kann. Evolvierte Institutionen können effizient, aber auch ineffizient sein.[4] Die Evolution allein bedeutet keine normative Bewertung.[5] Als alleiniges Bewertungskriterium schlägt BUCHANAN das „als-ob“-Kriterium vor:[6] Jedes Element eines Systems von Institutionen kann daraufhin geprüft werden, ob es aus einem „Gesellschaftsvertrag“ zwischen allen Betroffenen hervorgehen *könnte*.[7] Eine Regel ist dann effizient, wenn sie gemäß diesem Kriterium als Gegenstand eines allge-

---

1 Vgl. HAYEK (1969c), S. 86.

2 VANBERG (1981), S. 24. Vgl. dazu auch die Ausführungen zur unsicherheitsmindernden Wirkung von Institutionen in Abschnitt 4.5.2.

3 Vgl. VANBERG (1981), S. 16 f. BUCHANAN, der seine eigene Konzeption als „vertragstheoretisch“ charakterisiert, bezeichnet v. HAYEK als „Evolutionisten“. V. HAYEK widersetzt sich dem „konstruktivistischen Rationalismus“, um sich möglicherweise von BUCHANANs Ideen abzugrenzen.

4 Daß die Evolution von Institutionen nicht deren Effizienz garantiert, hat insbesondere NORTH in seinem umfassenden Ansatz zur Erklärung des institutionellen Wandels herausgestellt. Vgl. dazu insbesondere NORTH (1990). NORTH begründet dies mit der Pfadabhängigkeit der Änderungen des institutionellen Rahmens. Pfadabhängigkeit bedeutet, daß kleine Ereignisse und Zufälle Einfluß darauf nehmen können, daß beispielsweise eine Spielregel unter mehreren Alternativen dominiert, obwohl sie im Verhältnis zu den anderen Regeln inferior ist. Vgl. NORTH (1990), S. 94.

5 Vgl. BUCHANAN (1977), S. 32: „... an explanation of the results by the operation of invisible-hand responses need not carry with it normative overtones.“

6 Vgl. dazu BUCHANAN (1977), S. 33.

7 Vgl. zu den Vorstellungen über einen solchen Gesellschaftsvertrag RAWLS (1979), S. 27 ff.

meinen gesellschaftlichen Konsenses *vorstellbar* ist.[1] Es sei ausdrücklich darauf hingewiesen, daß die Idee dieses Gesellschaftsvertrages nicht von einer *tatsächlichen* Übereinkunft der Gesellschaftsmitglieder ausgeht. Vielmehr wird lediglich unterstellt, daß ein solcher Vertrag geschlossen würde, wenn er in einer hypothetischen Urvertragssituation zur Verhandlung stünde. In jener Situation kennt kein Gesellschaftsmitglied seine spätere Stellung in der Gesellschaft, ebensowenig seine Intelligenz oder Körperkraft: Der Gesellschaftsvertrag wird hinter einem „Schleier des Nichtwissens" geschlossen.[2] Eine Gruppe von Menschen entscheidet im voraus über die institutionelle Ordnung des Zusammenlebens. Obwohl BUCHANAN grundsätzlich die Planbarkeit von Institutionen unterstellt, unterläßt er selbst es jedoch, Vorschläge für institutionelle Veränderungen zu erarbeiten. Er stellt lediglich ein prozedurales Kriterium vor, das eine Verbesserung bestehender Institutionen garantieren soll.[3]

Es wird später insbesondere von Interesse sein, mit welchen institutionellen Veränderungen im Fall nicht-funktionsfähiger Märkte zur Verbesserung der Situation beigetragen werden kann. Leider ergibt sich bei diesem Anliegen aber offenbar das Problem, daß eine institutionelle Reform zwar geplant werden kann, ihre Güte aber umstritten bleibt und daß außerdem die Möglichkeit besteht, mit den im Rahmen der Reform neu geschaffenen Institutionen den Freiraum für die Evolution von möglicherweise effizienten Institutionen zu weit zu beschränken. Und die Evolution ist nicht einmal ein Garant für die Effizienz von Institutionen.[4]

---

1 Vgl. VANBERG (1981), S. 29.

2 Vgl. RAWLS (1979), S. 29.

3 Vgl. DIETL (1993), S. 54.

4 Die beschriebenen Schwierigkeiten sieht die Verfasserin in Verbindung mit der ungelösten Frage nach der Größe von Wettbewerbsfreiheitsspielräumen in funktionsfähigen Märkten. Auch die Entstehung von geeigneten Institutionen bedarf offenbar richtiger Freiräume. Auf die Frage nach der richtigen Größe der Freiheitsspielräume für die Entstehung effizienter Institutionen gibt es ebenso wenig eine allgemein anerkannte, konkrete Antwort wie auf die schon gestellten Fragen nach der Gestalt funktionsfähigen Wettbewerbs und funktionsfähiger Märkte. Die mit den Ansichten von V. HAYEK und BUCHANAN aufgezeigte Kontroverse ist uns also grundsätzlich nicht unbekannt In nichtfunktionsfähigen Märkten stimmen die Rahmenbedingungen für den Wettbewerb nicht. Auch die Rahmenbedingungen für die Evolution von Institutionen können so geartet sein,

Eine interessante Frage, welche die vorgestellte Kontroverse aufwirft, ist, über welche Institutionen überhaupt bewußt entschieden werden sollte. Im Zusammenhang mit dieser Fragestellung soll DIETLs Unterscheidung in *fundamentale und sekundäre Institutionen* eingeführt werden. Auch DIETL warnt ähnlich wie v. HAYEK davor, bei der Planung von Institutionen menschlichen Fähigkeiten gegenüber zu optimistisch zu sein. Er hält es für unwahrscheinlich, daß die menschliche Rationalität ausreicht, um sich den Inhalt bestimmter denkbarer Institutionen und deren Vorteilhaftigkeit vorzustellen, geschweige denn die zur Schaffung der Institution notwendigen Realisierungsschritte zu ergreifen.[1] Sogar gefährlich sei es, wenn nicht planbare Institutionen dennoch gezielt gestaltet würden. In diesem Fall würden menschliche Rationalitätsgrenzen überschritten. Der Gestaltungsversuch müsse von vornherein zum Scheitern verurteilt sein, unter anderem deshalb, weil die Gestaltungskonsequenzen nicht abschätzbar seien.[2]

Zur Unterscheidung von gezielt gestaltbaren und nicht gestaltbaren Institutionen bietet DIETL die besagte Unterteilung von Institutionen in *fundamentale und sekundäre Institutionen* an, bei der genau die Gestaltbarkeit als Unterscheidungsmerkmal dient. Die Gestaltung *fundamentaler* Regeln und Normen würde mit hoher Wahrscheinlichkeit die menschliche Planungsfähigkeit übersteigen.[3] Fundamentale Institutionen sind vielmehr das Ergebnis langwieriger Evolutionsprozesse. Sie werden meist unbewußt befolgt. Fundamentale Regeln können nicht zielgerichtet gestaltet werden. Individuen sind hinsichtlich der Gestalt fundamentaler Institutionen deswegen jedoch nicht ohne Einfluß. Auf die Evolution fundamentaler Institutionen kann wenigstens bewußt eingewirkt werden. Eine solche Gestaltung wäre in der Weise denkbar, daß Einflußfaktoren auf die Evolution der Institutionen untersucht würden. Die bewußte Variation veränderbarer Einflußfaktoren könnte sodann in der Tendenz zur gewollten Evolutionsrichtung führen. Das gewünschte Ziel würde jedoch nicht mit Sicherheit er-

---

daß analog gewissermaßen eine nicht-funktionsfähige Evolution zu nicht-effizienten Regeln führt.

1 Vgl. DIETL (1993), S. 70.

2 Vgl. DIETL (1993), S. 74 ff., und dazu auch HEINER (1983), S. 564 ff., der nachweist, daß der bestehende Gestaltungsspielraum bei zunehmender Gestaltungsunsicherheit nicht ausgeschöpft werden sollte.

3 Vgl. DIETL (1993), S. 76.

reicht werden können, da ausreichend genaue Kenntnisse über die Einflußfaktoren bei begrenzter menschlicher Rationalität weiterhin fehlen werden. Der zeitliche Rahmen, innerhalb dessen für ein anstehendes Problem eine institutionelle Lösung angestrebt wird, würde außerdem mit hoher Wahrscheinlichkeit gesprengt, denn fundamentale Institutionen entstehen nun einmal in einem *langwierigen* Evolutionsprozeß. Völlig ausgeschlossen ist die willentliche Veränderung von fundamentalen Institutionen damit jedoch nicht.

Die *sekundären Institutionen* sind rational gestaltbar. In einer imaginären Institutionenhierarchie stehen fundamentale Institutionen an oberster Stelle. Wenn fundamentale Institutionen einzelnen Gesellschaftsmitgliedern das Recht zugestehen, Regeln für Mitmenschen zu definieren, entstehen aus den fundamentalen Institutionen abgeleitete sekundäre Institutionen. Jene können wiederum Grundlage für weitere sekundäre Institutionen sein. Die Gestaltungsprobleme nehmen in der imaginären Institutionenhierarchie nach oben hin zu, bis sie schließlich - angelangt bei den fundamentalen Institutionen - nahezu unlösbar sind.[1]

Um Schwierigkeiten bei der Identifikation fundamentaler Institutionen zu umgehen, bietet DIETL zur Abgrenzung des Planungsspielraumes an, nicht die fundamentalen Institutionen selbst zu suchen, sondern sich allein auf die von ihnen offengehaltenen Spielräume zu konzentrieren. Die durch fundamentale Institutionen begrenzten Spielräume könne man nicht überschreiten, da man unbewußt befolgte Institutionen kaum verletzen könne, und sollte man dennoch irgendwann mit Institutionen in Konflikt geraten, dann liege das entweder daran, daß man mit einer bewußten fundamentalen Institution in Konflikt geraten sei, oder aber eine Institution verletzt habe, die selbst Ergebnis eines irrationalen, die Handlungsgrenzen eigentlich verletzenden Gestaltungsprozesses ist. Im Nachhinein könne man der überschrittenen Grenze allerdings nicht mehr ansehen, ob es sich um eine evolvierte oder um eine irrational gestaltete (sekundäre) Institution handele. DIETL sieht darin ein weiteres Indiz dafür, wie schadhaft übertriebener Konstruktivismus sein kann: Wenn bei der Gestaltung von Institutionen der menschlichen Planungsfähigkeit zu viel zugetraut wird, können nicht nur destruktive Institutionen entstehen, sondern deren negative Wirkung auf die gesellschaftliche Entwicklung kann sich potenzieren, wenn sie die Entstehung

---

1 Vgl. DIETL (1993), S. 73 ff.

weiterer, womöglich wünschenswerter Institutionen ungerechtfertigterweise behindern. Die Lösung des Problems bleibt er in den Augen der Verfasserin jedoch schuldig. Die Notwendigkeit der Identifikation fundamentaler Institutionen ist nicht beseitigt.[1]

Offenbar gilt folgendes: Bei der Gestaltung sekundärer Institutionen sind die sich dabei ergebenden Widerstände genau zu untersuchen. Es ist zu prüfen, ob die sich ankündigenden Schwierigkeiten aufgrund der Verletzung einer bewußten fundamentalen Institution entstehen und deshalb für den Inhalt der zu gestaltenden Institution von gravierender Bedeutung sind oder ob davon ausgegangen werden kann, daß sich formierender Widerstand überwunden werden sollte, weil er in der Verletzung von lediglich sekundären Institutionen (einer höheren Ebene) begründet ist. DIETL suggeriert zwar, daß die Kenntnis der fundamentalen Institutionen nicht erforderlich sei, weil das Aufspüren des Gestaltungsspielraumes ausreiche. Entscheidungen darüber, ob eine fundamentale Institution verletzt würde oder nicht, bleibt jedoch der Schlüssel zu den Grenzen dieses Gestaltungsspielraumes. Eine Entscheidung über möglicherweise verletzte fundamentale Institutionen wird auf der Grundlage von Plausibilitätsüberlegungen herbeigeführt werden müssen. Die Identifizierung der fundamentalen Institutionen ist zumindest erforderlich, um sie von den irrational gestalteten zu unterscheiden, weil letztere als Grenze des Gestaltungsspielraumes nicht akzeptabel sind.

Schauen wir uns nun vor dem Hintergrund institutionenökonomischer Überlegungen die (Wirtschafts-) Ordnungspolitik erneut an.

4.5.4 Institutionen, Transaktionskosten und Ordnungspolitik

Die Bedeutung der unsicherheitsmindernden Wirkung von Institutionen kann auf folgende Weise unterstrichen werden. Es werden dazu die Begriffe Transaktion und Transaktionskosten benötigt. Eine *Transaktion* findet statt, wenn eine Waren- oder Dienstleistung über eine technologisch separierbare Schnittstelle transferiert wird.[2] Die Tauschhandlungen, mit denen knappe Güter in die

---

1 Vgl. zu vorangegangenem DIETL (1993), S. 77.

2 Vgl. BONUS/ MASELLI (1996b), S. 764, und dazu die Definition von WILLIAMSON (1985), S. 1: Eine Transaktion liegt vor, „when a good or a service is transferred

beste Verwendung gelenkt werden, sind beispielsweise solche Transaktionen. Wir haben diese Tauschakte in Abschnitt 4.2 als allgegenwärtige Vorgänge in Gesellschaften kennengelernt, die mit knappen Gütern konfrontiert sind.

Transaktionen sind in der Regel nicht kostenlos. Der Transfer über eine technisch separierbare Schnittstelle verursacht *Transaktionskosten.*[1] Dem Marktteilnehmer entstehen beispielsweise Anbahnungskosten beim Suchen und Beschaffen von Informationen über potentielle Transaktionspartner und den Transaktionsgegenstand. Vereinbarungskosten fallen an, weil vor der Durchführung der Transaktion Verhandlungen geführt, Einigung erzielt und Verträge geschlossen werden müssen. Neben diesen Kosten, die vor dem Vertragsabschluß anfallen, gibt es Transaktionskosten, die erst nach Abschluß des Kontraktes entstehen:[2] Zur Sicherstellung des Einhaltens von Vereinbarungen werden Kontrollkosten auftreten, und bei sich ändernder Vertragsumgebung während der Vertragslaufzeit entstehen möglicherweise Anpassungskosten zur Durchsetzung und Durchführung von Vertragsänderungen.[3] Verträge sind eine Form von Institutionen.[4] Anders ausgedrückt: Transaktionskosten sind Kosten der Bereitstellung, Nutzung, Aufrechterhaltung und Umorganisation von Institutionen.[5] Dazu zählen auch die Kosten, die mit der Bereitstellung von Institutionen des Gemeinwesens verbunden sind.[6]

Ein wichtiger Kostenfaktor von Transaktionen ist die Unsicherheit. Würden Transaktionen in einer sicheren Umgebung stattfinden, würden Transaktionskosten nicht anfallen, da Individuen vor jeder Transaktion vollständig über alles

---

across a technologically separable interface. One stage of activity terminates and another begins". Die Definition ist nicht unumstritten. Vgl. dazu ERLEI (1996), S. 32 ff.

1 Eine umfassende Beschreibung von Transaktionskosten liefert RICHTER (1992), S. 10 ff. Vgl. zu Transaktionskosten auch COASE (1937), der als erster Transaktionskosten als Ursache für die Entstehung von Unternehmen herausgestellt hat.

2 Vgl. dazu WILLIAMSON (1985), S. 20 ff.

3 Transaktionskosten sind nach ARROW die Kosten der Betreibung eines Wirtschaftssystems. Vgl. ARROW (1969), S. 48.

4 Siehe Abschnitt 4.5.1.

5 Vgl. RICHTER (1992), S. 10.

6 Vgl. dazu die politischen Transaktionskosten bei RICHTER (1992), S. 12 f.

informiert wären[1] und die Transaktionspartner sich auf eine von beiden Seiten gewünschte Transaktion sofort einigen könnten. Informations- und Verhandlungskosten entfielen. Nachträgliche Anpassungen von Verträgen wären nicht erforderlich, weil sie - sofern notwendig - durch die vollständig informierten Individuen antizipiert worden wären, und Kontrollkosten würden nicht anfallen, weil die Überwachung von Abmachungen bei vollständiger Information problemlos möglich wäre.[2]

Die Wirtschaftsordnung bestimmt Entscheidungs- und Verhaltensspielräume, indem sie Regeln bzw. Institutionen vorgibt, im Rahmen derer Individuen wirtschaftliche Handlungen vornehmen.[3] Die Freiheitsspielräume sind ausschlaggebend für die Funktionsfähigkeit des Wettbewerbs bzw. die Geeignetheit der Ordnung. Für die weiteren Überlegungen sollen die Rahmenbedingungen für das Treffen und Ausführen von Entscheidungen als Kosten interpretiert werden: Die Freiheitsspielräume präsentieren sich den Individuen in Form der Kosten[4], die sie bei jeder ihrer Aktionen zu tragen haben.[5] Kosten entstehen bei der Herstellung (Produktionskosten) sowie bei der Bereitstellung, Nutzung, Aufrechterhaltung und Umorganisation von Institutionen (Transaktionskosten). Im Rahmen der Überlegungen zur Gestalt funktionsfähiger Märkte hat sich zuletzt die Wirtschaftsordnung als möglicher Ansatzpunkt bei der Suche nach geeigneten Rahmenbedingungen für funktionsfähigen Wettbewerb herausgestellt. Übertragen in die Begriffe „Transaktion“ und „Transaktionskosten“ geht es bei der Suche nach einer geeigneten Ordnung für ein Wirtschaftssystem darum, Freiheitsspielräume so zu dimensionieren, daß gesellschaftlich erwünschte Transaktionen[6] von Marktpartnern gefördert und gesellschaftlich unerwünschte

---

1 Eine beschränkte menschliche Aufnahmekapazität von Informationen gibt es in einer neoklassischen Welt nicht. Sie ist definitionsgemäß ausgeschlossen.

2 Vgl. dazu RICHTER/ FURUBOTN (1996), S. 10.

3 Siehe dazu die Ausführungen in Abschnitt 4.6.

4 Kosten sollen hier bei jeder Form von Anstrengung entstehen. Der Begriff ist folglich nicht ausschließlich monetär zu verstehen.

5 In dieser Funktion sind prinzipiell auch die Schattenpreise in Abschnitt 4.2 vorgestellt worden.

6 Gesellschaftlich gewünschte Transaktionen seien beispielsweise solche, die effiziente Handlungen darstellen bzw. ermöglichen.

Transaktionen erschwert werden.[1] Erwünschte Transaktionen fördern heißt nichts anderes, als zur Senkung der betreffenden Transaktionskosten beizutragen, damit die Transaktion kostengünstiger vonstatten gehen kann. Unerwünschte Transaktionen erschweren bedeutet nun analog, die entsprechenden Transaktionskosten zu erhöhen, damit die Transaktion von Individuen freiwillig nicht oder seltener angestrebt wird. Aufgrund des engen Zusammenhangs von Transaktionskosten und Institutionen ist es erklärlich, daß Institutionen nicht nur als konstituierende Elemente eine Wirtschaftsordnung, sondern auch als ein wichtiges Instrument der Wirtschaftsordnungspolitik bedeutsam sind. Institutionen senken Kosten gesellschaftlich erwünschter Transaktionen, indem sie deren Unsicherheit mindern.[2] Dabei kann die Minderung der Unsicherheit erwünschter Transaktionen auch durch die Erhöhung der Unsicherheit unerwünschter Transaktionen herbeigeführt worden sein.[3]

Fragen wir uns nun, wie sich die Situation darstellt, aus der heraus überhaupt im Sinne einer Wirtschaftsordnungspolitik über die Gestaltung von Institutionen nachgedacht werden kann. Die Vorstellung, auch nur in einem Bereich der Wirtschaft ein System von Institutionen völlig neu konstruieren zu können, ist unrealistisch und würde vermutlich ohnehin die menschliche Planungsfähigkeit bei weitem übersteigen. Die richtigen Freiheitsspielräume sind im vorhinein nicht bekannt. Die Idee, gewissermaßen in einem institutionellem Vakuum eine institutionelle Wunschwelt aufzubauen, ist zwar legitim, sie wird aber spätestens in der Umsetzung insofern auf Probleme stoßen, als wir gewisse institutionelle Gegebenheiten realistischerweise als Datum akzeptieren müssen. Wir leben nicht im institutionellen Nullpunkt. Die großzügige Konstruktion von sekundären Institutionen vorbei an jeglichen fundamentalen institutionellen Gegebenheiten ist nicht praktikabel und deshalb auch gar nicht von Interesse. Es kann demnach nur darum gehen, die institutionellen Gegebenheiten partiell zu verändern.

---

1 Vgl. dazu ERLEI (1996), S. 36.

2 Vgl. LACHMANN (1970), S. 11 f.

3 Das Kartellverbot als Institution erhöht z.B. die Unsicherheit unerwünschter Transaktionen im Zusammenhang mit Kartellabsprachen und mindert damit die Unsicherheit wettbewerblichen Verhaltens. Vgl. dazu auch RIBHEGGE (1991), S. 46, der darauf hinweist, daß aus volkswirtschaftlicher Sicht hohe Transaktionskosten wünschenswert sein können.

Ausgangspunkt der weiteren Überlegungen sei also stets eine *reale* (schon institutionell vorgeprägte) mangelhafte Situation der Wirtschaft. D.h. ein Eingriff in die bestehende Wirtschaftsordnung soll erst dann erfolgen, wenn eine Mangelsituation tatsächlich spürbar oder in näherer Zukunft zu befürchten ist. Mangelsituation bedeutet, daß die vorherrschende Ordnung zu keinen zufriedenstellenden Ergebnissen führt bzw. führen würde, weil die Funktionsfähigkeit des Wettbewerbs eingeschränkt ist,[1] oder daß die Ergebnisse des Wettbewerbs aus sonstigen gesellschaftlichen Gründen nicht akzeptabel sind bzw. wären. Eine solche Herangehensweise steht im Einklang mit den theoretischen Überlegungen zur Entstehung von Institutionen: *Aus evolutionistischer Sicht* ist ein planerischer Eingriff in die Entstehung von Institutionen wenig erstrebenswert. Er muß wohl überlegt sein. Zu leicht könnte die Planung an solchen fundamentalen Institutionen vorbeilaufen, die sich nur als gutes Ergebnis einer langsamen Entwicklung ergeben würden. Wohl überlegt kann der Eingriff dann sein, wenn er überhaupt nur aus der angeführten Mangelsituation getätigt wird und - folgt man der in Abschnitt 2.1 wiedergegebenen Empfehlung - wenn plausible Gründe für die mangelnde Funktionsfähigkeit vorliegen. *Aus konstruktivistischer Sicht* wird dem evolutorischen Optimismus zwar widersprochen, zu einer beherzten (Um-) Organisation institutioneller Strukturen führt diese Auffassung allerdings nicht. Vielmehr herrscht auch dort ein schrittweises Vorgehen zur Verbesserung bestehender Verhältnisse vor.[2]

Auf welche Weise könnten Maßnahmen zur Veränderung der Freiheitsspielräume bzw. der Höhe von Transaktionskosten gefunden werden, die eine Vergrößerung der Wohlfahrt bewirken würden? Als Vorschlag für eine mögliche Vorgehensweise, die dabei gewählt werden könnte, sei auf GROSSEKETTLERs Schema zur Beurteilung einer wirtschaftspolitischen Maßnahme zurückgegriffen.[3] GROSSEKETTLER schlägt vor, zunächst einmal sicherzustellen, daß die Veränderung der Situation tatsächlich im Sinne des gesellschaftlichen Wohls ist. Dazu wird das Ziel, das mit den zu ergreifenden Maßnahmen verfolgt werden würde, einer Legitimation unterzogen. Jene erfolgt im Sinne des schon erwähn-

---

1 Für die mangelnde Funktionsfähigkeit müßten plausible Gründe gefunden werden. Siehe Abschnitt 3.1.

2 Siehe Abschnitt 4.5.3.

3 Vgl. dazu im folgenden GROSSEKETTLER (1995a), S. 548 ff. und GROSSEKETTLER (1992), S. 22 ff.

ten impliziten Gesellschaftsvertrages.[1] Sodann werden Maßnahmenvorschläge auf ihre Geeignetheit, Erforderlichkeit und Verhältnismäßigkeit untersucht. Geeignet ist eine Maßnahme dann, wenn sie grundsätzlich auf das angestrebte Ziel ausgerichtet ist und mit ihr ein Mindestzielniveau realisiert werden kann. Erforderlich ist sie, wenn gesichert ist, daß ein gleicher Zielbeitrag nicht durch einen geringeren Eingriff in die Freiheit von Wirtschaftssubjekten zu erreichen ist. Als verhältnismäßig werden Maßnahmen bezeichnet, wenn die Kosten ihrer Durchsetzung im Verhältnis zu der damit erzielten Wohlfahrtswirkung angemessen sind. Die Abkehr vom Wettbewerb in Märkten als Entscheidungsmechanismus ist nur gerechtfertigt, wenn sie in einer begründeten Mangelsituation eine geeignete, erforderliche und verhältnismäßige Maßnahme darstellt, den Mißstand zu beheben.

An dieser Stelle soll davon ausgegangen werden, daß eine Veränderung der Entscheidungs- und Handlungsspielräume im Sinne der Senkung von Kosten gesellschaftlich erwünschter Transaktionen bzw. die Erhöhung von Kosten gesellschaftlich unerwünschter Transaktionen das verfolgte Ziel ist. Legitimiert werden müßte schließlich die Erwünschtheit oder Unerwünschtheit bestimmter Transaktionen. Bei der Suche nach geeigneten Maßnahmen können neben den üblichen theoretischen Überlegungen der Wettbewerbstheorie insbesondere Ergebnisse aus der institutionenökonomischen Analyse der zu beschränkenden oder zu erweiternden Freiheitsspielräume einfließen. Mit der Analyse von Transaktionskosten bzw. von Institutionen und den damit verbundenen Transaktionskosten sind genauere Einblicke in die Freiheitsspielräume von Wirtschaftssubjekten verbunden, die für die Funktionsfähigkeit von Märkten von Bedeutung sind. Sie können bei der Beurteilung von Maßnahmen mithelfen, deren Geeignetheit abzuschätzen. Die institutionenökonomische Analyse der Freiheitsspielräume kann außerdem dazu beitragen, bei der Erforderlichkeitsprüfung die Veränderung der Freiräume der Wirtschaftssubjekte zu bewerten. Die Verhältnismäßigkeit der Maßnahmen wird sich nun weiterhin daran messen lassen müssen, ob der durch die Veränderung der Kosten erwünschter oder unerwünschter Transaktionen erzielte Wohlfahrtsgewinn die Kosten der Maßnahme - beispielsweise die Transaktionskosten der Veränderung oder Schaffung einer Institution - rechtfertigt. Hilfestellung ist außerdem von der Tatsache fun-

---

1 Siehe dazu Abschnitt 4.5.3.

damentaler Institutionen zu erwarten: Maßnahmen, die mit einer Änderung fundamentaler Institutionen verbunden wären, werden als nicht geeignet klassifiziert werden müssen, weil fundamentale Institutionen nicht zu ändern oder abzuschaffen sind - zumindest mit hoher Wahrscheinlichkeit nicht in dem Zeitrahmen, der für die Behebung eines aktuellen Mangelzustands angestrebt wird. Oder bei der Betrachtung von Transaktionskosten fallen Maßnahmen, die mit fundamentalen Institutionen konfligieren als unverhältnismäßig auf, weil die Verletzung fundamentaler Institutionen zu relativ hohen Transaktionskosten führen würde.

Die Entscheidungen über die Geeignetheit, Erforderlichkeit und Verhältnismäßigkeit werden jedoch unter dem Einfluß unterschiedlicher Denkrichtungen stehen: Die Leistungsfähigkeit wettbewerblicher bzw. evolutorischer Prozesse kann hoch oder niedrig, die Gestaltungsmöglichkeiten können optimistisch oder pessimistisch eingeschätzt werden. Die genaue Größe der Freiheitsspielräume bei funktionsfähigem Wettbewerb, in funktionsfähigen Märkten oder für eine geeignete Ordnung bleibt im vorhinein weiterhin unbekannt.

4.6 Fazit

Der Begriff „Markt“ kann nicht ausreichen, um einen ökonomischen Ort des Tausches vollständig zu beschreiben. Vielmehr gibt es offenbar eine Vielzahl von Märkten, die sich in den Rahmenbedingungen, welche sie für den Wettbewerb darstellen, unterscheiden. Die einen erlauben funktionsfähigen Wettbewerb, die anderen tun dies nicht. Der Begriff des Marktes im Gesundheitswesen ist hier nicht zwangsläufig verbunden mit der einfachen Vorstellung, daß viele Anbieter und Nachfrager Güter zu einem einheitlichen Preis frei tauschen. Er soll ausdrücklich auf alle Formen des Zusammentreffens von Angebot und Nachfrage Bezug nehmen können. Bei der Verwendung des Marktbegriffes ist es erforderlich, Angaben zu den Rahmenbedingungen, die der angesprochene Markt darstellt, explizit zu geben, wenn nicht sichergestellt ist, daß die Gesprächspartner gleiche Begriffsassoziationen haben. Dies gilt auch für die Marktgegner im Gesundheits- bzw. Krankenhauswesen. Eine pauschale Ablehnung von Märkten im Krankenhauswesen ist der Sache nicht angemessen. Ähnliches trifft für den Begriff des Wettbewerbs zu, da die Beschreibung der Gestalt funktionsfähiger Märkte grundsätzlich mit der Beschreibung der Gestalt funktionsfähigen Wettbewerbs zusammenfällt. Es würde einer genauen Beschreibung des nicht angemessenen, weil nicht-funktionsfähigen Marktes für Krankenhauswettbewerb bzw. Wettbewerbs im Krankenhauswesen bedürfen.

Funktionsfähiger Wettbewerb in Märkten ist ein leistungsfähiger Entscheidungsmechanismus, der in unterschiedlichen Rahmenbedingungen entstehen und Bestand haben kann. Gäbe es auf die Frage nach der generell richtigen Größe von Freiheitsspielräumen eine Antwort, wäre das Muster für einen funktionsfähigen Markt gefunden. Zumindest würde sich ein funktionsfähiger Markt prinzipiell leicht (wieder-) herstellen lassen, wenn seine Gestalt ausreichend genau bekannt wäre. Sie ist es aber nicht. In einer Wirtschaftsordnung, die Wettbewerbsfreiheitsspielräume so definiert, daß sie funktionsfähigen Wettbewerb erlauben, sollen gesellschaftlich erwünschte Transaktionen ausreichend kostengünstig und gesellschaftlich unerwünschte Transaktionen ausreichend kostenungünstig sein. Die Antwort auf die Frage nach der richtigen Dimensionierung von Eingriffen in die Wettbewerbsfreiheit mittels Variation von Transaktionskosten ist ähnlich schwierig wie die Antwort auf die Frage nach der konkreten, allgemein anerkannten Gestalt funktionsfähigen Wettbewerbs bzw. funktionsfähiger Märkte oder den richtigen Regeln bzw. Institutionen einer Wirtschaftsordnung. Den richtigen Rahmenbedingungen kann man sich sukzessiv nähern, indem man Veränderungen der Rahmenbedingungen nur in einer bestehenden oder bevorstehenden, begründbaren Mangelsituation mittels geeigneter, erforderlicher und verhältnismäßiger Maßnahmen zuläßt.

Wenn wir uns im folgenden bei nicht-funktionsfähigem Wettbewerb mit der Aufgabe der gezielten Veränderung von Institutionen als Teil einer Wirtschaftsordnung befassen, haben wir offenbar zu beachten, daß nur sekundäre Institutionen unmittelbar geschaffen, geändert oder abgeschafft werden können.

5 Institutionenökonomische Analyse von Informationsasymmetrien im Krankenhauswesen

5.1 Vorbemerkungen

Informationsasymmetrien sind in Abschnitt 3.8 als Besonderheit der Krankenhausleistung schon kurz vorgestellt worden. In diesem Kapitel sollen Informationsasymmetrien aus dem Katalog von Besonderheiten der Krankenhausleistung herausgegriffen und hinsichtlich ihrer Bedeutung für die Gestalt funktionsfähigen Wettbewerbs unter Krankenhäusern bzw. für die Gestaltung funktionsfähiger Krankenhausmärkte systematisch untersucht werden. In Abschnitt 4.5.4 ist die Bedeutung von Kosten gesellschaftlich erwünschter und unerwünschter Transaktionen und deren Verbindung zu den Institutionen herausgearbeitet worden. Dort hat sich außerdem ergeben, daß bei Maßnahmen zur Variation von Transaktionskosten institutionenökonomische Betrachtungen einfließen können. Die Analyse der Informationsasymmetrien soll deshalb aus institutionenökonomischer Sicht erfolgen.

Mögliche Argumente gegen die Funktionsfähigkeit des Marktes, die nicht dem Bereich der Informationsasymmetrien angehören, werden an dieser Stelle vernachlässigt. Dies bedeutet insbesondere, daß der Hinweis, Patienten könnten trotz ihrer Krankheit eine stationäre Behandlung ablehnen oder die Krankheit selbst einfach ignorieren, obwohl sie über die Schwere der Krankheit und den Nutzen der Behandlung informiert sind, nicht weiter verfolgt wird.[1] Solche psychisch Kranken, von denen die Entscheidung für oder gegen eine stationäre Behandlung nicht erwartet bzw. nicht akzeptiert werden kann, sind aus der Betrachtung ausgeschlossen.[2] Ferner bleiben akute Notfälle, in denen der Kranke das schnellstmöglich zu erreichende geeignete Krankenhaus erreichen *muß* und im Zweifel selbst keine Nachfrage mehr entfalten *kann* bzw. eine Auswahlmöglichkeit faktisch nicht mehr gegeben ist, unberücksichtigt.[3]

---

1 CULYER erkennt in den beiden Fällen Anzeichen eingeschränkter Konsumentensouveränität. Vgl. CULYER (1971), S. 191 ff.

2 Die genannten Aspekte würden bei der Diskussion der Krankenhausleistung als meritorisches Gut berücksichtigt werden müssen. Siehe dazu auch Abschnitt 3.9.

3 Für solche Spezialfälle wären die nachfolgenden Überlegungen unpassend.

Im Zusammenhang mit Krankenhausleistungen beschreibt der Begriff „Markt" zunächst folgende Situation: Individuen decken ihre Nachfrage nach Krankenhausleistungen, indem sie im Bedarfsfall ein Krankenhaus ihrer Wahl aufsuchen können, um dort die Dienstleistungen des Krankenhauses in Anspruch zu nehmen. Verschiedene, konkurrierende (!) Anbieter von Krankenhausleistungen werden gegen Bezahlung geeignete Voraussetzungen (z. B. durch den Bau von Krankenhäusern und die Auswahl qualifizierten Personals) schaffen bzw. geschaffen haben und die nachgefragten Leistungen anbieten. Die Tatsache, daß das Krankenhauswesen in Deutschland weit von solchen unkomplizierten Tauschbeziehungen zwischen Krankenhäusern und Patienten entfernt ist, wird aus analytischen Gründen zunächst vollständig ignoriert. Wir beginnen also mit der Annahme, ein - abgesehen von bestimmten Informationsmängeln - weitgehend störungsfrei funktionierender Krankenhausmarkt könnte existieren.

Im Abschnitt 5.3 sollen die Informationsasymmetrien im Krankenhauswesen genauer betrachtet und deren Implikationen für den Markt für Krankenhausleistungen eingehender untersucht werden. Außerdem dient der Abschnitt der Ausgrenzung bestimmter Formen von Informationsasymmetrien aus der weiteren Betrachtung. Sodann soll in Abschnitt 5.4 die Frage geklärt werden, mit welchen Maßnahmen die mit Informationsasymmetrien verbundenen negativen Folgen grundsätzlich gemildert werden könnten. Vor dem Hintergrund dieser generellen „Therapierungsmöglichkeiten" soll die Bedeutung von Informationsasymmetrien im Krankenhauswesen in Abschnitt 5.5 geklärt werden. Ansätze zur Milderung der negativen Folgen asymmetrischer Informationsverteilung im deutschen Krankenhauswesen sind Gegenstand des Abschnittes 5.6. Die Antwort auf die Frage und die Kenntnis von „Therapieansätzen" im Krankenhauswesen sind die Voraussetzung dafür, um im sechsten Kapitel zu untersuchen, welche Rahmenbedingungen angesichts von Informationsasymmetrien funktionsfähigen Wettbewerb im deutschen Krankenhauswesen begünstigen bzw. begünstigen würden. Im nun folgenden Abschnitt 5.2 sollen einige grundlegende Bemerkungen zur Bedeutung von Informationsmängeln für das Versagen von Märkten erfolgen, die für das Verständnis der Argumentationsweise in den sich anschließenden Abschnitten erforderlich sind.

5.2 Informationsmängel und Marktversagen

Im Rahmen von Überlegungen zur Wirtschaftsordnung spielt das neoklassische Modell der vollständigen Konkurrenz[1] immer wieder eine besondere Rolle. Die Bedeutung des Modells in dieser Arbeit soll deshalb kurz angesprochen werden. Die Nichterfüllung der neoklassischen Bedingungen für vollständige Konkurrenz[2] wird regelmäßig zur Erklärung eines Marktversagens[3] angeführt: Informationsunvollkommenheiten als Abweichung von der Bedingung vollständiger Markttransparenz sind dann beispielsweise eine Form des Marktversagens und das Auftreten externer Effekte als Zeichen dafür, daß entgegen den Annahmen unfreiwillige Austauschbeziehungen bestehen, eine weitere Form.

Das Denken in auf diesem Modell beruhenden Marktversagenskategorien könnte bei Wettbewerbs- bzw. Marktgegnern die Überzeugung gestärkt haben, daß von Wettbewerbs- bzw. Marktmechanismen schon Abstand zu nehmen sei, wenn sich ein solches Marktversagen theoretisch vorhersagen läßt. Der Staat könne nur noch mit einem möglichst weiten Umgehen von Marktmechanismen, denen schließlich mangelnde Funktionsfähigkeit erwiesenermaßen anhängt, helfen. Die Tatsache, daß - wenn überhaupt - nur ein ganz bestimmter Markt, nämlich der modellierte, nicht funktioniert, daß Wettbewerb in anderen Rahmenbedingungen sehr wohl funktionieren könnte und daß die alleinige Orientierung an modelltheoretischen Plausibilitätsüberlegungen unangemessen ist,[4] wird nach Ansicht der Verfasserin im Gesundheitswesen häufig zu schnell vergessen. Auf der Argumentation im vorangegangenen Kapitel basierende, institutionenökonomische Überlegungen sollen diesem Wettbewerbspessimismus insofern entgegen gestellt werden, als sie Märkte präsentieren helfen, deren Funktionsfähigkeit zumindest nicht unwahrscheinlicher ist als die Existenz eines übertriebenen Mißtrauens in Wettbewerbsmechanismen - bei Menschen, die Wettbewerb ablehnen.

---

1 Das neoklassische Modell der vollständigen Konkurrenz ist eines der in Abschnitt 4.3 angesprochenen Wettbewerbsleitbilder. Vgl. dazu SCHMIDT (1996), S. 5 ff.

2 Vgl. dazu KNIGHT (1971/21), S. 51 ff. Eine Liste der Bedingungen findet sich z.B. bei FRITSCH/ WEIN/ EWERS (1996), S. 18.

3 Marktversagen bedeutet in der hier verwendeten Ausdrucksweise eine massive Einschränkung der Funktionsfähigkeit des Marktes.

4 Siehe dazu Abschnitt 4.5.4.

Effizienz im Tausch[1] ist eine Bedingung dafür, daß eine Gesellschaft ihr Wohlfahrtsmaximum erreicht. Sie ist Gegenstand einer Forderung der paretianischen Wohlfahrtsökonomik.[2] Damit Individuen Güter in Märkten effizient tauschen können, müssen sie vollkommen über das Tauschobjekt und die für den Tausch bedeutsamen Begleitumstände informiert sein. Diese Voraussetzung resultiert zumindest aus den Annahmen des neoklassischen Modells der vollständigen Konkurrenz, das nachweislich Effizienz im Tausch gewährleistet.[3]

In der Realität ist jedoch zu beobachten, daß die Tauschpartner immer wieder nur lückenhafte Kenntnis über Güter und Märkte besitzen. Diese Lückenhaftigkeit ergibt sich regelmäßig schon allein aus der Tatsache, daß wir nun einmal in einer teilweise *ungewissen* Welt leben und deshalb grundsätzlich kein vollkommenes Wissen über unsere Umgebung erlangen *können.* Die in dieser Form existierende objektive Unsicherheit kann - wie in Abschnitt 4.5.2 dargestellt - nicht als Risiko, also als Ereignis mit einer bestimmten Eintrittswahrscheinlichkeit, quantifiziert werden.[4]

Unvollkommene Informiertheit kann auch als subjektive Unsicherheit in Form der beschränkten Rationalität[5] auftreten. In diesem Fall wäre es zwar grundsätzlich möglich, die Informationslücke durch entsprechende Information zu schließen, was bei Ungewißheit eben nicht der Fall ist.[6] Die begrenzte Informa-

---

1 Effizienz im Tausch liegt dann vor, wenn die Grenzraten der Substitution im Verbrauch in bezug auf jeweils zwei Güter für alle Individuen identisch sind. Vgl. SOHMEN (1976), S. 32.

2 Effizienz im Tausch ist eine Bedingung, die im Pareto-Optimum erfüllt sein muß. Vgl. dazu z.B. SOHMEN (1976), S. 32 ff., und zum Pareto-Optimum auch Abschnitt 3.2.

3 Vgl. zur Effizienz im Tausch bei vollständiger Konkurrenz z.B. SOHMEN (1976), S. 46 ff.

4 Siehe dazu die Ausführungen in Abschnitt 4.5.2. In neoklassischen Analysen kann Unsicherheit in Form quantifizierbarer Risiken auftreten. Genaue Informationen sowohl über das Ereignis als auch über dessen Eintrittswahrscheinlichkeit sind dann bekannt und wie alle Informationen frei verfügbar. Die neoklassische Unsicherheit ist „problemlos" zu bewältigen und führt nicht mehr zur Verletzung der Annahme vollständiger Information. Unsicherheit tritt allerdings häufiger in Form der *Ungewißheit* auf, die durch das Fehlen von Angaben zum möglichen Ereignis und/ oder der Eintrittswahrscheinlichkeit gekennzeichnet ist.

5 Siehe dazu Abschnitt 4.5.2.

6 Vgl. FRITSCH/ WEIN/ EWERS (1996), S. 211.

tionsaufnahme- und -verarbeitungskapazität des Menschen läßt eine adäquate Informierung der Individuen jedoch nicht zu. Eine solche Unsicherheit kann sowohl mit der auftretenden objektiven Unsicherheit von Umweltzuständen und Verhaltensweisen der Mitmenschen zusammenhängen, aber auch in der bloßen Unkenntnis sicherer Ereignisse begründet sein. Vorhandenes Wissen um Tauschobjekte und relevante Begleitumstände kann zudem unterschiedlich zwischen den Tauschpartnern verteilt sein. Dann liegt Informationsasymmetrie vor. Schließlich muß berücksichtigt werden, daß der Zustand der vollständigen Informiertheit noch nicht einmal erstrebenswert sein muß, auch wenn die erforderlichen Informationen prinzipiell beschaffbar wären. Denn die Erlangung von Informationen ist realistischerweise mit *Transaktionskosten* verbunden.[1] Die Anforderungen des Modells der vollständigen Konkurrenz an die Verfügbarkeit von Informationen werden in Wirklichkeit also oftmals nicht erfüllt. Marktversagen wäre - gemessen am Modell der vollständigen Konkurrenz - ubiquitär. Dem steht entgegen, daß es eine Vielzahl realer Märkte gibt, die augenscheinlich funktionieren, obwohl die Anforderungen des Modells bei ihnen ebenfalls nicht erfüllt sind. Offenbar haben jene Märkte zu einer Ordnung gefunden, die ihre Funktionstüchtigkeit trotz der Existenz von Informationsmängeln sicherstellt.

Im Modell der vollständigen Konkurrenz gibt es nur Suchgüter[2], also Güter, deren relevanten Eigenschaften dem Käufer aufgrund der Annahme vollständiger Informiertheit bekannt sind. Die Suche ist zudem annahmegemäß kostenlos. Die Suchgüter werden modellgemäß simultan getauscht: Das Modell der vollständigen Konkurrenz bildet gewissermaßen eine Punktwelt ab.[3]

Unter Berücksichtigung der Tatsache, daß es im wirklichen Leben aber auch Güter mit Erfahrungsgutcharakter[4] gibt, d.h. Güter deren Güte der Käufer erst

---

1 Vgl. dazu DEMMLER (1992), S. 217, und zum Begriff der Transaktionskosten Abschnitt 4.5.4.

2 Siehe zu den Begriffen des Such-, Erfahrungs- und Vertrauensgutes Abschnitt 3.8.

3 Dies folgt insbesondere aus den Modellannahmen der vollständigen Informiertheit, der unendlichen Reaktionsgeschwindigkeit der Individuen und der unbegrenzten Mobilität von Gütern und Faktoren. Eine anschauliche Beschreibung der „Null-Transaktionskosten-Welt“ geben RICHTER/ BINDSEIL (1995), S. 132 f.

4 Siehe zum Begriff des Erfahrungsgutes Abschnitt 3.8.

nach Ge- oder Verbrauch beurteilen kann, hinsichtlich derer er ex ante jedoch Informationsmängel besitzt, und unter Beachtung des Umstands, daß Individuen im wirklichen Leben ihren Tausch nicht unbedingt simultan erledigen, kann das Problem der Informationsmängel für diesen Spezialfall auch auf folgende Weise illustriert werden:[1] Angenommen, zwei Personen wollen miteinander einen Apfel und eine Apfelsine tauschen. Solange der Tausch simultan von statten geht und beide sich von der Güte der Früchte überzeugen können, indem sie die Früchte beispielsweise sofort verzehren, ergeben sich keine Schwierigkeiten. Beide können überprüfen, ob sich die beidseitige Erwünschtheit des Tausches bewahrheitet, weil sich der Nutzen, den jede Person aus der jeweils anderen Frucht glaubt ziehen zu können, tatsächlich einstellt. Die beiden Personen können beruhigt auseinandergehen. Anders stellt sich die Situation dar, wenn die soeben beschriebene Simultanität nicht gegeben ist. Der Apfelinhaber könnte nun beispielsweise, nachdem er sich von seinem Tauschpartner verabschiedet hat, feststellen, daß der Apfel im Gehäuse verfault ist, was jenem vorher allerdings nicht anzusehen war. Bei fehlender Simultanität des Tausches müssen beide Tauschpartner befürchten, daß sie vom jeweils anderen - bewußt oder unbewußt - übervorteilt werden und keine Aussicht auf Entschädigung haben, weil der Nachweis der Illegitimität der Transaktion[2] problembehaftet sein kann: Der Verkäufer könnte behaupten, zum Zeitpunkt des Tausches habe der Mangel noch nicht bestanden. Wir vernachlässigen dabei, daß es in modernen Tauschwirtschaften schon ein ausgereiftes Vertragsrecht gibt, das sich des Falles annehmen würde. Womöglich ist der Tauschpartner auch nicht mehr auffindbar. Da also der vollständige Vollzug des Tausches[3] eines Erfahrungsgutes realistischerweise Zeit benötigt, weil der Ge- oder Verbrauch des Gutes in der Regel erst auf die eigentliche Tauschhandlung folgt, kann eine Situation auftreten, in der die eine Person schon das bekommen hat, was sie erreichen wollte, während sich die andere Person bis zur Prüfung der Qualität des Gutes durch

1 Vgl. zum folgenden KRONMAN (1985), S. 9 f.

2 Siehe dazu auch die Ausführungen zu illegitimen Transaktionen in Abschnitt 5.3.2.

3 Ein Tausch soll hier als vollständig vollzogen bezeichnet werden, wenn nicht nur die Tauschhandlung selbst vollführt, sondern auch der Tauscherfolg sichergestellt ist. Tauscherfolg soll dabei bedeuten, daß beide Partner sich von den zugesicherten Eigenschaften des Tauschgegenstandes überzeugen konnten und mit dem Geschäft insofern zufrieden sind, als es den erwarteten Nutzenzuwachs erbracht hat. Im Fall des Erfahrungsguts muß das Gut ge- oder verbraucht werden, um den Tauscherfolg zu prüfen.

Ge- oder Verbrauch nur darauf verlassen kann, daß der Tauschgegenstand ihren Vorstellungen entspricht.[1]

Das Beispiel zeigt, daß Tauschvorgänge in Wirklichkeit nicht kostenlos von statten gehen.[2] Beide Vertragspartner können von erheblichen Anpassungskosten betroffen sein, wenn bei fehlender Simultanität des Tausches zumindest aus der Sicht des sich benachteiligt fühlenden Vertragsteils Nachbesserungen erforderlich werden. Die Vertragschließenden werden schon in dieser einfachen Tauschsituation möglicherweise eine detailliertere Vertragsgestaltung anstreben, um Abmachungen für den Fall von Minderleistungen zu treffen. Die dabei entstehenden Transaktionskosten, die mit der Komplexität des Vertrages steigen,[3] werden sie dann bewußt in Kauf nehmen. In der Analyseumgebung des Modells der vollständigen Konkurrenz sind Transaktionskosten aber von vornherein nicht vorgesehen: Vollständige Verträge werden annahmegemäß kostenlos geschlossen. Das Modell ist für die geschilderten Probleme nicht zugänglich.

Zudem ist es denkbar, daß in weitaus komplexeren Tauschgeschäften den Beteiligten noch nicht einmal alle Eventualitäten bekannt sind, die sie vertraglich berücksichtigen wollten. Denn Tauschgeschäfte werden nun einmal unter Unsicherheit geschlossen.[4] Vor diesem Hintergrund können Individuen keine vollständigen Verträge über nicht-simultane Transaktionen abschließen. Vollständige Verträge sind aber annahmegemäß die einzigen, die im Rahmen des Modells der vollständigen Konkurrenz abgeschlossen werden. Sie sind Extremformen des transaktionalen Vertrages nach MACNEIL.[5] Realistischer ist es, Individuen die Möglichkeit einzuräumen, in bestimmten Fällen zu relationalen Verträgen zu tendieren, also unvollständige Verträge schließen zu können.[6] *Der* relationale Vertrags ist stark an die Persönlichkeit der Transaktionspartner ge-

---

1 Vgl. dazu auch BONUS (1987c), S. 13.

2 Siehe dazu auch die Überlegungen in Abschnitt 4.5.4.

3 Vgl. dazu RICHTER/ FURUBOTN (1996), S. 157.

4 Siehe dazu auch die Ausführungen in Abschnitt 4.5.2.

5 Vgl. zum Begriff des transactional contract MACNEIL (1974), S. 738 ff., und die Ausführungen in Abschnitt 5.4.3.1.

6 Vgl. dazu die polare Darstellung von Vertragstypen bei MACNEIL (1974), S. 738 ff.

bunden, langfristig angelegt und anerkennt die Möglichkeit von Unstimmigkeiten als normalen Bestandteil einer Transaktionsbeziehung. Auftretende Schwierigkeiten sollen durch gegenseitige Verständigung und andere „Reparaturtechniken" behoben werden.[1] Relationale Verträge sind in bestimmtem Ausmaß implizit, informell und nicht rechtsverbindlich.[2] Transaktionale und relationale Verträge werden in Abschnitt 5.4.3.1 noch genauer beschrieben werden.

Die folglich unangemessene und angesichts der Existenz von Transaktionskosten sogar ineffiziente Forderung nach vollständiger Informiertheit und Vertragsschließung sowie die Tatsache, daß Ungewißheit im Modell der vollständigen Konkurrenz erst gar nicht modellierbar ist, machen deutlich, daß das Modell als Referenzmaßstab für die Funktionsfähigkeit von Märkten zumindest umstritten sein muß.[3] Es modelliert nur *eine* mögliche Marktform - eine Marktform, die Transaktionskosten nicht berücksichtigt. Das Modell könnte jedoch als Systematisierungshilfe dienen:[4] Man könnte versuchen, (vermeintlich) plausible Gründe für die mangelnde Funktionsfähigkeit des Wettbewerbs den jeweils verletzten Annahmen des Modells der vollständigen Konkurrenz zuzuordnen.[5]

Eine Theorie des Marktversagens, die sich am Modell der vollständigen Konkurrenz lediglich *orientiert*, würde das Versagen des Marktes zwar befürchten, wenn Abweichungen der Realität von den unterstellten Modellbedingungen der vollständigen Konkurrenz beobachtet werden können. Grundsätzlich geben beispielsweise auftretende Informationsmängel jedoch nur einen Hinweis darauf, daß genaueres Hinsehen erforderlich ist, weil ein Marktversagen vorliegen *könnte*. Informationsmängel *können* ein Grund für das Versagen eines Marktes

---

1 Vgl. RICHTER/ FURUBOTN (1996), S. 158.

2 Vgl. RICHTER/ FURUBOTN (1996), S. 173, und dazu die Ausführungen in Abschnitt 5.4.3.1.

3 Vgl. dazu z.B. SCHMIDT (1996), S. 6 ff., BARTLING (1980), S. 12 ff., und auch FRITSCH/ WEIN/ EWERS (1993), S. 35 ff.

4 Einen solchen Zweck erfüllt das Modell auch bei der Darstellung möglichen Marktversagens in FRITSCH/ WEIN/ EWERS (1996).

5 Informationsasymmetrien sind ein Verstoß gegen die Annahme der vollständigen Informiertheit.

sein. Ein Markt versagt jedoch nicht zwangsläufig, nur weil in ihm die Bedingungen der vollständigen Konkurrenz nicht erfüllt sind. Ob das Versagen des Marktes tatsächlich vorliegt oder mit hoher Wahrscheinlichkeit zu erwarten ist, ergibt erst die genaue Betrachtung der *realen* Situation: Gibt es *wirklich* Indizien dafür, daß der Marktprozeß zu Ergebnissen führt bzw. führen würde, die nicht für alle insgesamt von Vorteil, also wohlfahrtsmindernd sind?

Die im neoklassischen Sinn unvollkommenen Märkte sind keine logische Rechtfertigung für automatische staatliche Interventionen in die Wirtschaftsordnung.[1] Ebensowenig ist das Vorliegen der eingeschränkten Funktionsfähigkeit eines Marktes allein ein Grund, Knappheitsentscheidungen vollständig zu verstaatlichen. Geeignete Maßnahmen müssen keineswegs Entscheidungen über die Verwendung knapper Güter (weiter) zentralisieren. Im Gegenteil! Die Funktionsfähigkeit des Marktes kann möglicherweise genau dadurch verbessert werden, daß die Rahmenbedingungen eine Entscheidungsdezentralisierung herbeiführen. In das Zentrum der Aufmerksamkeit sollten die Transaktionskosten rücken, welche die Rahmenbedingungen, also den Markt, mitbestimmen. Die Kosten gesellschaftlich erwünschter Transaktionen sind zu senken; die Kosten gesellschaftlich unerwünschter Transaktionen sind zu erhöhen. Kosten entscheiden über die Funktionsfähigkeit des Marktes, indem sie die Freiheitsspielräume der Individuen festlegen. Institutionen dienen der Reduktion von Unsicherheit, die schließlich Ursache von Informationsmängeln ist, und können Transaktionskosten senken. In funktionsfähigen Märkten sind die Kosten gesellschaftlich erwünschter Transaktionen ausreichend niedrig und diejenigen gesellschaftlich unerwünschter Transaktionen ausreichend hoch. Tatsächlich vorliegende oder in naher Zukunft zu befürchtende unerwünschte Zustände sind *notwendige* Voraussetzung für die Intervention in den Entscheidungssmechanismus „Markt". Regulierendes staatliches Engagement in Form der Variation von Transaktionskosten ist jedoch nur dann auch *hinreichend* begründet, wenn damit nachweislich eine Verbesserung für die Gesellschaft verbunden ist.[2] Dies soll die in Abschnitt 4.5.4 skizzierte Vorgehensweise zum Finden von legitimen, geeigneten, erforderlichen und verhältnismäßigen Maßnahmen sicherstellen.

---

1 Vgl. dazu HARTWIG (1988), S. 45.

2 Vgl. FRITSCH/ WEIN/ EWERS (1996), S. 294 f.

5.3 Grundsätzlich mögliche Informationsasymmetrien im Krankenhauswesen

5.3.1 Vorbemerkungen

Den weiteren Ausführungen soll folgende Anmerkung vorangestellt werden: Die zunächst unterstellten Verträge ähneln hinsichtlich ihrer inhaltlichen Form jenen, welche bei vollständiger Konkurrenz geschlossen würden. Dies soll bedeuten, daß sie lediglich einfache Aussagen zu den sodann zu tauschenden Gütern machen. In dem Modell gibt es die im folgenden beschriebene asymmetrische Informationsverteilung nicht. Spezielle vertragliche Leistungsanreize sind deshalb nicht erforderlich. Ebensowenig sind vertragliche Vorkehrungen für eventuelle Streitfälle, die in der Informationsasymmetrie begründet wären, nicht notwendig, weil solche Informationsmängel definitionsgemäß nicht vorkommen und folglich mit derartigen Streitfällen nicht gerechnet wird. Aus demselben Grund gehen wir auch fürs erste davon aus, daß es keine Institutionen gibt, die für die Durchsetzung von Verträgen sorgen. Sie sind nicht von Bedeutung, weil sie zumindest in dem Modell auch nicht von Nöten sind. Ihre Bedeutung in der Realität soll sich für das Beispiel der Informationsasymmetrie im Laufe der weiteren Betrachtung erst ergeben.[1]

5.3.2 Illegitime Transaktionen

Der Begriff der illegitimen Transaktion soll die mit asymmetrischer Informationsverteilung verbundenen Probleme illustrieren. Informationsasymmetrien können zu Problemen führen, weil sie *illegitime Transaktionen*[2] begünstigen. Illegitim sind Transaktionen dann, wenn sie den privaten Einflußbereich eines Transaktionspartners unfreiwillig und außervertragsmäßig verletzen und damit

1 Verträge mit einfachen Aussagen zur Gestalt von Leistung und Gegenleistung stellen außerhalb der neoklassischen Welt genau genommen keine Institutionen dar, weil die Durchsetzung der Verträge nicht gesichert ist. Sie sind keine sanktionsbewehrten Regeln.

2 Vgl. zur Illegitimität von Transaktionen BONUS (1987b).

eine wohlfahrtsmindernde Wirkung zeigen.[1] „Illegitime Transaktionen gehen als ‘Fremdaktivität’ in die Nutzen- oder Kostenfunktion des extern Betroffenen ein und zwingen ihn dazu, sein eigenes Verhalten an die unerbetenen Interaktionen anzupassen.“[2] Transaktionsbeziehungen, die von illegitimen Transaktionen bedroht sind, nennt BONUS prekär.[3] Illegitime Transaktionen müssen nicht zwangsläufig mit opportunistischem Motiv erfolgen, wenngleich an dieser Stelle in der Regel opportunistisches Verhalten[4] angenommen wird. Sie sind Ausdruck nicht-funktionsfähigen Wettbewerbs, da die unfreiwillige und außervertragsmäßige Verletzung des privaten Einflußbereichs eines Transaktionspartners mit den Prinzipien des Entscheidungsmechanismus Wettbewerb nicht vereinbar ist.[5]

Als nächstes soll untersucht werden, wie illegitime Transaktionen im Krankenhauswesen grundsätzlich aussehen könnten, bevor einzelne Formen asymmetrischer Informationsverteilung diagnostiziert und mit illegitimen Transaktionen verbunden werden. In dem Maß, in dem das Krankenhaus in dem imaginären Krankenhausmarkt[6] eine schlechtere als die aus der Sicht des Patienten vertraglich vorgesehene Behandlung durchführt, würde die Krankenhausleistung ganz oder teilweise zu einer illegitimen Transaktion degenerieren. Denn der Patient würde durch die zu geringe Leistung eine außermarktmäßige Nutzeneinbuße erleiden, wenn er die Leistung dennoch im vereinbarten Umfang zahlen müßte. Der Kranke könnte gegen die aus seiner Sicht mangelhafte Erfüllung des Vertrages angehen. Er wird im Extremfall des Vertrauensgutcharakters der Kran-

---

1 Die wohlfahrtsmindernde Wirkung läßt sich am Beispiel des Phänomens externer Effekte illustrieren. Denn externe Effekte stellen illegitime Transaktionen dar. Vgl. hierzu BONUS (1987b), S. 87 ff.

2 BONUS (1987b), S. 87. Es entstehen Anpassungskosten, die Transaktionskosten darstellen. Transaktionskosten sind Kosten der Bereitstellung, Nutzung, Aufrechterhaltung und Umorganisation von Institutionen. Siehe Abschnitt 4.5.4. Hier entstehen dem Geschädigten Kosten, die durch die Nutzung offenbar falscher Institutionen entstehen.

3 Vgl. BONUS (1995a), S. 3.

4 Jemand verhält sich opportunistisch, wenn er mit Arglist eigene Interessen verfolgt. Vgl. hierzu z.B. WILLIAMSON (1975), S. 26.

5 Siehe dazu Abschnitt 4.2.

6 Siehe Abschnitt 5.1.

kenhausleistung[1] aber gar nicht in der Lage sein, über die Qualität der Leistung zu urteilen, und deshalb den Vertragsbruch nur schwer nachweisen oder noch nicht einmal bemerken können. Wichtige Informationen sind hier zu Lasten des Patienten asymmetrisch verteilt. Das Krankenhaus kann seinen Informationsvorsprung bewußt ausnutzen wollen, weil es bei illegitim schlechterer, aber kostengünstigerer Behandlung einen außervertraglich höheren Gewinn erzielen würde, wenn es weiterhin den vertraglich festgelegten Preis von seinem Kunden erhalten kann.

Illegitime Transaktionen, von denen das Krankenhaus negativ betroffen wäre, sind ebenfalls möglich, sie werden in gesundheitsökonomischen Betrachtungen allerdings regelmäßig nicht als Besonderheit problematisiert.[2] An dieser Stelle sollen sie dennoch der Vollständigkeit halber beschrieben werden. Voraussetzung dafür ist, daß Informationsasymmetrien auf Seiten des Krankenhauses existieren. Nach Maßgabe der hier unterstellten Form des Vertragsschlusses wird ein Krankenhaus mit einem Patienten vor Beginn der Behandlung die Bezahlung festlegen und einen gewissen Behandlungserfolg[3] zusichern.[4] Die Zusicherung des Behandlungserfolgs soll hier an gewisse Informations- und Verhaltenserfordernisse des Patienten geknüpft sein. Das korrekte Verhalten ist neben der Bezahlung des Preises Transaktion des Patienten. Es sei unterstellt, daß der Patient bei Vertragsschluß mögliche Komplikationsfaktoren verschweigt oder den Behandlungsablauf durch mangelnde Bereitschaft zur Mitarbeit stört.[5] Kommt es während der geplanten stationären Behandlung aufgrund des Fehlverhaltens zu Unregelmäßigkeiten, können für das Krankenhaus höhere Kosten der Erbringung der vereinbarten Leistung entstehen - insbesondere, wenn das Krankenhaus auf das Behandlungsergebnis als Dokumentation seines erfolgrei-

---

1 Siehe dazu Abschnitt 3.8.

2 Siehe dazu die Ausführungen in Abschnitt 3.8.

3 Es sei vernachlässigt, daß die Definition des Behandlungserfolgs häufig problematisch ist.

4 Siehe Abschnitt 5.3.1.

5 Ist der Patient am Behandlungserfolg interessiert ist, wird er das Fehlverhalten während der Behandlung nur dann an den Tag legen, wenn er die negative Wirkung seines Verhaltens auf das Behandlungsergebnis nicht ausreichend durchschaut. Er würde beispielsweise wichtige Angaben nur deshalb nicht machen, weil er nicht weiß, daß sie von Bedeutung sind.

chen, vertragsmäßigen Tätigwerdens angewiesen ist. Das Krankenhaus wäre dann von illegitimen Transaktionen des Patienten[1] negativ betroffen. Es müßte eine Behandlung durchführen, mit deren Intensität es bei Vertragsschluß nicht rechnen konnte, weil der Patient wichtige Informationen zurückgehalten oder das üblicherweise unterstellte Maß der sogenannten „compliance“ unterschritten hat.[2]

5.3.3 Formen von Informationsasymmetrien, damit verbundene illegitime Transaktionen und deren negative Folgen

In diesem Abschnitt werden verschiedene Ausprägungen der Informationsasymmetrien im Krankenhausbereich vorgestellt. Die Principal-Agent-Theorie[3] beschäftigt sich intensiv mit den Problemen bestimmter Formen asymmetrischer Informationsverteilung. Die Begriffe „principal“ und „agent“ sollen hier bei der Beschreibung der Formen asymmetrischer Informationsverteilung und deren Konsequenzen verwendet werden.

Principal-Agent-Beziehungen zeichnen sich dadurch aus, daß ein Akteur, der agent, für jemanden, den principal, tätig werden soll und Entscheidungen trifft, die nicht nur sein eigenes Nutzenniveau, sondern auch das des principal, beeinflussen.[4] Der Patient im Krankenhaus ist principal, weil sein Wohlergehen von Entscheidungen der Mitarbeiter des Krankenhauses bestimmt wird. Aber auch das Krankenhaus kann principal sein, weil Situationen denkbar sind, in denen das „Nutzenniveau“ des Krankenhauses, durch Entscheidungen des Patienten beeinflußt ist. Beide Varianten sind im vorherigen Abschnitt erläutert worden

---

1 Die transferierten Fehlleistungen sind illegitime Transaktionen des Patienten.

2 Der Fall sähe anders aus, wenn das Krankenhaus von vornherein nicht einen Preis festsetzte, sondern sich erst nach abgeschlossener Behandlung aufwandsabhängig bezahlen ließe. In diesem Fall würde sich der Patient mit seinem Verhalten in erster Linie selbst schädigen. Eine solche Absicherung des Krankenhauses würde einen längerfristigen Vertrag erfordern. Siehe dazu auch die Ausführungen in Abschnitt 5.4.3.1.

3 Eine kurze Erläuterung der Principal-Agent-Theorie und deren Einordnung in die Neue Institutionenökonomik findet sich bei RICHTER/ BINDSEIL (1995), S. 134. Eine umfassendere Einführung in die traditionell sehr mathematisch orientierte Theorie liefern BAMBERG/ SPREMANN (1989). Vgl. dazu auch ARROW (1991/1985).

4 Vgl. PRATT/ ZECKHAUSER (1991/1985), S. 2.

und werden nun für unterschiedliche Varianten asymmetrischer Informationsverteilung durchgespielt.

Es lassen sich drei grundlegende Typen asymmetrischer Informationsverteilung unterscheiden.[1] Sie sind hier jeweils für die Extremfälle dargestellt, in denen der principal hinsichtlich bestimmter Umstände in völliger Unkenntnis schwebt. Denkbar sind alle drei Typen allerdings auch in Fällen, in denen der principal lediglich schlechter informiert ist als sein agent.

Hidden characteristics[2] kennzeichnen eine Situation, in welcher der principal die Eigenschaften, die sich auf den agent selbst oder auf die von diesem angebotenen Güter beziehen, ex ante[3] nicht kennt, die er aber ex post beobachten kann. Hidden characteristics können grundsätzlich bei Krankenhausleistungen mit Erfahrungs- und Vertrauensgutcharakter auftreten.[4] In der *hidden action-Situation* kann der principal die Handlungen des agent ex post nicht beobachten oder nicht beurteilen. Diese Variante asymmetrischer Informationsverteilung, die im Gegensatz zu hidden characteristics erst im Verlauf einer Leistungsbeziehung auftaucht, kann ebenfalls auf Krankenhausleistungen mit Erfahrungs-[5] und Vertrauensgutcharakter zutreffen. In der *hidden intention-Situation* bleibt dem principal die Absicht des agent ex ante verborgen. Hiermit muß der principal unabhängig vom Gutscharakter grundsätzlich bei allen Krankenhausleistungen rechnen. Der principal weiß im voraus nicht, wie sich der agent im Laufe der Leistungsbeziehung verhalten wird. Anders als im Fall der hidden action sind die Handlungen des agent für den principal erkennbar, aber nicht vorher-

---

1 Vgl. im folgenden insbesondere DIETL (1993), S. 137 ff., und die dort angegebenen Quellen.

2 Vgl. zum Begriff der hidden characteristics STIGLER (1961).

3 Der Referenzzeitpunkt ist dabei der Moment der Vertragsschließung.

4 Siehe zu den verschiedenen Gutseigenschaften Abschnitt 3.8. Bei den Vertrauensgütern sei an solche gedacht, die der Konsument unter Inkaufnahme von relativ hohen Kosten beurteilen kann.

5 Obwohl ein principal vormals verborgene Eigenschaften im Fall eines Gutes mit Erfahrungsgutcharakter nach dem Kauf erkennen kann, bietet sich dennoch die Möglichkeit von hidden actions, wenn die Qualität des Gutes nicht eindeutig auf bestimmte Handlungen des agents zurückführbar ist. Der agent könnte den principal mit illegitimen Transaktionen schädigen und behaupten, das schlechte Ergebnis sei auf Umstände zurückzuführen, die er nicht zu verantworten habe.

sehbar. Das Verhalten des agent könnte vom principal als vertragswidrig empfunden werden.

Alle drei Formen der Informationsasymmetrie eröffnen Spielraum für illegitime Transaktionen. Schauen wir uns in dem imaginären Krankenhausmarkt an, zu welchen nachteiligen Konsequenzen die illegitimen Transaktionen in den unterschiedlichen Kategorien von Informationsasymmetrien führen können:

Hidden characteristics

Hidden characteristics können zu einer *adverse selection* führen.[1] Was dies bedeutet, hat AKERLOF am Beispiel des Gebrauchtwagenmarktes dargestellt.[2] Adverse selection sei hier für den Krankenhausbereich erläutert:[3] Der Patient mag als principal die Qualität bestimmter Krankenhausleistungen ex ante nicht kennen, weil sie Erfahrungs- oder Vertrauensgutcharakter besitzen.[4] Er kann lediglich mit einer gewissen Wahrscheinlichkeit erwarten, daß ihm jene Leistungen in der vereinbarten Qualität wirklich zukommen. Er wird deshalb nicht bereit sein, den Preis der vertraglich vorgesehenen Leistung zu zahlen, weil er nicht sicher sein kann, daß er sie in der erwarteten Qualität tatsächlich erhält. Er befürchtet die beschriebenen illegitimen Transaktionen des Krankenhauses. Dies würde auf der Seite des Krankenhauses dazu führen, daß die bestmögliche Leistung nicht mehr angeboten werden kann, weil sie nicht vergütet wird. Wenn die Patienten allmählich merken, daß sich die zu erwartende Qualität der Leistung verschlechtert, werden sie ihre Zahlungsbereitschaft entsprechend mäßigen. Der Prozeß würde sich fortsetzen. Die adverse Selektion von Krankenhausleistungen würde beginnen. Die Folge wäre, daß zunächst gute Leistungen vom Markt für Krankenhausleistungen verschwänden und der Markt im Extremfall schließlich ganz zusammenbräche.

Folgt man der Behauptung, daß die Zahlungsbereitschaft für Krankenhausleistungen nicht nur in den hier von der Betrachtung ausgeschlossenen Akutfällen, sondern generell immer dann maximal ist, wenn es um die eigene Gesundheit

---

1 Vgl. dazu auch AKERLOF (1970).

2 Vgl. AKERLOF (1970), S. 489 ff.

3 Vgl. dazu BÉJEAN/ GADREAU (1992), S. 216, die einen kurzen Eindruck der adverse selection von Ärzten geben.

4 Vgl. dazu auch SCHWARZ (1997), S. 72.

geht,[1] dürfte die adverse selection zumindest bei einigen medizinischen Krankenhausleistungen relativ unrealistisch sein. Dennoch bleiben hidden characteristics ein Tatbestand, der Patienten möglichen illegitimen Transaktionen des Krankenhauses aussetzt, der zwar nicht zum Zusammenbruch des Marktes führen wird, der aber dem Anbieter von Krankenhausleistungen erhebliche Ausbeutungsspielräume eröffnen kann. Bei den nicht-medizinischen Leistungen der Pflege und Versorgung ist adverse selection weniger unrealistisch, weil die Zahlungsbereitschaft für Betreuung, Unterkunft und Verpflegung wohl kaum maximal sein dürfte.

Als nächstes sei auf Informationsmängel des Krankenhauses eingegangen. Adverse selection kann nicht nur die Angebotsseite betreffen, sondern prinzipiell ist sie auch für die Nachfrageseite von Krankenhausleistungen vorstellbar. Annahmegemäß ist vor der Behandlung eine feste Bezahlung vereinbart.[2] Das Krankenhaus als principal kennt vor der Aushandlung des Preises für eine stationäre Behandlung mögliche Komplikationsfaktoren des Patienten als agent aber möglicherweise nicht genau genug, weil es beispielsweise über die Krankengeschichte des Patienten kaum eigene Informationen hat.[3] Es wird deshalb den Anteil hoher und niedriger Komplikationsrisiken seiner Patienten abzuschätzen versuchen und den Preis des stationären Aufenthalts zur Heilung bzw. Linderung des Patientenleidens so kalkulieren, daß es im Durchschnitt keinen Verlust erleidet. Der Preis des Krankenhausaufenthalts wird für den einzelnen in der Regel über den Kosten seines Falls liegen,[4] weil das Krankenhaus sich das Risiko, das es eingeht, vergüten lassen wird. Dieser Preis mag in unkomplizierten Fällen zu hoch sein, so daß die Leistung des Krankenhauses nicht mehr nachgefragt würde. Dies würde zu einem weiteren Anstieg des Anteils schlechter Risiken führen, den Preis erhöhen, die Zurückhaltung der komplikationsunwahrscheinlichen Personen vergrößern und im Extremfall dafür sorgen, daß nur noch die schlechtesten Risiken zu einem dann entsprechend hohen Preis die Leistung des Krankenhauses nachfragen, wenn der Preis nicht jenseits ihrer

---

1 Gesundheit wird vielfach als das höchste Gut empfunden, für das Individuen im Extremfall ihr gesamtes Einkommen bzw. Vermögen ausgeben würden. Vgl. dazu EICHHORN (1982), S. 21.

2 Siehe dazu Abschnitt 5.3.1.

3 Vgl. dazu SCHWARZ (1997), S. 101 f.

4 Vgl. dazu z.B. KUBITSCHEK/ NEUDECK (1992), S.165.

Zahlungsbereitschaft bzw. -fähigkeit liegt. Adverse selection auf der Patientenseite ist allerdings ebenfalls relativ unwahrscheinlich, wenn die Zahlungsbereitschaft von Kranken als sehr hoch angenommen wird und deshalb die Nachfrage nach unbedingt notwendigen Behandlungen im Krankenhaus relativ preisunelastisch ist.[1]

Hidden actions

Hidden actions ermöglichen *moral hazard*[2]. Moral hazard beschreibt die Verhaltensunsicherheit, die sich ergibt, weil der agent die fehlenden Kontrollmöglichkeiten des principal opportunistisch ausnutzen könnte. Denn anders als im Fall der hidden characteristics braucht der agent nicht damit zu rechnen, nachträglich vom principal entdeckt zu werden. Die Gefährdung durch moral hazard hängt dabei einerseits von der *Plastizität* der Mittel bzw. Einsatzfaktoren ab, die der agent zur Vertragserfüllung einsetzt. Einsatzfaktoren sind plastisch, wenn „there is a wide range of legitimate decisions within which the user may choose"[3]. Je plastischer die Mittel sind, d.h. je zahlreicher und vielschichtiger ihre Verwendungsmöglichkeiten, desto größer ist der potentielle Spielraum des agent, die Mittel entgegen den Interessen des principal zu eigenen Gunsten einzusetzen. Andererseits tritt die Gefahr des moral hazard überhaupt erst auf, wenn die *Kontrollmöglichkeiten* des principal eingeschränkt sind. Die Gefahr des moral hazard steigt daher mit mangelnder Beobachtbarkeit der Handlungen des agent und ungenügender Sachkenntnis des principal, d.h. mit der Höhe der Überwachungskosten[4], also beispielsweise auch, wenn das Ergebnis der Handlungen nicht allein von Faktoren bestimmt ist, die der agent selbst beeinflussen kann, sondern von anderen unsicheren Einflüssen abhängt.[5]

---

1 Die Tatsache, daß Krankenhausleistungen Versicherungsgüter sein können und eine mögliche Zahlungsunfähigkeit durch eine entsprechende Versicherung verhindert werden kann, wird an dieser Stelle vernachlässigt.

2 Vgl. dazu ALCHIAN/ WOODWARD (1988), S. 68.

3 ALCHIAN/ WOODWARD (1987), S. 117.

4 Die Überwachungskosten zählen zu den Agency-Kosten. Vgl. dazu JENSEN/ MECKLING (1976), S. 308.

5 Vgl. dazu BONUS/ WEILAND (1995), S. 35.

Typische versteckte Handlungen hängen mit dem Ausmaß an Sorgfalt zusammen, das der agent bei Durchführung von Handlungen an den Tag legt.[1] Wenn unsichere Einflüsse auf die Qualität des Ergebnisses wirken, kann der principal nicht erkennen, ob sein agent Handlungen mit der zu erwartenden Sorgfalt durchgeführt hat. Befürchtet der schlechter informierte principal schon im Vorfeld, daß er von seinem agent durch dessen versteckte Handlungen geschädigt wird, mündet moral hazard in der soeben beschriebenen adversen Auslese. Moral hazard stellt dann einen Spezialfall der adverse selection dar.[2] Die zugrundeliegenden hidden characteristics offenbaren sich jetzt allerdings nicht nach Vertragsabschluß, sondern bleiben - verursacht durch hidden actions - versteckt.

Der Patient als principal kann die Qualität der *medizinischen* Krankenhausbehandlung nicht immer beobachten und kaum beurteilen. Wir haben den Charakter dieser Krankenhausleistung deshalb als Vertrauensgutqualität bezeichnet.[3] Jetzt können wir außerdem festhalten, daß jene Eigenschaft auch dem Tatbestand der hidden action entspricht und deshalb mit der Gefahr des moral hazard verbunden ist:[4] Aufgrund der hohen Plastizität der Einsatzfaktoren des Krankenhauses, insbesondere des ärztlichen Humankapitals, und der offensichtlich eingeschränkten Kontrollmöglichkeiten der Patienten, könnte der Anbieter von Krankenhausleistungen als agent den Kranken - wohlgemerkt unerkannt - schlechter als vertraglich vereinbart behandeln, den Patienten also mit illegitimen Transaktionen schädigen. Er könnte die Situation opportunistisch ausnutzen, indem er wissentlich eine Leistung minderer Qualität erbringt,[5] um einen höheren Gewinn zu erzielen. Dabei entsteht ihm ein höherer Gewinn, wenn die vereinbarte Leistung dennoch in vollem Umfang bezahlt wird.[6]

---

1 Vgl. ARROW (1991/1985), S. 38.

2 Vgl. FRITSCH/ WEIN/ EWERS (1996), S. 218.

3 Siehe Abschnitt 3.8.

4 Vgl. dazu BÉJEAN/ GADREAU (1992), S. 216, die moral hazard für das Arzt-Patienten-Verhältnis vorstellen.

5 Als geringere Leistung soll hier nicht nur eine schlechtere als die vereinbarte Qualität einer Krankenhaussekundärleistung verstanden werden, sondern auch die Erbringung überflüssiger Sekundärleistungen, welche die Krankenhausprimärleistung verschlechtern würden. Siehe dazu auch die Beschreibung der induzierten Nachfrage in Abschnitt 3.8.

6 Vgl. dazu auch SCHWARZ (1997), S. 81 ff.

Aus der Sicht des Krankenhauses als principal ist ein moral hazard-Verhalten des Patienten als agent relativ unwahrscheinlich. Denn versteckte Handlungen des Patienten, die dieser opportunistisch zu seinen Gunsten gegen das Krankenhaus ausführen würde, sind aus der Sicht der Verfasserin kaum vorstellbar.

Hidden intentions

Hidden intentions bergen die Gefahr eines *hold up*.[1] Wenn der principal ex ante nicht weiß, wie sich sein agent im Laufe einer Vertragsbeziehung verhalten wird, kann dies, obwohl das Verhalten des agent nicht verborgen bleibt, für den principal zum Problem werden. Dies ist immer dann der Fall, wenn der principal aufgrund irreversibler bzw. spezifischer Investitionen in ein Abhängigkeitsverhältnis gerät und es ihm danach nicht mehr gelingt, den agent zu einem interessenkonformen Verhalten zu bewegen. WILLIAMSON beschreibt die Faktorspezifität einer Investition als eine mit einer Investition verbundene Ausrichtung eines Produktionsfaktors auf eine bestimmte Verwendungsrichtung und einen bestimmten Transaktionspartner, mit dessen Nutzung im Vergleich zu vielseitig einsetzbaren Produktionsfaktoren die Realisierung von Produktionskostenvorteilen verbunden ist.[2] Den Mehrertrag eines Produktionsfaktors in der gegenwärtigen Verwendung im Vergleich zur nächstbesten Verwendung nennt man (faktorspezifische) *Quasirente*.[3] Das Ausmaß der Spezifität eines Produktionsfaktors läßt sich somit nach der Höhe der Quasirente der Investition bemessen. WILLIAMSON betrachtet die Spezifität von Produktionsfaktoren. Hier sollen dagegen insbesondere spezifische Investitionen untersucht werden, die nicht nur Unternehmen, sondern auch Individuen tätigen - in Anlehnung an BONUS, der die Spezifität eines gewöhnlichen Tauschverhältnisses betrachtet: Der Verkäufer hat transaktionsspezifisch investiert, wenn er Ware übergibt und auf die Zahlung des Preises als Gegenleistung wartet.[4]

Der agent könnte die Abhängigkeit des principal in opportunistischer Weise ausnutzen, indem er versucht, sich die Quasirente der spezifischen Investition des principal anzueignen. Eine solche Form der Verhaltensunsicherheit wird als

---

1 Der Begriff des hold up wurde maßgeblich von GOLDBERG geprägt. Vgl. GOLDBERG (1976).

2 Vgl. WILLIAMSON (1985), S. 52, und auch die Ausführungen in Abschnitt 5.4.3.2.

3 Vgl. KLEIN/ CRAWFORD/ ALCHIAN (1978), S. 298.

4 Vgl. dazu BONUS (1995a), S. 10 f.

hold up bezeichnet, der eine illegitime Transaktion darstellt. Wird die Gefahr eines hold up vom principal als zu groß empfunden, mag die Transaktion möglicherweise überhaupt nicht zustande kommen, obwohl sie für beide Seiten von Vorteil wäre.[1]

Im Krankenhauswesen könnte aus der Sicht des Patienten als principal die Situation der hidden intention und des hold up in folgender Weise auftreten: Angenommen, ein Patient hat einen relativ großen Aufwand betrieben, um sich über das Krankenhaus, in dem er sich behandeln lassen will, zu informieren. Möglicherweise ist mit dem ausgewählten Haus eine längere Anreise verbunden. Ein Gepäcktransport steht ohnehin an. Während der ersten Tage des Krankenhausaufenthaltes lernt er das Haus und seine Angestellten langsam kennen und „lebt" sich ein. Alles in allem: Der Patient hat spezifisch in das Krankenhaus investiert. Wenn nun die Leistungen nicht seinen Vorstellungen entsprechen, wird er nicht so leicht in ein anderes Haus wechseln wollen oder können. Das Krankenhaus könnte in beiden Fällen die Situation ausnutzen, von der vereinbarten Qualität seiner Leistungen nach unten abweichen und damit illegitime Transaktionen ausüben. Den Spielraum dazu besitzt das Krankenhaus, weil die annahmegemäß einfachen vertraglichen Abmachungen solche Eventualitäten nicht berücksichtigen.[2]

Daneben wäre prinzipiell auch folgende Situation vorstellbar: Eine Primärleistung des Krankenhauses ist das Vorhalten von ausreichenden Sach- und Personalkapazitäten zum Aufbau einer ständigen Notfallbereitschaft.[3] Angenommen jede Person müßte sich selbst darum kümmern, daß solche Leistungen für sie bereitgestellt werden. Eine Person, die sich mit einem Krankenhaus auf diese Leistung geeinigt hat, ist fortan von dem Krankenhaus abhängig, wenn es bei keinem weiteren in Frage kommenden Krankenhaus dessen Behandlungsbereitschaft für den Notfall vereinbart hat. Sie verläßt sich auf die Zusage ihres Transaktionspartners. Im Fall der tatsächlichen Inanspruchnahme von Krankenhaussekundärleistungen kann die Person im Zweifel nicht auf einen anderen Anbieter wechseln, falls das Krankenhaus die Sekundärleistungen doch nicht in

1 Vgl. KRONMAN (1985), S. 10.

2 Siehe dazu Abschnitt 5.1, in dem die Gestalt des hier zu unterstellenden Vertrages beschrieben wird.

3 Siehe dazu Abschnitt 2.1.

der erwarteten Weise erbringt. Die Tatsache des Notfalls wird dies nicht zulassen.

Aus der Sicht des Krankenhauses als principal ist folgender Vorgang denkbar: Wenn ein Krankenhaus beispielsweise einem Patienten eine überdurchschnittliche Leistung zukommen läßt, die jedoch nur durchschnittlich bezahlt wird,[1] investiert es spezifisch in den Patienten und gerät somit in eine Abhängigkeit: Die Investition in die Reputation des Krankenhauses könnte sich nicht rentieren. Sie wäre beispielsweise nicht rentabel, wenn der Patient die gute Leistungsqualität in Anspruch nimmt, die guten Erfahrungen jedoch nicht verbreitet oder im nächsten Krankheitsfall sogar selbst zu einem anderen Anbieter von Krankenhausleistungen wechselt. Der Patient hätte dann einen Teil der Krankenhausleistung unentgeltlich genossen. Das Ausbleiben der erwarteten Reaktion des/ der Patienten auf die überdurchschnittliche Krankenhausleistung könnte die Krankenhausleitung als illegitime Transaktion empfinden.

Die Formen asymmetrischer Informationsverteilung und die mit ihnen möglicherweise verbundenen Folgen sind nun aufgezeigt. Die „Diagnose" ist abgeschlossen. Die zu Lasten des Patienten auftretenden Informationsasymmetrien sind immer wieder der Grund für Vorbehalte gegenüber wettbewerblichen Ordnungsformen im Krankenhauswesen.[2] Die mangelnde Informiertheit des Patienten soll deshalb im weiteren ausschließlich von Interesse sein. Im nächsten Abschnitt sollen Wege aufgezeigt werden, wie unerwünschte Folgen von Informationsasymmetrien grundsätzlich verhindert werden können. Wir kommen damit zu den Möglichkeiten, die negativen Folgen von asymmetrischer Informationsverteilung zu mildern.

---

1 Siehe dazu die Ausführungen zu den hidden characteristics.

2 Siehe dazu Abschnitt 3.8.

5.4 Möglichkeiten zur Milderung der negativen Folgen von Informationsasymmetrien

5.4.1 Vorbemerkungen

In Abschnitt 4.5.4 wurde folgende ordnungspolitische Handlungsanweisung vorgestellt: Es ist darauf zu achten, daß die Kosten gesellschaftlich erwünschter Transaktionen ausreichend niedrig, solche gesellschaftlich unerwünschter Transaktionen ausreichend hoch sind. Denn die Funktionsfähigkeit von Märkten wird dann beeinträchtigt, wenn die Größe der durch die Verteilung der Transaktionskosten mitbestimmten Freiräume unangemessen ist und ein Transaktionspartner sein Gegenüber mit illegitimen Transaktionen belasten kann. Die im vorherigen Abschnitt beschriebenen illegitimen Transaktionen sind zweifelsohne *unerwünschte* Transaktionen, deren Kosten folglich erhöht werden müßten. Wohlgemerkt: Ab jetzt werden nur noch die aus der Sicht des Patienten unerwünschten illegitimen Transaktionen des Krankenhauses betrachtet. Wie erinnerlich sind Transaktionskosten Kosten, die der Transfer einer Waren- oder Dienstleistung über eine technisch separierbare Schnittstelle verursacht.[1] Die Transaktion kann legitim oder illegitim erfolgen. Wann können Transaktionskosten für eine unerwünschte, weil illegitime Transaktion eines Krankenhauses ausreichend hoch sein und diese verhindern? Angenommen ein Krankenhaus müßte mit erheblichen Verlusten rechnen, wenn es sich nicht vertragsgerecht verhält. Anders ausgedrückt: Das Krankenhaus hätte beachtliche Anpassungskosten in Kauf zu nehmen. Unter der Voraussetzung, daß die illegitimen Transaktionen für den Vertragsbrüchigen kostspielig sind, ist der Anreiz, den Transaktionspartner durch jene illegitimen Transaktionen zu schädigen, entsprechend gering: Der Ertrag aus der legitimen Transaktion ist größer als der Ertrag aus der illegitimen Transaktion.

Die *erwünschte* Transaktion ist der „ordnungsgemäße" Tausch von Krankenhausleistungen. Aus der Sicht des Patienten bzw. Kunden entstehen dabei aufgrund von Informationsasymmetrien offenbar hohe Transaktionskosten, um sich vor illegitimen Transaktionen als negative Folgen von hidden characteristics, hidden actions oder hidden intentions zu schützen. Die Kosten der er-

---

1 Siehe Abschnitt 4.7.4.

wünschten Transaktion zu senken, würde hier bedeuten, die Anstrengungen, die der Patient zu seinem eigenen Schutz vor illegitimen Transaktionen zu unternehmen hätte, zu verkleinern. In den nächsten Abschnitten soll dargestellt werden, auf welche Weise generell Transaktionskosten bei asymmetrischer Informationsverteilung in gewünschter Richtung beeinflußt werden können. Die Maßnahmen sind teilweise miteinander verbunden. Dies wird an geeigneten Stellen deutlich werden. Eine Konkretisierung der Maßnahmen für das Krankenhauswesen erfolgt hauptsächlich erst zu einem späteren Zeitpunkt.[1]

Eine naheliegende Möglichkeit zur Milderung der negativen Folgen asymmetrischer Informationsverteilung ist die Minderung oder möglicherweise sogar Beseitigung der Informationsasymmetrie durch entsprechende *Informierung* des schlechter informierten Transaktionspartners. Möglichkeiten und Grenzen der Informierung werden in Abschnitt 5.4.4 vorgestellt.

Eine andere Maßnahme der Milderung der negativen Folgen der Informationsasymmetrie ist die Gestaltung von credible commitments[2]: Der besser informierte Transaktionspartner könnte glaubhaft signalisieren, ein „guter Vertragspartner" sein zu wollen, und auf diese Weise das prekäre Transaktionsverhältnis[3] entspannen. Glaubhafte Zusicherungen mögen bei asymmetrischer Informationsverteilung für die schlechter informierte Person sogar unabdingbar sein, wenn jene sich trotz der mit Informationsnachteilen möglicherweise verbundenen negativen Folgen auf Transaktionen mit dem besser informierten Gegenüber einlassen soll. Mit zunehmender Glaubwürdigkeit sinkt der Bedarf an weiterer, kostspieliger Absicherung der Transaktion. Aus der Sicht des schlechter informierten Transaktionspartners ist eine Bindung glaubhaft, wenn sie beispielsweise von einem vertrauenswürdigen Gegenüber eingegangen wird. Eine weitere, auf den ersten Blick sehr verlockende, weil scheinbar sehr einfache „Therapierungsmöglichkeit" asymmetrischer Informationsverteilung ist deshalb die *Schaffung von Vertrauen.* Wenn eine Person einer anderen vertraut, geht sie nicht davon aus, daß jene einen Informationsvorsprung zu eigenen Gunsten ausnutzen würde. Der schlechter informierte Vertragspartner vertraut darauf, daß sich sein Gegenüber im Sinne des einfachen Tauschvertrages, den

---

1 Siehe z.B. Abschnitt 5.6.

2 Vgl. zum Begriff der credible commitments NORTH (1993), S. 13.

3 Siehe dazu Abschnitt 5.3.2.

beide geschlossen haben, verhält und illegitime Transaktionen unterläßt. Der Zustand der schlechteren Informiertheit erscheint für den Betroffenen als problemlos. Durch Informationsasymmetrie initiierte Transaktionskosten würden nicht mehr auftreten. Diese Therapieform ist Gegenstand des Abschnittes 5.4.2.

Institutionen können ebenfalls die Verhaltenssicherheit offerieren, die eine glaubhafte Zusicherung eines Vertragspartners ausmacht. Vertrauen wird aber auch dann nicht überflüssig. Das verbleibend notwendige Vertrauen beschränkt sich in dem Fall auf die Institution(en), die zur Sicherung herangezogen wird (werden). Dies kann das Vertrauen auf die Institution „Vertrauen“[1] sein: Wenn eine Person einer anderen Person oder einem System vertraut, tut sie das im Bewußtsein fehlender Sanktionsmechanismen. Schon in einer Gesellschaft, in der eine Vertrauenskultur existiert, die Vertrauensbruch sanktioniert, „Vertrauen“ also institutionalisiert ist, weil es einen Wert darstellt und als solcher geschützt wird, vertraut eine Person nicht mehr (nur) ihrem Transaktionspartner, sondern (auch) der sanktionsbewehrten Institution „Vertrauen“- zumindest dann, wenn die Person sich der existierenden Vertrauenskultur bewußt ist und diese die Entscheidung, den Transaktionspartner zu akzeptieren, bedingt hat.[2] In Abschnitt 5.4.3 soll die Möglichkeit, sich mit der *Gestaltung der Institution des Vertrages* glaubhaft zu binden, betrachtet werden.[3] Credible commitments, die auf Verträgen basieren, setzen allerdings ein anderes Verständnis des Vertrags voraus als das in Abschnitt 5.3.1 unterstellte: An die Seite der einfachen Einigung über den Tauschgegenstand müssen Vorkehrungen für den Fall eines Vertragsbruches treten. Der Vertragsbruch darf nicht ohne Sanktionen bleiben. Die Sanktionen können im Vertragstext festgehalten, aber auch in den Vertragsumständen bzw. der institutionellen Umgebung begründet sein. Wenn sich die besser informierte Person nun auf einen Vertrag, der mit wirksamen Sanktionen im Fall des Vertragsbruch ausgestattet ist, einläßt, geht sie eine glaubhafte Bindung ein. Sie signalisiert ihrem Vertragspartner, daß sie sich der Intention

---

1 Die Institution „Vertrauen“ wird in Abschnitt 5.4.2.1 erläutert.

2 Siehe zu diesen Überlegungen auch die Ausführungen zum Systemvertrauen in Abschnitt 5.4.2.1.

3 Es sei an dieser Stelle daran erinnert, daß Verträge hier verstanden werden als rechtlich durchsetzbare Willenserklärungen *und* Willenserklärungen, die nicht rechtsverbindlich sind, deren außergerichtliche Erfüllung jedoch erwartet wird. Siehe dazu Abschnitt 4.5.1.

des Vertrages entsprechend verhalten wird. Erst solche Verträge stellen wirklich Institutionen dar.[1]

Wie erinnerlich haben Institutionen den Anspruch, Unsicherheit zu mindern, indem sie Handlungsspielräume mittels sanktionierbarer gesellschaftlicher Regeln begrenzen. Sie können auf diese Weise die Kosten gesellschaftlich erwünschter Transaktionen senken und diejenigen gesellschaftlich unerwünschter Transaktionen erhöhen.[2] Negative Folgen von Informationsasymmetrien könnten also durch speziell gestaltete Verträge unterbunden werden. Verträge könnten eine perfekte Umgehungsmöglichkeit der mit asymmetrisch verteilter Information verbundenen Schwierigkeiten bedeuten, wenn es gelänge, Tauschverträge so zu gestalten, daß sich der agent trotz seines Informationsvorsprungs stets vertragsgemäß bzw. der Intention des Vertrages entsprechend verhält. Vertreter der schon angesprochenen Principal-Agent-Theory formulieren solche Lösungsansätze: Individuen können vollständige Verträge abschließen. Die Zukunft ist für den principal hinreichend vorhersehbar,[3] weil der principal bei Vertragsschluß nicht nur seine eigenen, sondern auch die Präferenzen des agent genau genug kennt und die Bedeutung von Umwelteinflüssen für das Ergebnis ebenfalls bekannt ist. Unsicherheit existiert nur noch in Form des Risikos. Der principal schließt einen Vertrag in vollem Bewußtsein der Risiken ab, die mit der Vertragserfüllung durch den agent einhergehen.[4] Sowohl der principal als auch der agent kennen außerdem sämtliche Ergebnisse, die sich in Abhängigkeit vom Leistungseinsatz ergeben können. Außerdem wird davon ausgegangen, daß bei Abschluß des Vertrages Leistung und Gegenleistung genau definiert und im Streitfall ein kostenlos funktionierendes Gerichtswesen mit Prozeßausgängen, die mit Gewißheit prognostizierbar sind, bemüht werden kann, so daß Streitfälle prinzipiell erst gar nicht vor Gericht getragen werden müßten. Die Vertragsparteien klären alle für das Vertragsverhältnis bedeutsamen Fragen in ausführlichen ex ante-Verhandlungen.[5] Mittels solcher Verträge

---

1 Siehe Abschnitt 4.5.1.

2 Institutionen sind in Abschnitt 4.5.4 aufgrund ihrer Bedeutung für die Höhe von Transaktionskosten als wichtiges Instrument der Ordnungspolitik beschrieben worden.

3 Vgl. EBERS/ GOTSCH (1995), S. 205.

4 Vgl. EBERS/ GOTSCH (1995), S. 205.

5 Vgl. RICHTER (1992), S. 19.

sind Individuen in der Lage, die bei Informationsasymmetrien auftauchenden Probleme durch geeignete Informations-, Überwachungs- und vor allem Anreizsysteme ex ante, d.h. bereits bei Vertragsabschluß, zu lösen.[1] Agents verhalten sich sodann stets vertragsgemäß, weil die Informations-, Überwachungs- und Anreizsysteme implizieren, daß nicht-vertragsgerechtes Verhalten sofort erkannt und sanktioniert würde.

Sobald die Annahme der vollständigen Rationalität zugunsten der Annahme der begrenzten Rationalität modifiziert wird, verlieren die vertragstheoretischen Modelle der Principal-Agent-Theory allerdings an Aussagewert.[2] Zudem vernachlässigt die Theorie zwangsläufig Probleme, die erst auftreten, wenn Verträge eben nicht in der geschilderten Vollständigkeit abgeschlossen werden können. Dies sind vornehmlich Probleme, die erst im Laufe der Vertragserfüllung auftreten, wenn unvollständig geschlossenen Verträge anpassungs- und/ oder auslegungsbedürftig werden.[3] In Abschnitt 5.4.3.3 werden deshalb die Lösungsansätze dieser Theorie nur ansatzweise aufgegriffen. Die Bedeutung des Wettbewerbs für die „Therapierung“ von asymmetrischer Informationsverteilung wird schließlich in Abschnitt 5.4.5 beschrieben.

5.4.2 Vertrauen

5.4.2.1 Das Phänomen des Vertrauens

Es ist schwer, eine allgemeingültige Definition des Vertrauens zu finden, die der Vielschichtigkeit des Vertrauenskonstruktes gerecht werden würde. Zu unterschiedlich sind die Perspektiven, aus denen das Vertrauen wissenschaftlich betrachtet werden kann.[4] Hier soll die folgende Vorstellung vertreten werden: LUHMANN beschreibt Vertrauen als „... die generalisierte *Erwartung*, daß der andere seine Freiheit, das unheimliche Potential seiner Handlungsmöglichkei-

---

1 Vgl. EBERS/ GOTSCH (1995), S. 205 f., und dazu RICHTER/ BINDSEIL (1995), S. 134. WILLIAMSON nennt die Agency-Theory deshalb „mechanism design theory“. Vgl. WILLIAMSON (1985), S. 28 und 51.

2 Vgl. RICHTER (1992), S. 19.

3 Vgl. EBERS/ GOTSCH (1995), S. 205 f.

4 Vgl. PLÖTNER (1995), S. 35, und die dort angegebenen Quellen.

ten, im Sinne seiner Persönlichkeit handhaben wird ..."[1]. Vertrauen ist das *Gefühl*, sich auf eine Person verlassen zu dürfen.[2] Es bedeutet *Zuversicht* im Angesicht von *Unsicherheit*.[3] Vertraut eine schlechter informierte Person ihrem Transaktionspartner, verläßt sie sich darauf, daß er über innere Regeln verfügt, die es ihm verbieten, Vorteile aus der schwachen Position des Gegenübers zu ziehen.[4] Eine Person macht ihr Schicksal freiwillig von nicht-kontrollierbaren Einflußgrößen abhängig und toleriert dabei, daß die negativen Konsequenzen die positiven überwiegen könnten.[5] Eine solche riskante Vorleistung ist das wichtigste Merkmal einer Situation, in welcher der Begriff „Vertrauen" überhaupt sinnvoll verwendet werden kann.[6]

Die Definition LUHMANNs enthält eine wichtige Anforderung, die Personen erfüllen, wenn man ihnen vertraut: „Vertrauens*würdig* ist, wer bei dem bleibt, was er bewußt oder unbewußt über sich mitgeteilt hat."[7] Anders ausgedrückt: Vertrauenswürdig ist von vornherein nur eine Person mit Identität.[8] Das Gefühl der Ich-Identität ergibt sich aus der Überzeugung, „daß der Einheitlichkeit und Kontinuität, die man in den Augen anderer hat, eine Fähigkeit entspricht, eine innere Einheitlichkeit und Kontinuität ..."[9] aufrechtzuerhalten. Personen mit Ich-Identität erleben das sichere Gefühl, sich selbst zu bejahen. Die Bejahung resultiert aus der Überzeugung, daß man jenen Werten und Normen genügt, mit denen man sich identifiziert und die in der eigenen Biographie verwurzelt sind.[10] Ich-Identität ist somit das Resultat eigener Geschichte und die Summe von Orientierungswissen, auf das eine Person bei allen ihren Entscheidungen

---

1 LUHMANN (1989), S. 40.

2 Vgl. dazu PETERMANN (1992), S. 12, der sich auf ERIKSON (1963) beruft.

3 Vgl. SYDOW (1995), S. 183, und zum Begriff der Unsicherheit Abschnitt 4.5.2.

4 Vgl. dazu BONUS (1986), S. 322.

5 Vgl. dazu PETERMANN (1992), S. 13.

6 Vgl. SCHMIDTCHEN (1994), S. 135, und dazu auch RÖSSL (1993), S. 188: „... vertrauensbasiertes Handeln [ist] immer auch bewußt riskiertes Handeln, ... da die Möglichkeit des Vertrauensbruches nicht ausgeschaltet werden kann."

7 LUHMANN (1989), S. 40 f.

8 Vgl. BONUS (1994), S. 79.

9 ERIKSON (1992), S. 107.

10 Vgl. BONUS (1995b), S. 67.

zurückgreifen kann.[1] Das Identitätskonzept ist dabei allerdings kein statisches, sondern eine dynamisches Konzept:[2] Neu erlangtes Wissen ermöglicht es der Person, ihre früheren Entscheidungen zu überdenken.[3] Dabei wird sich der Mensch ändern. Die Veränderung der Identität erfolgt jedoch im Vergleich zur Geschwindigkeit der Veränderungen der Außenwelt hinreichend langsam. Die Person wird weiterhin als sie selbst wahrgenommen:[4] Ich-Identität ist „der bleibende Kern der Persönlichkeit“[5]. Personen mit Identität sind deshalb berechenbar. Die Berechenbarkeit erklärt die Tatsache, daß eine Person, wenn sie ihrem Transaktionspartner vertraut, bestimmte Erwartungen in ihn setzt und gewillt ist, die mit zukünftigen Erwartungen an das Verhalten des Partners zwangsläufig verbundene Unsicherheit in Kauf zu nehmen. Die Verhaltensunsicherheit ist aus der Sicht der Person keine mehr: Der Transaktionspartner ist vertrauenswürdig. Die Erwartung, daß er sich entsprechend seiner inneren Regeln verhält, die es ihm verbieten, Vorteile aus der schwachen Position des Gegenübers zu ziehen, ist berechtigt. Die Enttäuschung der Erwartung wird als ausgeschlossen empfunden.

Vertrauen kann man nicht nur in eine Person setzen, sondern man kann auch Systemen Vertrauen entgegenbringen.[6] Man verläßt sich dann darauf, daß die Abläufe eines Systems nach bestimmten, an das System gerichteten Erwartungen funktionieren.[7] Mit Systemen sind *zum einen* Organisationen angesprochen.[8] Ähnlich wie man Vertrauen nur in Personen mit Ich-Identität setzen

---

1 Vgl. ALTMANN (1997), S. 153, und dazu LÜBBE (1979), S. 280.

2 Vgl. dazu NEUBERGER (1986), S. 21.

3 Vgl. dazu REINHARD (1983), S. 86.

4 Vgl. BONUS (1995b), S. 67.

5 Vgl. BONUS (1997), S. 10.

6 Vgl. zum Systemvertrauen LUHMANN (1989), S. 50 ff. Eine gute Vertrauensdefinition liefert deshalb auch GIDDENS (1990), S. 34: „Trust may be defined as confidence in the reliability of a person or system, regarding a given set of outcome or events, where that confidence expresses a faith in the probity or love of another, or in the correctness of abstract principles“.

7 Vgl. LUHMANN (1989), S. 54.

8 Organisationen sind Institutionen plus den daran beteiligten Personen. Siehe Abschnitt 4.5.2. Systemvertrauen wird deshalb auch als institutionelles Vertrauen bezeichnet. Vgl. dazu LOOSE/ SYDOW (1994), S. 178 f.

kann, sind Organisationen nur vertrauenswürdig, wenn die Erwartungen, die sich an das System richten, auf kollektive bzw. Gruppenidentität bauen können. Denn auch für das Verständnis von Organisationsvertrauen ist bedeutsam, daß es in sich nur langsam ändernden Faktoren gründen muß. Kollektive Identität signalisiert ebenso wie die Ich-Identität jene Dauerhaftigkeit. Zur Herausbildung kollektiver Identität gehören zwei Dinge:[1] Die Mitglieder der Kollektivs müssen sich als gemeinsames Ganzes zu verstehen beginnen, und sie müssen sich mit den Normen und Werten der Gruppe identifizieren. *Zum anderen* können Systeme durch Institutionen geformt werden, ohne daß dabei auch gleich eine Organisation in der Vordergrund tritt. Auch solche Systeme können vertrauenswürdig sein. Zur Erläuterung soll LUHMANNs Beispiel der Geldwirtschaft bemüht werden.[2] Eine Person darf der Funktionsfähigkeit des Geldes vertrauen, wenn sie ihre Erwartungen an das Währungssystem laufend bestätigt bekommt. Dies geschieht beispielsweise relativ leicht durch den täglichen Umgang mit Geld. Die Person erkennt mit der Zeit, daß die in funktionsfähigen Währungssystemen herrschende Stabilitätskultur verläßlich ist: Die zur Sicherung des Geldwertes notwendigen Regeln genießen oberste Priorität bei allen für die Geldwertsicherung wesentlichen sozialen Gruppen wie dem Staat, den Tarifpartnern und auch den Wählern. Die Regeln sind fundamentale Institutionen.[3]

Fundamentale Institutionen sind definitionsgemäß beständig. Oder genauer gesagt: Sie sind zumindest beständiger als alle anderen Faktoren, die Individuen in ihrem Leben bei den schon angesprochenen und so wesentlichen Entscheidungen über knappe Güter zu berücksichtigen haben. Auch fundamentale Institutionen können sich zwar ändern, sie tun dies aber nur langsam und sind nicht mit der für Knappheitsentscheidungen ursprünglich gültigen Fristigkeit bewußt zu beeinflussen. Fundamentale Institutionen dürfen von Individuen in Entscheidungs- bzw. Handlungssituationen getrost als eine Konstante wahrgenommen werden. Die Orientierung an fundamentalen Institutionen bietet dem Individuum in einer von Natur aus unsicheren Welt ein gewisses Ausmaß von Sicher-

---

1 Vgl. BONUS (1994), S. 5.

2 Vgl. dazu LUHMANN (1989), S. 54, und zur fundamentalen Institution Abschnitt 4.5.3.

3 Vgl. dazu HÄDER/ NIEBAUM (1997), S. 95, und zu fundamentalen Institutionen Abschnitt 4.5.3.

heit. Die Dauerhaftigkeit der fundamentalen Institution ist das Kennzeichen, das sie und das System, welches sie gegebenenfalls formen, vertrauenswürdig macht.

Mit Hilfe des Begriffs der fundamentalen Institutionen kann die Vertrauenswürdigkeit von Personen bzw. Organisationen mit Identität untermauert werden. BONUS interpretiert die Ich-Identität als fundamentale Institution:[1] Ich-Identität entsteht und verändert sich - wenn überhaupt - nur langsam. Sie evolviert wie eine fundamentale Institution und ist deshalb ebensowenig gestaltbar wie diese. Soll Ich-Identität auch hier als eine Institution anerkannt werden, müßte sie eine Regel darstellen. In der Tat könnte man die eigene Identität als die Handlungsanweisung an sich selbst formulieren, inneren Normen und Werten Folge leisten zu sollen. Die Sanktion, die eine Institution stützt und die auch hier die als Regel formulierte Ich-Identität begleiten müßte, würde für den Fall, daß eine Person ihrer Identität zuwiderhandelt, in der Verletzung des Selbstwertgefühls bestehen.[2] Werden Institutionen jedoch weiterhin als *gesellschaftliche* Regeln, nicht aber als individuelle innere Regeln verstanden, stellt die mit der Verletzung des Selbstwertgefühls bewehrte Ich-Identität selbst zwar keine fundamentale Institution dar, besitzt aus der Sicht des Individuums aber immerhin fundamental-institutionellen *Charakter*.

Die Ich-Identität steht mit fundamentalen Institutionen in einem weiteren engen Zusammenhang: Ich-Identität ist immer zugleich auch ein Gruppen- bzw. gesellschaftliches Phänomen.[3] Geht man davon aus, daß das Selbstwertgefühl eines Menschen davon abhängt, inwieweit er von einer Gruppe akzeptiert wird,[4] und daß eine Gruppe, um als solche bestehen zu können, durch ihre Mitglieder anerkannte Regeln braucht,[5] wird eine Person danach streben, die Regeln derjenigen Gruppe, an deren Akzeptanz sie ihr Selbstwertgefühl bindet, zu befolgen. Die Regeln bzw. Institutionen gewinnen auf diese Weise allmählich Einfluß auf die Ich-Identität. Sie bilden jene Normen und Werte, mit denen sich

---

1 Vgl. zum folgenden BONUS (1995b), S. 75 ff.

2 Vgl. dazu BONUS (1995b), S. 67.

3 Vgl. BONUS (1995b), S. 75 f.

4 Vgl. dazu BONUS (1994), S. 5, und dazu CLAESSENS (1980), S. 71 ff.

5 Vgl. dazu BONUS (1995b), S. 79.

eine Person, wenn sie Identität besitzt, identifiziert, aufgrund derer sie Handlungsanweisungen an sich selbst formuliert, die inhaltlich dann den gesellschaftlichen Regeln entsprechen, und von denen sie glaubt, daß sie ihnen gerecht wird. Das Sanktionspotential jener Institutionen präsentiert sich für die einzelne Person zum einen - wie beschrieben - in der möglichen Verletzung des Selbstwertgefühls. Zum anderen wird die Person im Fall des Regelverstoßes mit den Vorkehrungen konfrontiert, welche die Gesellschaft für Regelverstöße explizit getroffen hat, beispielsweise mit gesetzlich festgelegten Strafen, und/ oder sie hat mit gesellschaftlichen Reaktionen zu rechnen, welche sich im Rahmen der institutionellen Gegebenheiten implizit ergeben, beispielsweise mit gesellschaftlicher Ausgrenzung. Anders ausgedrückt. Die sich regelwidrig verhaltende Person hat mit genau den Sanktionen zu kämpfen, mit denen die verletzte(n) Institution(en) bewehrt sind. Damit stellt die in Regeln formulierte Ich-Identität inhaltlich eine Wiedergabe fundamentaler und gegebenenfalls sekundärer Institutionen dar.

Ebenso wie die Ich-Identität bezeichnet BONUS ebenfalls die Gruppenidentität als eine fundamentale Institution. Die von den Mitgliedern geteilten Werte und Normen würden gruppenspezifische Nebenbedingungen menschlichen Handelns konstituieren und für Verläßlichkeit sorgen. Für Sanktionen bei Verstößen gegen Gruppennormen sei gesorgt.[1] Auch die kollektive Identität kann hier dann als Institution anerkannt werden, wenn sie als Institution bzw. als Regel bzw. in Regeln formuliert gilt. Die so formulierte und auf die gemeinsamen Werte und Normen Bezug nehmende Gruppenidentität stellt dann in der Tat als kollektive Regel bzw. Regeln eine fundamentale Institution bzw. ein Bündel solcher dar. Diese Sichtweise steht in engem Zusammenhang mit der Definition der Organisation: Organisationen sind in einem der vorangegangenen Abschnitte als „Bündel" von Institutionen gekennzeichnet worden.[2] Die kollektive Identität ist der fundamentale Teil dieses Bündels.

Es bleibt festzuhalten: Wenn Vertrauen überhaupt fundiert sein kann, dann in Fällen, in denen sich eine Person auf dauerhafte Phänomene verläßt. Fundamentale Institutionen sind dauerhafte Phänomene. Das gleiche gilt für die Ich- und die Gruppenidentität. Deren Dauerhaftigkeit läßt sich sogar mit der Verbindung

---

1 Vgl. BONUS (1995b), S. 79.

2 Vgl. Abschnitt 4.5.1.

zu fundamentalen Institutionen erklären. Der vertrauensvoll Handelnde ist trotz der durch eine Vielzahl von möglichen und unsicheren Ereignissen geprägten Zukunft optimistisch, daß die für ihn positiven Ereignisse eintreten.[1] Er verhält sich so, „als ob es in der Zukunft nur bestimmte Möglichkeiten“[2] gäbe:[3] Die für ihn schlechten Möglichkeiten hat er vertrauensvoll ausgeschlossen. Es gibt sie nicht mehr, weil sie für den Vertrauenden angesichts der beobachteten Ich-Identität oder Gruppenidentität von Transaktionspartnern bzw. im Rahmen bestehender fundamentaler Institution nicht stattfinden können. Vertrauen ermöglicht auf diese Weise eine Reduzierung der Komplexität des Handlungsumfelds und erweitert die Möglichkeiten des Erlebens und Handelns,[4] wenn man nur im Vertrauen bestimmte Ereignisse erleben oder bestimmte Handlungen vornehmen möchte.

Stellt das Vertrauen selbst womöglich eine Institution dar[5] und erfüllt damit deren Funktionen? Wenn eine Person das Vertrauen bricht, das eine andere Person ihr entgegen gebracht hat, ist davon auszugehen, daß sie für jene Person in Zukunft nicht mehr vertrauenswürdig ist. Diese vermeintliche Sanktion durch eine Person alleine macht Vertrauen jedoch nicht zu einer Institution. Möglicherweise kann die vertrauens*un*würdige Person sehr gut damit leben, daß die Person mit ihr keine Transaktionen mehr vornehmen will, ihr das Vertrauen entzogen wird. Der Vertrauensbruch ist dann nicht sanktioniert. Zur Institution wird Vertrauen erst, wenn der Vertrauensbruch die Verletzung einer gesellschaftlichen Regel[6] bedeuten und in einer Weise sanktioniert würde, die das Individuum in jedem Fall träfe. Vertrauen kann sogar zur fundamentalen Institution werden, zur Vertrauenskultur einer ganzen Gesellschaft, zum Bestandteil ihrer kollektiven Identität. Allerdings ist die *Institution* „Vertrauen“ vom hier definierten Vertrauen zu unterscheiden: Kennzeichnend für Vertrauen ist, daß Erwartungen

---

1 Vgl. PETERMANN (1992), S. 12.

2 LUHMANN (1989), S. 20.

3 Vgl. dazu auch ALBACH (1980), S. 9: „Vertrauen ersetzt die Information über das voraussichtliche Verhalten des Partners in Konkurrenzsituationen.“

4 Vgl. LUHMANN (1989), S. 7.

5 SCHMIDTCHEN (1994), S. 147, bezeichnet Vertrauen als Institution.

6 Als Regel formuliert würde die Institution Vertrauen z.B. lauten, daß das Vertrauen, das einem von einer Person entgegen gebracht wird, nicht zu brechen ist.

nicht abgesichert sind. Die Erfüllung der Erwartungen wird lediglich als ausreichend sicher empfunden, wenn jene sich auf dauerhafte Phänomene stützen.[1] Für den Fall der Enttäuschung der Erwartung ist mit Vertrauen definitionsgemäß *keine* Sanktion verbunden, auf die sich der Vertrauende verlassen könnte. Vertrauen bleibt schließlich riskant.

Als nächstes soll untersucht werden, wie die Existenz der drei dauerhaften Phänomene und damit die Existenz von Vertrauenswürdigkeit im einzelnen zu erkennen ist. Die Dauerhaftigkeit ist zudem lediglich Voraussetzung für Vertrauens*würdigkeit*. Interessant ist deshalb auch die Frage, auf welche Weise die Vertrauenswürdigkeit weiter *gesteigert werden* kann bzw. unter welchen Umständen einer vertrauenswürdigen Person oder einem vertrauenswürdigen System mit hoher Wahrscheinlichkeit *tatsächlich vertraut* wird. Wenn das Vertrauen zwischen einer Person und ihrem Transaktionspartner eine Möglichkeit zur Milderung der negativen Folgen von Informationsasymmetrien werden soll, sind die Antworten auf die Fragen von Bedeutung, weil sie mögliche Ansatzpunkte liefern, wie Vertrauen aufgebaut werden kann.

5.4.2.2 Determinanten des Vertrauens

Als Determinanten des Vertrauens können genannt werden: Erfahrungen, Eigenschaften und Institutionen.[2] Die drei Determinanten werden der Deutlichkeit halber getrennt dargestellt, was nicht bedeutet, daß sie in keinerlei Verbindung stehen. Im Gegenteil: Beispielsweise können bestimmte Institutionen mit Eigenschaften in Zusammenhang stehen, oder Eigenschaften Gegenstand von Erfahrungen sein. Die Beziehung untereinander wird bei der Beschreibung der Determinanten deutlich werden.

Erfahrungen

„Man kann nicht ohne jeden Anhaltspunkt und ohne alle Vorerfahrungen Vertrauen schenken."[3] Vertrauen braucht eine „Geschichte als Hintergrund-

---

1 Vgl. dazu ALTMANN (1997), S. 175, der ebenfalls die charakteristische Vertrauenseigenschaft der fehlenden Absicherung herausstellt.

2 Die Systematik der Determinanten orientiert sich an den von SYDOW (1994), S. 188 ff., genannten Vertrauensquellen.

3 LUHMANN (1989), S. 20.

sicherung".[1] Mittels Erfahrungen lernt man eine Person oder ein System kennen. Erfahrungen helfen beispielsweise zu erkennen, ob und welche Identität eine Person oder Organisation besitzt. Man kann sich aufgrund von eigenen Erfahrungen ein Bild von seinem Transaktionspartner machen. Verschiedene verhaltenswissenschaftliche Studien weisen darauf hin, daß Individuen vielfach davon ausgehen, in der Vergangenheit beobachtete Verhältnisse und Verhaltensweisen würden sich in der Zukunft fortsetzen:[2] Nachfrager, die in der Vergangenheit regelmäßig mit einem Anbieter zufrieden gewesen sind, erwarten dies auch von zukünftigen Transaktionen. Wenn sie dem Anbieter in dieser Weise vertrauen, scheinen sie bestimmte zu erwartende Verhaltensweisen als in der Identität des Anbieters begründete Verhaltensweisen zu verstehen.

Auf die Identität einer Person oder Organisation kann nicht nur aufgrund eigener Erfahrungen geschlossen werden. Von Bedeutung sind auch Erfahrungen, die andere Personen mit dem Transaktionspartner gemacht haben. Sie spiegeln sich in der Reputation, die eine Person oder eine Organisation besitzt. Reputation meint guter Ruf, Ansehen. Reputation wirkt wie ein Versprechen, sich in der Zukunft der Reputation entsprechend zu verhalten.[3]

Will beispielsweise ein Anbieter Reputation erlangen, muß er dafür sorgen, daß die Nachfrager gute Erfahrungen mit ihm machen und/ oder von guten Erfahrungen anderer hören.[4] Dabei sind nicht nur Erfahrungen im Zusammenhang mit getätigten Transaktionen relevant. Positive Erfahrungen in einer Sache können auf eine andere Sache transferiert werden.[5] Reputation bildet sich nicht in Bezug auf eine bestimmte Transaktion, sondern bezieht sich in der Regel auf die betreffenden Personen oder Organisationen als Ganzes. Deshalb können sämtliche Erfahrungen, die Individuen mit Personen oder Organisationen machen, auf die Reputation und damit auf die Vertrauenswürdigkeit wirken. Sie können zur Bildung von Reputation beitragen, der Reputation aber auch schaden. Personen und Organisationen erlangen aufgrund ihres Verhaltens und der

---

1 Vgl. LUHMANN (1989), S. 20.

2 Vgl. FRITSCH/ WEIN/ EWERS (1996), S. 221 f.

3 Vgl. SCHADE/ SCHOTT (1993), S. 501.

4 Vgl. SPREMANN (1988), S. 620, und KAAS (1992), S. 896.

5 Vgl. zum Reputationstransfer z.B. UNGERN-STERNBERG/ WEIZSÄCKER (1981), S. 614.

eigenen Präsentation in der Öffentlichkeit gutes oder schlechtes Ansehen. Deshalb kann beispielsweise auch die Werbung ein wichtiges Instrument zur Kommunizierung von Reputation sein,[1] zur Kommunizierung einer vertrauenswürdigen Identität.

Erfahrungen können zum Erkennen einer weiteren Vertrauensdeterminante beitragen: Die Eigenschaften des Transaktionspartners.

Eigenschaften
Personen und Systeme können vertrauensrelevante Eigenschaften besitzen. *Personale* Eigenschaften wie Alter oder Geschlecht,[2] aber auch Charakterzüge oder Eigenschaften, welche die Leistungsfähigkeit einer Person beschreiben, können Vertrauen erwecken. Die Offenheit und Ehrlichkeit bei der Darstellung eigener Fähigkeiten trägt beispielsweise zur Steigerung der Vertrauenswürdigkeit bei.[3] Denn wer freiwillig möglichen Geschäftspartnern eigene Stärken verdeutlicht, gleichzeitig aber eigene Schwächen nicht verheimlicht, gewinnt an vertrauenswürdiger Identität.[4]

Einem als kompetent empfundenen Anbieter wird eine Person eher vertrauen als einem inkompetenten. Denn die Kompetenz eines Anbieters ist ein Indiz dafür, daß er in der Lage ist, sich in die Problemsituation eines Nachfragers hineinzudenken und geeignete Lösungswege aufzuzeigen.[5]

Für die Bildung von Vertrauen ist es aus der Sicht des schlechter informierten Transaktionspartners auch von Bedeutung, ob die beobachteten Eigenschaften Ähnlichkeiten mit der eigenen Person aufweisen. Eine Person schenkt einer anderen Person, die ihr ähnelt, eher Vertrauen als einer Person, von der sie sich in erheblichem Maße unterscheidet. Anders ausgedrückt: Vertrauen zwischen Individuen entsteht eher, wenn sie über gleichartige Charaktereigenschaften und gemeinsame örtliche oder familiäre Wurzeln verfügen.[6] Einem selbst ähnliche

1 Vgl. dazu SPREMANN (1988), S. 621 ff.

2 Vgl. SYDOW (1995), S. 189.

3 Vgl. RÖSSL (1994), S. 192.

4 Vgl. dazu SPREMANN (1990), S. 578.

5 Vgl. zur Definition des Kompetenzbegriffs BACKHAUS/ WEISS (1989), S. 112.

6 Vgl. dazu SCHRÖDER (1997), S. 165.

Personen sind eher vertrauenswürdig, weil man sie als berechenbarer empfindet. Die Identität einer Person ist die notwendige Voraussetzung für deren Vertrauenswürdigkeit. Die Ähnlichkeit entscheidet nun mit darüber, wem eine Person tatsächlich vertraut.

Institutionen

Schließlich können bestimmte Institutionen bzw. Systeme von Institutionen Determinante des Vertrauens sein.[1] Als Determinante von Vertrauen ist beides zu unterscheiden von der institutionellen Absicherung einer Austauschbeziehung. Vertrauensstiftende Institutionen mindern das in der Austauschbeziehung notwendige Maß an Vertrauen nicht. Eine institutionelle Absicherung, die unerwünschtes Verhalten von Transaktionspartnern sanktionieren würde, fehlt der Transaktionsbeziehung weiterhin. Man kann also das Vertrauen in eine Transaktionsbeziehung nicht durch die Vertrauensdeterminante „Institution" und das (Rest-)Vertrauen in die Funktionsfähigkeit dieser Institution substituieren. Institutionen, die als Vertrauensdeterminanten gewertet werden, lassen das notwendige Maß an Vertrauen in der anfänglichen Austauschbeziehung unverändert. Sie können lediglich dazu beitragen, die Vertrauens*würdigkeit* eines Transaktionspartner zu vergrößern. Sie fungieren als *Signale*. Gleiches gilt für Systeme von Institutionen.

Gedacht sei bei solchen Institutionen bzw. deren Systeme beispielsweise an formale Bildungsabschlüsse, Zertifikate, Lizenzen, Marken, Vereins- oder Verbandsmitgliedschaften und ähnliches.[2] Kann eine Person eine gute Note in einem Abschlußzeugnis vorweisen, ist ihre Leistungsfähigkeit gemessen an bestimmten Regeln bzw. Institutionen für gut befunden worden. Bei der Überprüfung einer wichtigen vertrauensrelevanten Eigenschaft einer Person - der Kompetenz - ist man nicht mehr alleine sich selbst überlassen, sondern das System „Bildungsabschluß" hat eine Beurteilung vorgenommen. Hätte die Person die Regeln des Systems verletzt, wäre sie mit einer schlechten Note sanktioniert worden. Zur Mitgliedschaft in einem Verband gehört die Bejahung der Regeln des Verbandes. Eine Person, die dort Mitglied ist, wird die Regeln bisher beherzigt haben, ansonsten sollte sie aus dem Verband ausgeschlossen worden sein. Die Mitgliedschaft signalisiert, daß sich die Person den Vorstellungen des

---

1 Vgl. dazu LOOSE/ SYDOW (1994), S. 179 f.

2 Vgl. dazu SYDOW (1995), S. 189.

Verbandes gemäß verhält, und dies mag jemandem, der dieser Person vertrauen soll, gut gefallen.

Wohlgemerkt: Es kommt nicht darauf an, daß man sich darauf verläßt, daß eine Person mit dem Ausschluß aus einem Verband sanktioniert wird, wenn sie sich in der betreffenden Transaktionsbeziehung nicht vertragsgerecht verhält. Eine solche Sanktion ist hier mit dem Verständnis von Vertrauen unvereinbar. Würde sie eine Rolle spielen, müßte man der Person nicht mehr vertrauen, sondern man würde sich darauf verlassen, daß das Fehlverhalten der Person durch den Entzug der Verbandsmitgliedschaft geahndet und der Person schaden würde. Man würde der Institution bzw. dem System vertrauen, nicht mehr (nur) der Person.

Das Vertrauen auf Institutionen bzw. deren System ist hinsichtlich der Funktion von Institutionen als Vertrauensdeterminante jedoch unter einem anderen Aspekt von Bedeutung: Die Signalwirkung, die Institutionen bzw. deren Systeme als Vertrauensdeterminante entfalten sollen, ist von der *Vertrauenswürdigkeit* der Institutionen bzw. deren System abhängig. Besonders große Signalwirkung ist deshalb mit *fundamentalen* Institutionen bzw. mit den Systemen, die sie bilden, verbunden, weil jene an sich vertrauenswürdig sind.[1]

5.4.2.3 Vertrauen und Transaktionskosten

Die Furcht vor einem Vertragsbruch und der (transaktions-) kostpielige Wunsch nach einer Absicherung entsteht, weil die Vertragspartner glauben, divergierende Interessen zu verfolgen. Vor opportunistischem Verhalten des Vertragspartners bräuchte man sich nicht zu fürchten, wenn man wüßte, daß der Partner gleiche Anliegen verfolgt. In diesem Fall würde ein Vertragsbruch beide Teile in gleicher Weise schädigen. Eine solche Situation läßt sich erreichen, wenn sich die Vertragspartner von vornherein als eine Einheit mit gleichgerichteten Interessen wahrnehmen.[2] Vor opportunistischem Verhalten glauben sich die Vertragspartner geschützt, wenn sie sich verbunden fühlen oder anders ausgedrückt: sich vertrauen. Vertrauen mindert den Bedarf an Sicherungsmechanismen. Die Funktion des Vertrauens gleicht damit der Funktion von Institutionen:

---

1 Siehe dazu Abschnitt 5.4.2.1.

2 Vgl. KRONMAN (1985), S. 20.

Eine Transaktionsbeziehung kann, wenn sie vertrauensvoll ist, ebenso wie ein institutionell abgesichertes Verhältnis von Transaktionspartnern transaktionskostengünstig sein.[1] Denn Vertrauen kann Informationsasymmetrien kompensieren und die Berechenbarkeit des möglichen Verhaltens eines Partners verbessern.[2] Verhandlungs- und Einigungsprozesse werden beschleunigt. (Transaktions-) Kosten bei der Informationssuche und -übertragung sowie bei der Ausarbeitung, Kontrolle, Durchsetzung und Anpassung von Verträgen können eingespart werden.[3] Zudem hilft Vertrauen, (kostspieligen!) Streitigkeiten vorzubeugen.[4] Je weiter das Vertrauen reicht, desto größer ist die transaktionskostensenkende Wirkung. Weitere Vorkehrungen, die vor möglichen Folgen von Informationsasymmetrien schützen, sind in geringerem Maße erforderlich oder werden sogar überflüssig.

Als nächstes wird die Möglichkeit, in einer Transaktionsbeziehung mittels glaubhafter Zusicherungen in Form von Verträgen den Problemen asymmetrischer Informationsverteilung zu begegnen, genauer betrachtet.

5.4.3 Verträge

5.4.3.1 Vertragliche Formen

Wenn Verträge glaubhafte Zusicherungen darstellen sollen, müssen sie bestimmten Gestaltungserfordernissen genügen. Sie müssen mit Sanktionen bzw. Anreizen verbunden sein, die dafür sorgen, daß der besser informierte Vertragspartner es vorzieht, die Informationsverteilung nicht einseitig zu Lasten des schlechter informierten Partners auszunutzen. Der besser informierte Vertragspartner soll den schlechter informierten Vertragspartner nicht mit illegitimen

---

1 Vgl. dazu ARROW (1971), S. 22: „It is useful for individuals to have some trust in each other's word. In the absense of trust, it would become very costly to arrange for alternative sanctions and guarantees, and many opportunities for mutually beneficial cooperation would have to be forgone."

2 Vgl. SCHRÖDER (1997), S. 145.

3 Vgl. RÖSSL (1994), S. 187, und KAAS (1992), S. 897.

4 Vgl. NIEDERKOFLER (1991), S. 249.

Transaktionen belasten und die Quasirente nicht enteignen.[1] Als Gestaltung sei hier nicht nur die Festlegung des unmittelbaren Vertragsinhalts, sondern auch die Einflußnahme auf die Vertragsumstände verstanden.

An dieser Stelle sollen insbesondere zwei grundsätzliche Gestaltungsmöglichkeiten von Verträgen bzw. Vertragsformen betrachtet werden. Auf MACNEIL geht die Unterscheidung des *klassischen* und des *relationalen* Vertrages zurück.[2] Beide Verträge stellen Punkte auf einer Skala von Vertragsformen dar, die sich im Grad ihrer Relationalität unterscheiden.[3] MACNEIL nennt den Anfangspunkt der Skala *„extrem transaktionaler Vertrag"*, den Endpunkt *„extrem relationaler Vertrag"*.[4] Er betont die discreteness der Transaktionen, die in transaktionalen Verträgen geregelt werden.[5] „A *truly* discrete exchange transaction would be entirely separate not only from all other present relations but from all past and future relations as well."[6] Eine truly discrete transaction kann demnach nur zwischen Unbekannten stattfinden, die sich zufällig getroffen haben und von denen feststeht, daß sie sich fortan nicht mehr wiedersehen oder irgendetwas miteinander zu tun haben werden. Die Zufälligkeit ihres Zusammentreffens schließt ein, daß die Transaktionspartner vorher in keinerlei Verbindung gestanden haben dürfen. MACNEIL versteht darunter sogar, daß die Transaktion noch nicht einmal mit Geld abgewickelt werden darf, weil schon die Tatsache, daß beide eine gemeinsame Wertvorstellung des benutzten Geldes haben müssen, für eine vormals bestehende soziale Verbindung der Transaktionspartner spricht. Die Transaktion muß schnell vollzogen werden, d.h. daß beispielsweise ein Tausch simultan ablaufen muß. Die Transaktionspartner

---

1 Vgl. zum Begriff der Quasirente und ihrer Enteignung Abschnitt 5.3.3.

2 Vgl. dazu insbesondere MACNEIL (1978), der Verträge unter klassischem und relationalem Vertragsrecht unterscheidet. MACNEIL beschreibt zudem einen Vertrag unter neoklassischem Vertragsrecht, der an dieser Stelle allerdings nicht weiter berücksichtigt werden soll, weil seine Darstellung für die von der Verfasserin angestrebten Aussagen nicht erforderlich ist.

3 Vgl. dazu RICHTER/ FURUBOTN (1996), S. 158, die das Spektrum unterschiedlicher Verträge anhand einer solchen Skala darstellen.

4 Vgl. dazu MACNEIL (1974), insbesondere S. 738 ff. Dort werden die Merkmale der extremen Vertragspole aufgelistet.

5 Vgl. im folgenden MACNEIL (1978), S. 856 ff.

6 MACNEIL (1978), S. 856.

müssen die Leistungen sofort abschließend erfüllen. Ein Vertrag ist bei vorliegender truly discreteness als vollständiger bzw. extrem transaktionaler Vertrag das juristische Korrelat des Modells der vollständigen Konkurrenz.[1]

Die Beschreibung der truly discrete transaktion macht deutlich, daß jene in der Realität kaum existieren wird, wie auch die modelltheoretische Vorstellung einer vollständigen Konkurrenz unrealistisch ist. Die discreteness wird beispielsweise auch beeinträchtigt, wenn ein Vertragsverhältnis gleichzeitig ein Versprechen impliziert. Denn ein Versprechen setzt Vertrauen voraus, wenn das Versprechen von Wert sein soll. Die Existenz von Vertrauen widerspricht jedoch dem Postulat fehlender personaler Beziehungen der Transaktionspartner und bricht damit mit den Annahmen der discreteness.[2] Darüber hinaus ist das Versprechen als solches in die Zukunft gerichtet und bedeutet eine längerfristige Bindung der Transaktionspartner aneinander: Jemandem etwas versprechen heißt schließlich, ihm eine *zukünftige* Leistung zuzusichern. Die Ausrichtung in die Zukunft findet sich jedoch nicht nur bei Versprechungen. Eine moderne Wirtschaft kommt in kaum einem Bereich ohne irgendeine Form von Planung aus, die definitionsgemäß in die Zukunft gerichtet ist und der discreteness zuwiderläuft.[3] Discreteness läßt sich simulieren, wenn es beispielsweise gelingt, zukünftige Belange, die der discreteness definitionsgemäß im Wege stehen würden, zu vergegenwärtigen, d.h. vorwegzunehmen:[4] Zukünftige mit der Transaktion möglicherweise verbundene Beziehungen können in Verträgen antizipiert und ex ante geregelt werden. Wenn die Vorgehensweise im Fall einer nicht vertragsgerechten Leistung von vornherein festliegt, sind bestimmte zukünftige Beziehungen, die mit truly discreteness unvereinbar wären, im voraus bestimmt und damit gegenwärtig. Der Gegenwartsbezug der discreteness wäre teilweise wieder hergestellt. Zur Vergegenwärtigung trägt im Prinzip auch das Vertrauen bei: Im Zeitpunkt des Vertragsschlusses verläßt sich eine Person darauf, daß sich der Transaktionspartner erwartungsgemäß verhält. Allerdings führt

---

1 Vgl. dazu RICHTER/ FURUBOTN (1996), S. 157, die dies für den klassischen Vertrag behaupten, der dort jedoch dem extrem transaktionalen Vertrag entspricht.

2 Vgl. MACNEIL (1978), S. 858.

3 „Advanced economies require greater specialization of effort and more planning than can be efficiently achieved by present exchanges through discrete transaktions.“ MACNEIL (1978), S. 857.

4 Vgl. dazu MACNEIL (1978), S. 863.

das Vertrauen zur oben beschriebenen, nicht discreteness-konformen Verbindung der Transaktionspartner.

Klassische Verträge sind Verträge mit starkem transaktionalen Charakter. Sie werden geschlossen, wenn die zu regelnde Transaktion immerhin *quite* discrete ist. Als konkretes Beispiel einer quite discrete transaktion beschreibt MACNEIL den Barkauf von Benzin während einer Reise, wenn davon auszugehen ist, daß der Autofahrer die ihm unbekannte Tankstelle einmalig nutzt.[1] Ein solcher Kauf verläuft reibungslos, die Identität der Transaktionspartner ist unwichtig.[2]

WILLIAMSON charakterisiert den klassischen Vertrag in Anlehnung an MACNEIL als „Vertrag mit bedingten Ansprüchen, der erschöpfende vertragliche Regelungen enthält, in denen alle relevanten zukünftigen Eventualitäten, die sich auf das Angebot einer Sach- oder Dienstleistung beziehen, beschrieben und im Hinblick sowohl auf ihre Wahrscheinlichkeit wie ihre zeitliche Entfernung diskontiert werden."[3] Wesentliche Kennzeichen des klassischen Vertrages sind folglich die *Zeitpunktorientierung*, die damit verbundene *Vollständigkeit des Vertrages*[4] sowie die *Belanglosigkeit der Identität der Vertragspartner.*[5] Zur Vollständigkeit des Vertrages gehört ein weiteres Kennzeichen des klassischen Vertrages: die *Möglichkeit, Streitfälle anhand formalisierter Kriterien durch Gerichte lösen zu lassen.*[6] An dieser Stelle wird deutlich, daß die Glaubwürdigkeit der klassischen Vertragsbindung auch von den institutionellen Rahmenbedingungen abhängt: Vertragsbrüche werden im Zweifel durch funktionierende Institutionen des Rechtssystems geahndet. In letzter Konsequenz wird der klas-

---

1 Vgl. MACNEIL (1978), S. 856 f.

2 Vgl. dazu MASELLI (1997), S. 129.

3 WILLIAMSON (1990), S. 78.

4 Mit Vollständigkeit ist hier eine faktische Vollständigkeit gemeint. Eine absolute Vollständigkeit kann es aufgrund von Ungewißheit - wie erinnerlich - nicht geben. Vgl. dazu die Ausführungen in Abschnitt 4.5.2 . Die faktische Vollständigkeit erreicht der klassische Vertrag beispielsweise, indem er Vereinbarungen sorgfältig definiert und formalisiert. Rechtsmittel im Fall von Streitigkeiten sind von vornherein festlegt und Folgen von Nicht-Leistung deshalb relativ gut vorhersehbar und beschränkt. Vgl. dazu WILLIAMSON (1990), S. 78, und MACNEIL (1978), S. 863 f.

5 Vgl. PICOT/ DIETL (1993), S. 314 f.

6 Vgl. PICOT/ DIETL (1993), S. 314 f., und dazu auch die Beschreibung des Vertrages in der Principal-Agent-Theorie in Abschnitt 5.4.1.

sische Vertrag als Institution beispielsweise durch die Möglichkeit, Vertragswidrigkeiten im Streitfall von Gerichten in vorhersagbarer Weise entscheiden zu lassen, gesichert. Bleiben gerichtliche Verfahren wirkungslos, weil ihr Ergebnis nicht als Institution akzeptiert ist, verliert auch der klassische Vertrag an institutioneller Bedeutung. Der institutionelle Rahmen spielt also eine wichtige Rolle. Auf die Wirksamkeit des institutionellen Rahmens und damit der Institution des klassischen Vertrages - darauf wurde eingangs schon hingewiesen[1] - können die Betroffenen allerdings nur vertrauen.

Der Anreiz für einen besser informierten Vertragspartner, asymmetrische Informationen zu eigenen Gunsten auszunutzen, wäre in klassischen Verträgen gering, denn der Vertragsbruch ist wenig aussichtsreich. Zudem ist der Vertrag vollständig und damit die Möglichkeit illegitimer Transaktionen von vornherein begrenzt. Könnten sämtliche Tauschakte mittels klassischer Verträge abgewikkelt werden, würden illegitime Transaktionen äußerst unwahrscheinlich. Der Wunsch, angesichts asymmetrischer Informationsverteilung klassische Verträge abzuschließen, dürfte deshalb groß sein. Damit ein Vertrag ein *vollständiger Vertrag* würde, müßten die relevanten Eventualitäten jedoch im Vorfeld bekannt sein und geregelt werden können. Das jeweils existierende Ausmaß an Unsicherheit wird der Erfüllung dieser Voraussetzung Grenzen setzen. Zur Vollständigkeit gehört außerdem die *Möglichkeit, Streitfälle anhand formalisierter Kriterien durch Gerichte lösen zu lassen.* Bei asymmetrischer Informationsverteilung sind jedoch Fälle denkbar, in denen außenstehende Dritte kaum oder gar nicht in der Lage sind, die Vertragsmäßigkeit des Leistungstransfers zu beurteilen. Beispielsweise ist der Erfolg einer medizinischen Leistung auch von der körperlichen Verfassung des Behandelten abhängig. Oftmals ist kaum festzustellen, inwieweit ein Heilungserfolg auf die therapeutische Leistung zurückzuführen oder den Selbstheilungskräften des menschlichen Körpers zuzuschreiben ist.[2] Gleiches gilt für den Mißerfolg einer medizinischen Leistung. Nicht selten gibt es zudem für ein Krankheitsbild mehrere gleich gute oder schlechte Therapien. Im Nachhinein läßt sich jedoch kaum prüfen, ob eine alternative Therapie zu einem besseren Resultat geführt oder ein schlechteres verhindert hätte, zumal schon die Vorteilhaftigkeit der Therapieformen an sich umstritten

---

1 Siehe Abschnitt 5.4.1.

2 Siehe dazu auch die Ausführungen in Abschnitt 3.8.

sein kann. Sobald ein schlechter informierter Transaktionspartner beginnt, sich darauf zu verlassen, daß sich sein Gegenüber erwartungsgemäß verhält, beginnt auch die Transaktion, sich von der im klassischen Vertrag realisierten, relativ großen discreteness zu entfernen. Der Transaktionspartner *vertraut* darauf, daß der Transaktionsgegenstand im Fall der hidden characteristics die vereinbarte Qualität besitzt, der Transaktionspartner im Fall der hidden actions ein vertragsgerechtes Verhalten an den Tag legt oder im Fall der hidden intentions dem Reiz eines hold up widersteht.[1] Vertraut der schlechter informierte Transaktionspartner seinem Gegenüber, spielt jedoch dessen *Identität* eine Rolle, was im Konstrukt des klassischen Vertrages nicht vorgesehen ist. Nutzt der besser Informierte die asymmetrische Informationsverteilung zu seinen Gunsten, wird eine *zukünftige Beziehung* oder sogar *längerfristige Vertragsbeziehung*[2] der Transaktionspartner wahrscheinlicher, die ebenfalls mit relativ hoher discreteness und der Idee des klassischen Vertrages nicht vereinbar ist: Da angesichts der existierenden Unsicherheit nicht sämtliche Möglichkeiten des opportunistischen Verhaltens des Vertragspartners ex ante vertraglich geregelt werden konnten, wird der benachteiligte Vertragspartner möglicherweise eine Nachbesserung verlangen. Angesichts der Bedrohung durch das besser informierte Gegenüber wird eine Person vielleicht sogar von vornherein eine *längerfristige Vertragsbeziehung* anstreben, indem sie beispielsweise im Fall von Gütern mit Erfahrungsgutcharacter[3] die Gegenleistung erst erbringt, wenn es sich von der Qualität des Gutes überzeugen konnte. Bei asymmetrischer Informationsverteilung werden klassische Verträge also nicht die Regel sein können.[4]

---

1 Siehe zu den Begriffen „hidden characteristics“, „hidden actions“, „hidden intentions“ und „hold up“ Abschnitt 5.3.3.

2 Damit fehlt dem Vertragsverhältnis die Zeitpunktorientierung.

3 Siehe dazu Abschnitt 3.8.

4 Der schon in Abschnitt 5.3.1 angesprochene vollständige Vertrag der Principal-Agent-Theory würde einem klassischen Vertrag entsprechen, weil er durch eine vollständige Berücksichtigung sämtlicher ex post auftretender Probleme eine vertrauensvolle Beziehung der Transaktionspartner insofern überflüssig macht, als der Lösungsweg für unvermeidbare Probleme von Anfang an feststeht und vermeidbare Probleme von vornherein in der Tat vermieden werden, indem den Vertragspartnern der Anreiz gegeben wird, sich von Anfang an vertragsgerecht zu verhalten. Leistung und Gegenleistung fallen zwar zeitlich auseinander, die Gegenleistung läßt sich im Moment der Vertragsschließung allerdings eindeutig voraussehen, und zukünftige Transaktionen lassen sich unter Berücksichtigung aller möglichen Umweltzustände vorab vertraglich festlegen. Vgl. PICOT/ DIETL (1993),

Einen weiteren Punkt auf der Vertragsskala bildet *der* relationale Vertrag[1], der Verträge mit einem relativ hohen Grad an Relationalität markiert.[2] Im Gegensatz zum klassischen Vertrag ist der *relationale Vertrag* auf eine *dauerhafte Beziehung* der Vertragspartner angelegt. Er muß der aufgrund der Dauerhaftigkeit zwangsläufig auftauchenden Unsicherheit Rechnung tragen. Relationale Verträge sind deshalb *unvollständig*:[3] Da die Vertragspartner nicht bereits bei Vertragsschließung sämtliche Eventualitäten kennen können, muß ein relationaler Vertrag in Abhängigkeit von den jeweiligen Umständen Raum für Anpassung bzw. Konkretisierung lassen. In einem relationalen Vertragsverhältnis dominieren die *Identität der Transaktionspartner* sowie die Qualität ihrer Beziehung. Es deutet sich eine Verbindung der bisher genannten Möglichkeiten zur Milderung der negativen Folgen asymmetrischer Informationsverteilung an: An die Stelle expliziter Vorkehrungen im Fall von Vertragsabweichungen treten auf einer gemeinsamen *Vertrauen*sbasis beruhende, implizite Vereinbarungen. Bei Unstimmigkeiten ist die Einmischung von Dritten nicht vorgesehen, weil sie als wenig hilfreich empfunden wird, denn eine angemessene Beurteilung von relationalen Transaktionsbeziehungen ist von außen nur selten möglich. Zudem führt die gerichtliche Konfliktbereinigung häufig zur Beendigung einer ursprünglich auf Dauer angelegten Vertragsbeziehung,[4] so daß eine die zukünftige Beziehung nicht belastende *Beilegung von Streitigkeiten* in der Regel nur *durch die Beteiligten* selbst erfolgen kann. Relationale Verträge sind von der geschilderten discreteness weit entfernt. Sie werden jedoch häufig geschlossen.

S. 315. Die das klassische Vertragsverhältnis kennzeichnende Zeitpunktorientierung und die Vollständigkeit sind realisiert, die Identität der Transaktionspartner ist nebensächlich. Es ist mittlerweile schon mehrfach darauf hingewiesen worden, daß ein solcher vollständiger Vertrag unter der hier angenommenen Unsicherheit kaum denkbar ist und deshalb nur bedingt von Belang sein soll. Siehe Abschnitt 5.3.1.

1 *Der* relationale Vertrag, der im folgenden beschrieben wird, ist hier zu unterscheiden von relationalen Verträgen, d.h. Verträgen mit einem hohen Grad an Relationalität, zu denen er gehört.

2 Vgl. im folgenden insbesondere PICOT/ DIETL (1993), S. 315 f.

3 Vgl. RICHTER/ FURUBOTN (1996), S. 157.

4 Vgl. dazu auch WILLIAMSON (1985), S. 29, der die Wirksamkeit gerichtlicher Regelungen deshalb anzweifelt.

Beispielsweise stellt ein Arbeitsvertrag einen solchen dar, aber auch jede Form der langfristigen Kooperation gründet auf relationalen Verträgen.[1]

Aus der vorangegangenen Beschreibung der Relevanz klassicher Verträge für Vertragsverhältnisse bei asymmetrischer Informationsverteilung läßt sich nun schließen, daß in solchen Situationen eher eine Tendenz zum relationalen Vertrag besteht. In der Wirklichkeit werden die bei asymmetrischer Informationsverteilung zu schließenden Verträge Kennzeichen stärkerer oder schwächerer Relationalität tragen. Die Verträge werden sich dem klassischen Vertrag so weit wie möglich, dem relationalen Vertrag so weit wie nötig nähern. In Abschnitt 5.4.3.2 sollen Faktoren diskutiert werden, die auf die Wahl des Relationalitätsgrades Einfluß nehmen.

5.4.3.2 Einfluß von Transaktionseigenschaften auf die Wahl der Vertragsform

Klassische Verträge finden sich in Märkten, während relationale Verträge an zweiseitige oder vereinheitlichte Beherrschungs- und Überwachungssysteme, also an Kooperationen oder Hierarchien gebunden sind.[2] Die Frage nach der Relationalität von Verträgen bei asymmetrischer Informationsverteilung führt in das Problemfeld der effizienten Firmengrenze, also zu der Frage, welche Produktionsfaktoren über den Markt bezogen, welche im Rahmen von Kooperationen mit einem oder mehreren selbständigen Partnern erstellt und welche in die Firmenhierarchie integriert werden sollen.[3] Ziel dabei ist es, aus einer Reihe von alternativen institutionellen Arrangements dasjenige herauszufinden, welches die relativ niedrigste Summe an Produktions- *und* Transaktionskosten aufweist.[4] An dieser Stelle seien zwei Ansätze vorgestellt, die Hinweise zur

---

1 Vgl. dazu MACNEIL (1978), S. 887, der weitere Beispiele nennt.

2 Vgl. dazu WILLIAMSON (1990), S. 82 f.

3 Die Fragestellung ist Gegenstand der Transaktionskostentheorie - neben der schon angesprochenen Principal-Agent-Theorie ein weiterer Zweig der Institutionenökonomie: „Die Transaktionskostentheorie möchte erklären, warum bestimmte Transaktionen in bestimmten institutionellen Arrangements mehr oder weniger effizient abgewickelt und organisiert werden." EBERS/ GOTSCH (1995), S. 208. WILLIAMSON, der den Ansatz von COASE erweitert, ist einer der Hauptvertreter dieser Theorie. Seine Aussagen werden deshalb hier teilweise wiedergegeben. Vgl. dazu auch COASE (1937) und (1988).

4 Vgl. dazu WILLIAMSON (1985), S. 90 ff.

Wahl des institutionellen Arrangements in Abhängigkeit von bestimmten Transaktionseigenschaften geben. Die Hinweise des ersten Ansatzes sollen hidden intentions, die des zweiten hidden actions als Ursache von Transaktionskosten betreffen.

WILLIAMSON unterscheidet drei Dimensionen von Transaktionen, die Einfluß auf die institutionellen Arrangements nehmen, im Rahmen derer Transaktionen angesichts möglicher hidden intentions effizient abgewickelt werden können. Die Dimensionen sind:[1] Faktorspezifität[2], Häufigkeit und Unsicherheit, wobei erstere als wichtigstes Attribut einer Transaktionsbeziehung gilt.[3] Die Bedeutung der Dimensionen von Transaktionen möchte WILLIAMSON ausdrücklich vor dem Hintergrund zweier Verhaltensannahmen von Individuen untersucht wissen: Zum einen verhalten sich Menschen begrenzt rational[4] und zum anderen opportunistisch.[5] An dieser Stelle soll die Bedeutung der drei Dimensionen für Überlegungen zur effizienten Gestaltung der Transaktionsbeziehung kurz skizziert werden.[6] Der Übersichtlichkeit halber sollen alle drei Dimensionen getrennt dargestellt werden. Die Trennung der Darstellung bedeutet allerdings nicht, daß die Dimensionen hinsichtlich ihres Einflusses voneinander unabhängig sind. Im Gegenteil: Der Einfluß jeder einzelnen Dimension auf die Gestaltung der Transaktionsbeziehung ist häufig abhängig von der Ausprägung der verbleibenden Dimensionen.

Die *Spezifität* bei Unsicherheit[7] einer Transaktion bildet bei hidden intentions die Hauptursache der Entstehung von Transaktionsproblemen.[8] Je höher der Spezifitätsgrad eines Produktionsfaktors, desto schmerzlicher ist der Verlust,

---

1 Vgl. WILLIAMSON (1985), S. 52.

2 Siehe zum Begriff der Spezifität auch die Aussagen in Abschnitt 5.3.3.

3 Vgl. PICOT/ DIETL (1993), S. 316.

4 Vgl. dazu Abschnitt 4.7.2.

5 Vgl. dazu WILLIAMSON (1985), S. 44 ff. Die Annahmen passen zum hier gewählten Analyserahmen.

6 Vgl. für eine ausführliche Diskussion WILLIAMSON (1985), S. 52 ff. und 72 ff.

7 Spezifität wäre bei Sicherheit kein Problem, weil eine Person die Absicht ihres Transaktionspartners kennen und bei der Vertragsschließung berücksichtigen würde.

8 Vgl. PICOT/ DIETL (1993), S. 316.

den der Investor im Fall einer opportunistischen Aneignung der Quasirente[1] durch seinen Vertragspartner erleidet.[2] Mit der Spezifität einer Investition steigt somit der Wunsch der hinsichtlich der Absicht des Vertragspartners schlechter informierten Person nach Absicherung der Quasirente.[3] Eine solche Absicherung tendiert mit steigender Spezifität zu größerer Relationalität der Vertragsbeziehung, weil sie im Rahmen klassischer Verträge aufgrund der annahmegemäß gleichzeitig auftretenden Unsicherheit zu aufwendig bzw. gar nicht in gewünschter Weise möglich wäre. Unsicherheit würde in klassischen Verträgen die Berücksichtigung verschiedener Eventualitäten erfordern. Der Aufwand kann bei eher relationalen Verträgen unterbleiben, weil die Vertragspartner sich von vornherein darauf einlassen wollen, auf Veränderungen - wenn sie tatsächlich aufgetreten sind - gemeinsam zu reagieren.

Transaktionen finden nicht kostenlos statt.[4] Für die vertragliche Gestaltung von Transaktionen und den Aufwand, der dazu betrieben wird, ist es deshalb nicht unerheblich, wie *häufig* eine Transaktion abläuft: Der Aufwand, der bei hohem Absicherungsbedarf einer Transaktion für die Aufstellung eines relationalen Vertrages anfällt, lohnt in der Regel nur bei sich wiederholenden Transaktionen. Bei fehlender Spezifität ist die Häufigkeit der Transaktion für die Wahl der Vertragsform insofern unerheblich, als in jedem Fall die klassische Variante vorzuziehen ist: Bei fehlender spezifischer Abhängigkeit kann der Vertragspartner bei sich androhendem opportunistischen Verhalten definitionsgemäß problemlos gewechselt werden. Dies gilt unabhängig von der Häufigkeit, mit der die Transaktion durchgeführt wird. Die Transaktionshäufigkeit nimmt damit neben bzw. in Kombination mit der Spezifität Einfluß auf die Vertragswahl.[5]

Schließlich bleibt die *Unsicherheit* als dritte, auf die Gestaltung der Vertragsbeziehung Einfluß nehmende Dimension. Je geringer das Ausmaß an Unsicherheit, desto einfacher kann potentiellen Streitfällen durch vorbeugende Vertragsformulierungen in klassischen Verträgen begegnet werden. Ein geringes Maß an

---

1 Vgl. zur Definition der Quasirente Abschnitt 5.3.3.

2 Die opportunistische Aneignung der Quasirente ist als hold up schon eingeführt worden. Vgl. Abschnitt 5.3.3.

3 Vgl. dazu KLEIN/ CRAWFORD/ ALCHIAN (1978), S. 297 ff.

4 Dies ist in Abschnitt 4.5.4 bereits erläutert worden.

5 Vgl. dazu WILLIAMSON (1985), S. 60 f.

Unsicherheit wird auch durch ein eindeutiges Vertragsrecht und im Vorfeld berechenbare Gerichtsentscheidungen begünstigt. Wenn gleichzeitig die Spezifität relativ gering ist, ist zudem ein Wechsel des Transaktionspartners ohne größere Schwierigkeiten möglich. Relationale Verträge werden hingegen mehr und mehr erforderlich, wenn eine vorausschauende Berücksichtigung der relevanten Eventualitäten aufgrund größerer Unsicherheit nicht möglich, dies aber in hohem Maße wünschenswert ist, weil aufgrund größerer Spezifität eine Quasirente gefährdet ist. Der Versuch, die unsichere, spezifische Beziehung dennoch in ein klassisches Vertragskonstrukt zu zwängen, wäre mit relativ höheren Transaktionskosten verbunden, weil zum einen die Vertragsformulierung selbst komplex[1] würde und im Fall der vorprogrammierten Abweichungen die Kosten von Neuverhandlungen anfielen.[2]

Der Einfluß der Dimensionen der Transaktionen ist hinsichtlich der Transaktionskosten von Bedeutung. Welche Bedeutung besitzen nun die Produktionskosten für die Wahl eines effizienten Arrangements?[3] Ein größerer Integrationsgrad kann - wie soeben beschrieben - in bestimmten Fällen mit Vorteilen hinsichtlich der Höhe von Transaktionskosten verbunden sein. Mit zunehmender Integration von Transaktionen steigt jedoch auch die Möglichkeit, durch stärkere Bürokratisierung Produktionskostennachteile zu erleiden: Mit zunehmender Abkehr von marktlicher Koordination von Transaktionen ist gleichzeitig ein zunehmender Verzicht auf die Anreizwirkung des Wettbewerbs in Märkten und den vorteilhaften Wirkungen marktlicher Koordination verbunden.[4] Daneben bietet der Markt Anbietern von Leistungen die Möglichkeit, Nachfrage zu aggregieren und damit Skalen- und Verbundvorteile zu erzielen. Auf diese Möglichkeit muß der Anbieter verzichten, wenn er exklusive Beziehungen zu bestimmten Nachfragern hält. Die Orientierung hin zu stärker relationalen Verträgen ist dann angezeigt, wenn die soeben beschriebenen Produktionskostennachteile durch mögliche Transaktionskostenvorteile aufgewogen werden.

---

1 Komplexe Vertragsformulierungen führen für Individuen mit begrenzter Rationalität sogar zu unendlich hohen Transaktionskosten, wenn sie nicht mehr zu überschauen sind.

2 Vgl. dazu PICOT/ DIETL (1993), S. 317 f.

3 Vgl. zu folgen Aussagen WILLIAMSON (1985), S. 90 ff.

4 Vgl. zu den positiven Wirkungen von Märkten bzw. des Wettbewerbs z.B. Abschnitt 4.2.

BONUS stellt neben der Spezifität die Plastizität und Positionierung von Produktionsfaktoren heraus. Der erfolgreiche Einsatz eines plastischen Produktionsfaktors setzt einen breiten Ermessensspielraum voraus.[1] Plastische Produktionsfaktoren sind durch Außenstehende schlecht zu kontrollieren. Ihr effizienter Einsatz ist nicht formalisierbar und kann deshalb im Vertragsinhalt kaum abgesichert werden, so daß der Vertragsumgebung, d.h. der institutionellen Einbindung des Faktors, besondere Beachtung zu schenken ist, um illegitime Transaktionen durch hidden actions zu verhindern.[2] Plastische Produktionsfaktoren können unter punktuelle Anreize, Sammelanreize oder einer Mischung aus beidem gestellt werden. *Punktueller Anreiz* meint, daß eine Person für ein angebotenes Gut oder eine angebotene Leistung einzeln entlohnt wird - je nach Erfolg.[3] *Sammelanreize* werden hingegen erzeugt, wenn die Höhe der Entlohnung des Anbieters nicht von seiner Leistung im Einzelfall, sondern von seiner durchschnittlichen Leistung über einen längeren Zeitraum abhängt.[4] Die Anreizsysteme gehen einher mit unterschiedlichen institutionellen Arrangements. Punktuelle Anreize sind beispielsweise in Märkten gegeben, während die Realisation von Sammelanreizen einer Integration des Produktionsfaktors in das Firmengefüge bedarf; die Mischung aus beiden ist an eine Mischung beider Organisationsformen gebunden, der hybriden Organisation.[5] Die punktuellen Anreize in Märkten basieren auf der Schließung von klassischen Verträgen, während die Integration in die Firmenhierarchie bzw. die Mischung aus Markt und Hierarchie durch relationale Verträge realisiert wird.

Die Art der anzustrebenden institutionellen Einbettung des plastischen Produktionsfaktors ist abhängig von seiner Positionierung. Ein Faktor besitzt eine zentrale Position, wenn die Qualität des Outputs nicht separierbar ist von der Qualität des Faktorinputs. Eine Druckerei ist für den Herausgeber einer Tageszeitung ein zentraler Produktionsfaktor, weil die Qualität der Tageszeitung davon ab-

---

1 Vgl. zum Begriff der Plastizität auch die Ausführungen in Abschnitt 5.3.3.

2 Die Inputqualität nicht-plastischer Produktionsfaktoren läßt sich hingegen mittels geeigneter Überwachungsmaßnahmen oder Outputkontrollen unabhängig von deren institutionellen Einbindung wirksam überprüfen.

3 Vgl. BONUS (1987a), S. 22.

4 Vgl. BONUS (1986), S. 330.

5 Vgl. dazu BONUS (1986), S. 330 ff., und zum Begriff der hybriden Organisationsform auch BONUS (1987a) , S. 31.

hängt, ob sie rechtzeitig in gewünschter Qualität gedruckt und den Lesern zum Kauf angeboten bzw. zugestellt werden kann.[1] Die Leistung peripher positionierter Produktionsfaktoren läßt sich hingegen von der Outputqualität trennen. Im Gegensatz zur Druckerei einer Tageszeitung ist die Druckerei eines Buchverlages kein zentral positionierter Faktor: Der Buchverlag hat in der Regel ausreichend Zeit, schlechte Druckergebnisse seines Produktionsfaktors „Druckerei" zurückzuweisen und unter Umständen einen alternativen Leistungsanbieter zu suchen, bevor er sein Produkt auf den Markt bringt. Die Druckerei des Buchverlages ist als Produktionsfaktor peripher positioniert, da die Qualität ihrer Leistung von der Qualität der Bücher des Verlages separierbar ist.[2]

Bei plastischen Produktionsfaktoren empfehlen sich punktuelle Anreize des Marktes bei peripherer Positionierung. Da die Leistung jener Faktoren vom Output separiert werden kann, ist der Wettbewerbsdruck des Marktes „ungefährlich". Denn obwohl die Verwendung des plastischen Faktors definitionsgemäß zahlreich und vielschichtig möglich ist, würde der Leistungsanbieter nur sich selbst schädigen, wenn er der Gelegenheit des moral hazard erliegt und eine schlechtere Leistung erbringt: Der Käufer kann annahmegemäß die Qualität vom Output trennen, schlechte Leistungen zurückweisen und sich schadlos halten. Ein Anreiz zum Fehlverhalten besteht also nicht, wohl aber der Anreiz, sich mit guter Leistung im Wettbewerb zu behaupten. Im Fall zentral positionierter, plastischer Produktionsfaktoren ist hingegen die hierarchische Integration des Faktors von Vorteil: Die dann mögliche Entlohnung der Leistung auf der Basis von Sammelanreizen schafft den Anreiz, dauerhaft einwandfreie Qualität des Faktors einzubringen.[3] Trotz der vorteilhaften Entlohnung mittels Sammelanreiz kann die Kombination mit punktuellen Leistungsanreizen wünschenswert und möglich sein.

Ein Versicherungsmakler hat beispielsweise keinen Einfluß auf die Qualität der Versicherung, die er anbietet. Jene wird allein von der Versicherungsgesell-

---

1 Die Investition in die Geschäftsbeziehung zu einer Druckerei besitzt für die Tageszeitung eine relativ hohe Quasirente, das Ausmaß an Spezifität ist relativ groß.

2 Vgl. BONUS (1987a), S. 29 f.

3 Dies gilt unter der Annahme, daß die Qualität des plastischen Produktionsfaktors zwar im Einzelfall nicht kontrollierbar ist, auf lange Sicht der dauerhafte Einsatz geringer Qualität jedoch auffällt.

schaft konzipiert. Schlechte Verkaufsergebnisse schaden nur ihm selbst. Der Versicherungsmakler arbeitet normalerweise an der Peripherie der Versicherungsgesellschaft. Nimmt er jedoch durch falsches Auftreten oder Unzuverlässigkeit schlechten Einfluß auf die Reputation der Versicherung, weil der Versicherte eine saubere Trennung zwischen Produkt und Makler nicht vornimmt, rückt der Makler in zentrale Position. Eine Versicherung mag aus ihm deshalb einen Vertreter machen wollen, der in die Firmenhierarchie integriert und bestimmten Weisungen und Verhaltensnormen unterworfen ist. Die Versicherung zahlt dem Vertreter ein Fixum als Sammelanreiz, läßt ihn aber gleichzeitig auf Provisionsbasis weiter arbeiten, damit der wirkungsvolle punktuelle Leistungsanreiz des Marktes zumindest teilweise erhalten bleibt. Auf diese Weise entstehen hybride Organisationen der Zusammenarbeit von Versicherung und Vertretern, welche die Vorteile von punktuellen und Sammelanreizen gleichzeitig nutzen.[1]

Zusammenfassend gilt: Die Entscheidung zwischen Markt, Kooperation oder Hierarchie wird durch eine Reihe von Transaktionseigenschaften beeinflußt. Die wiedergegebenen Aussagen können für die Frage des Relationalitätsgrades von Verträgen bei asymmetrischer Informationsverteilung von Bedeutung sein, weil der klassische Vertrag an marktliche und der relationale Vertrag an hierarchische oder kooperative Ordnungen gebunden ist. Bei der Gestaltung von Verträgen wird man angesichts von Informationsasymmetrien bei der Wahl des Relationalitätsgrades auf Eigenschaften der Transaktion achtgeben müssen bzw. wollen, wenn die Verträge als ein kostengünstiges institutionelles Arrangement für die prekäre Beziehung der Transaktionspartner gelten sollen.

Als nächstes sollen spezielle Mechanismen vorgestellt werden, die außerhalb des klassischen Vertragsverhältnisses für die Durchsetzung von Vertragsvereinbarungen sorgen können. Je relationaler ein Vertrag, desto bedeutender ist die Konstruktion solcher Sicherungsmechanismen.

---

1 Vgl. BONUS (1987a), S. 26 ff.

5.4.3.3 Gestaltungshinweise für relationale Verträge

Verträge sollen Zusicherungen glaubhaft machen.[1] Diesbezüglich hat in *relationalen* Verträgen wieder die Vertrauenswürdigkeit des besser informierten Vertragspartners Einzug gehalten.[2] Zur Glaubwürdigkeit der Zusicherung einer Waren- oder Dienstleistung können in relationalen Verträgen auch bestimmte Sicherungsmechanismen beitragen, die dafür sorgen, daß sich die Verträge selbst durchsetzen.[3] Die Sicherungsmechanismen sollen die Bedeutung des Vertrauens in den Transaktionspartner zugunsten des Vertrauens in die Wirksamkeit der Vertragsgestaltung zurückdrängen. Sie können explizit im Vertragstext festgeschrieben, aber auch implizit in den Vertragsumständen verankert sein. Sie sind prinzipiell so gestaltet, daß sie vertragswidriges oder nicht in der Intention des Vertrags liegendes Verhalten verteuern. Die Transaktionspartner erhalten (finanzielle) Anreize, die Zusicherung einzuhalten. Alle Sicherungsmechanismen streben prinzipiell die Vergegenwärtigung von Umständen an, die nach dem Vertragsschluß auftreten,[4] und tragen damit zur Simulation von discreteness bei, die in klassischen Verträgen für deren Durchsetzbarkeit steht.[5]

Der klassische Vertrag könnte beispielsweise als ein vollkommener sich selbst durchsetzender Vertrag interpretiert werden: Zu den Charakteristiken des klassischen Vertrages gehörte, daß die Einhaltung der in ihm niedergelegten Vereinbarungen aufgrund der Vollständigkeit, insbesondere des zuverlässigen Funktionierens der Institutionen des Rechtssystems, mühelos von Gerichten garantiert wird. Vertrauen muß der schlechter informierte Vertragspartner nur noch auf die Wirksamkeit der Institution des klassischen Vertrages.[6] Die Mög-

---

1 In Abschnitt 5.4.1 wurde die Gestaltung von Verträgen als eine Möglichkeit der glaubhaften Zusicherung vorgestellt.

2 Die Glaubhaftigkeit von Zusicherungen einer vertrauenswürdigen Person wurde in Abschnitt 5.4.1 ff. beschrieben.

3 Der Ansatz sich selbst durchsetzender Verträge geht zurück auf TELSER (1980).

4 Vgl. dazu KRONMAN (1985), S. 13, der einen bestimmten Sicherungsmechanismus als ein Instrument beschreibt „for achieving a simultaneity that would otherwise be unattainable." Das Instrument „acts as a bridge between two temporally distant moments of performance and brings them into artificial union with one another".

5 Vgl. zum Begriff der discreteness und zur Vergegenwärtigung Abschnitt 5.4.3.1.

6 Siehe Abschnitt 5.4.3.1.

lichkeit, sämtliche möglichen Streitfälle effektiv vor Gerichten zu bereinigen, ist der Sicherungsmechanismus, der die institutionelle Bedeutung des Vertrages stützt. Ein solche Garantie der Vertragserfüllung existiert bei Verträgen mit größerem Relationalitätsgrad immer weniger, denn mit steigendem Relationalitätsgrad von Verträgen nimmt aufgrund zunehmender Unvollständigkeit die Möglichkeit des sichernden Einflusses außenstehender Dritter ab. In extremen relationalen Verträgen werden Streitigkeiten sogar ausschließlich zwischen den Vertragspartnern ausgetragen.

In einer solchen Situation ist es verständlich, daß die Vertragsteilnehmer nach Mechanismen suchen, die Konfliktpotentiale vermeiden helfen und auf diese Weise für die Durchsetzung einer aufgrund der definitionsgemäßen Unvollständigkeit relationaler Verträge in ihrer konkreten Ausgestaltung nicht festliegenden Vertragsidee sorgen. Dies spart für beide Seiten nachvertragliche Transaktionskosten.

Verträge wurden als Institutionen, also als sanktionsbewehrte gesellschaftliche Regeln, dargestellt.[1] Maßgeblich für diese Einschätzung ist die Vorstellung, daß beispielsweise ein funktionierendes Vertragsrecht zuverlässig für die Sanktionierung des Vertragsbruchs sorgt. Vor dem Hintergrund der Relationalität von Verträgen, welche die Möglichkeit der Anwendung des bestehenden Vertragsrechts von vornherein einschränkt, würde die institutionelle Wirksamkeit dieser Verträge beeinträchtigt, wenn nicht alternative Sicherungsmechanismen für die Durchsetzung der Verträge bzw. die Sanktionierung des Vertragsbruchs sorgen würden. Die Analyse von Verträgen auf ihr Potential zur Selbstdurchsetzung hin bedeutet also die Überprüfung des institutionellen Charakters jener Verträge: Verträge, für deren Durchsetzung von vornherein keine Sicherungsmechanismen vorgesehen sind, können definitionsgemäß nicht mehr als Institutionen bezeichnet werden, weil sie keine sanktionsbewehrten Regeln mehr darstellen.

Schauen wir uns nun Beispiele für Vertragsinhalte bzw. -umstände an, welche die Durchsetzung von Verträgen mit relationalem Charakter forcieren. Die Beispiele werden sich an den drei unterschiedlichen Formen asymmetrischer Informationsverteilung orientieren.

1 Siehe die Definition der Institution in Abschnitt 4.5.1.

Beginnen wir mit dem Fall der *hidden characteristics*, genauer: mit dem Fall des Tausches eines Erfahrungsgutes[1]. KLEIN und LEFFLER zeigen, daß ein über dem Marktpreis liegender Preis[2] in Verbindung mit einer spezifischen Investition eine *glaubhafte Zusicherung* eines Anbieters über die Qualität seiner angebotenen Leistung bedeuten kann.[3] Ihre Überlegungen sind die folgenden:[4] Für den Anbieter eines Erfahrungsgutes eröffnet sich die Möglichkeit, seinem Kunden ein Gut von schlechterer als der vereinbarten Qualität zu übergeben, weil jener die Minderleistung erst nach Ge- oder Verbrauch des Gutes feststellen wird. Dieser Sachverhalt ist schon als illegitime Transaktion ausführlicher beschrieben worden.[5] Es sei angenommen, daß der Anbieter nach einem solchen Betrug zukünftige Kunden verliert, weil die Konsumenten Informationen über die Erfahrungen mit einem Anbieter kostenlos verbreiten können. Das opportunistische Verhalten lohnt sich für den Anbieter dann nur, wenn der Mehrertrag, den er erzielt, weil er das Gut schlechter Qualität mit entsprechend geringeren Herstellungskosten einmalig zum Preis eines Gutes versprochener Qualität verkauft, höher ist als der abdiskontierte Gewinn aus den wiederholten Verkäufen des Gutes versprochener Qualität an zufriedene Kunden.[6] Die Differenz der beiden Gewinnmöglichkeiten fällt um so eher zugunsten des ehrlichen Verkaufs der versprochenen Qualität aus, je größer der abdiskontierte Gewinn ist. Vor diesem Hintergrund wird die Bedeutung einer Preisprämie sichtbar. Preisprämie meint hier, daß der Anbieter einen höheren als den Marktpreis für ein Gut versprochener Qualität und damit eine Prämie erzielen kann. Bei der beschriebenen asymmetrischen Informationsverteilung hinsichtlich der Qualität eines Gutes kann also eine solche Preisprämie von den Nachfragern als Signal verstanden werden, daß eine Leistung von versprochener, aber erst nach dem Ge- oder Verbrauch beobachtbarer Qualität geliefert wird.

---

1 Siehe dazu die Beschreibung von Gutsqualitäten in Abschnitt 2.8.

2 Der Preis ist Vertragsinhalt.

3 Vgl. KLEIN/ LEFFLER (1981) und KLEIN (1980), S. 358.

4 Vgl. im folgenden KLEIN/ LEFFLER (1981).

5 Siehe Abschnitt 5.3.3.

6 Vgl. KLEIN (1980), S. 358.

Allerdings weisen KLEIN und LEFFLER gleichzeitig darauf hin, daß sich die Preisprämie bei konkurrierenden Anbietern kaum auf Dauer halten wird:[1] Wenn der Preis hoch genug ist, um ein bestimmtes Qualitätsniveau zu garantieren, erhalten zusätzliche Anbieter gleichzeitig den Anreiz, in den Markt einzutreten - mit der Folge, daß die Angebotsmenge die nachgefragte Menge übersteigt. Eine Preissenkung zum Ausgleich des Ungleichgewichts kommt nur bedingt in Frage, weil die Konsumenten sich nur bei einem Mindestpreis von der guten Qualität überzeugen lassen werden. Dabei wird davon ausgegangen, daß die Konsumenten wissen, daß für einen niedrigeren Preis nur die schlechtere Qualität zu erhalten ist, weil das oben beschriebene Kalkül des Anbieters bei geringerem Preis stets zugunsten der einmaligen Quasirente ausfallen würde. Neu in den Markt kommende Anbieter können nur einen Marktanteil gewinnen, wenn sie mit ihren Konkurrenten in anderen Bereichen als dem Preis in Wettbewerb treten. Die alternativen Wettbewerbsparameter müssen dergestalt sein, daß sie den durch die Preisprämie erwirtschafteten Gewinn mindern bzw. vollständig auflösen. Dies ist nach KLEIN und LEFFLER ausschließlich mittels spezifischer Investitionen möglich.[2] Solche Investitionen dienen nun aber gleichzeitig als Handfesseln[3], deren Funktion weiter unten noch genauer beschrieben werden wird. Die Handfesseln sorgen als Sicherungsmechanismus für die Glaubwürdigkeit der Zusicherung, vereinbarte Qualität zu liefern. Beispielsweise können die Anbieter in die Reputation ihrer Firma investieren.[4] Die Investition würde entwertet, wenn der Anbieter einmalig schlechte Qualität liefert und seine Kunden annahmegemäß verliert.

Die Wirkung des bisher beschriebenen Konstruktes einer glaubhaften Zusicherung kann ebenfalls von spezifischen Investitionen in Produktionsanlagen er-

---

1 Vgl. KLEIN/ LEFFLER (1981), S. 625 f.

2 Vgl. KLEIN/ LEFFLER (1981), S. 626.

3 KLEIN und LEFFLER nennen solche Investitionen Geiseln. Nach der differenzierteren Bezeichnungsweise von KRONMAN, der hier gefolgt wird, würden sie allerdings als Handfesseln gelten. Vgl. dazu KLEIN/ LEFFLER (1981), S. 630, KRONMAN (1985), S. 12 ff., und die noch folgenden Ausführungen in diesem Abschnitt.

4 Derartige Investitionen sind spezifisch, weil sie im Fall der Geschäftsaufgabe verloren gehen. Die Geschäftsaufgabe droht jedem Anbieter, wenn er ein Gut von schlechterer als der versprochenen Qualität übergibt und annahmegemäß in Folgeperioden auf Kunden verzichten muß.

zielt werden. Diese Variante ist sogar grundsätzlich mit einem geringeren Preis des Gutes verbunden. Denn die Preisprämie für höhere Qualität und die Investition in die Reputation bedeuten höhere Preise. Könnte die Glaubwürdigkeit der Zusicherung auf andere Weise vermittelt werden, müßte der Preis des Gutes keine Preisprämie mehr enthalten, und auch die Investition in die Reputation könnte entfallen. Die Quasirente der Investition in spezifisches Produktivvermögen[1], die dem Anbieter verbleibt, wenn er die Leistung in vereinbarter Qualität liefert, könnte die glaubhafte Zusicherung, die der Anbieter vormals über den höheren Preis und die Investition in die Reputation äußerte, ersetzen, niedrigere Preise erlauben und dennoch glaubhafte Bindungen des Anbieters anzeigen. Sie fungiert wiederum als Handfessel.[2]

Als nächstes sollen Möglichkeiten der Milderung negativer Folgen asymmetrischer Informationsverteilung für die zweite Variante asymmetrischer Informationsverteilung, der *hidden actions*[3] vorgestellt werden. Der principal kann die Handlungen, die der agent zur Vertragserfüllung unternimmt, ex post nicht beobachten oder beurteilen. Insbesondere bleibt ihm verborgen, ob das Ergebnis der Handlungen besser ausgefallen wäre, hätte sich der agent im Interesse des principal mehr angestrengt.[4] Der agent ist aus der Sicht des principal ein plastischer Faktor[5]. Zudem kann nicht von der Qualität des Input direkt auf die Qualität des Output geschlossen werden, weil letzterer auch von anderen Einflußfaktoren abhängt. Die Qualität des Input ist von Außenstehenden folglich schwer kontrollierbar. Dem agent bieten sich mehrere *legitime* Möglichkeiten, den Leistungsanpruch des principal zu erfüllen, ohne daß letzterer Einsicht in die Angemessenheit der Möglichkeiten hätte. Der agent kann sich somit auch den Interessen des principal entgegengesetzt verhalten. Bei hiddens action ist die

---

1 Dabei wird unterstellt, daß die Investition in spezifisches Produktivvermögen mindestens so rentabel ist wie entsprechende nicht-spezifische Investitionen.

2 Vgl. KLEIN/ LEFFLER (1981), S. 628. Möglicherweise ist die Investition in spezifisches Produktivvermögen sogar mit größerer Rentabilität verbunden und bewirkt am Ende ebenfalls ein Sinken des Preises.

3 Siehe dazu auch Abschnitt 5.3.3.

4 Vgl. dazu z.B. auch LEVINTHAL (1988), S. 157 f.

5 Siehe zur Plastizität Abschnitt 5.3.3.

zentrale Frage des principal, wie er den agent veranlassen kann, sich beim Erbringen der vereinbarten Leistung Mühe zu geben.[1]

Der principal hat die Möglichkeit, sich abzusichern, indem er mittels der Entlohnung der Leistung des agent Leistungsanreize implementiert. Wie solche Entlohnungsformen *prinzipiell* aussehen können und von welchen Faktoren ihre Vorteilhaftigkeit abhängen kann, ist im Zusammenhang mit der Entscheidung über den Relationalitätsgrad eines Vertrages schon erwähnt worden: Punktuelle *Anreize* mittels klassischer Vertragsformen in Märkten bei peripheren positionierten Faktoren, Sammel*anreize* bzw. eine Mischung aus punktuellen und Sammelanreizen mittels relationalen Vertragsformen bei zentraler Position von Faktoren.[2] Läßt sich der agent auf ein mit Leistungsanreizen versehenen Vertrag ein, signalisiert er glaubhaft, daß er hidden actions unterlassen wird, weil davon ausgegangen werden kann, daß er die daraus resultierenden Verluste vermeiden will. Genauere Angaben zur vertraglichen Ausgestaltung der Leistungsanreize sollen in diesem Zusammenhang nicht erfolgen.[3] Die Kenntnis

---

1 Vgl. dazu VARIAN (1991), S. 576.

2 Siehe Abschnitt 5.4.3.2.

3 Vgl. dazu z.B. DIENER (1990), der sogar speziell die Verträge zwischen Krankenversicherungen und Kliniken analysiert. In Anreizmodellen wird zunächst regelmäßig auch die Möglichkeit bedacht, den Anreiz zum moral-hazard-Verhalten durch entsprechende Kontroll*information* zu mindern, um den Freiraum für das unerwünschte Verhalten des agent von vornherein klein zu halten. Der principal besitzt dann neben den oben erwähnten Informationen über das Leistungsergebnis weitere Informationen. Gelingt es, die Handlungen des agent zu überwachen, könnte der principal so gewonnene Kontrollinformation einsetzen, um auf den agent Druck auszuüben. Dieses „monitoring" könnte beispielsweise in der Arzt-Patienten-Beziehung im Einholen einer zweiten ärztlichen Meinung bestehen. Dabei kann es sogar ausreichend sein, wenn das Befragen eines weiteren Experten lediglich angedroht wird. Vgl. dazu die Untersuchung von ROCHAIX (1989). MOONEY/ RYAN (1993) zusammen mit SHAVELL (1978) geben folgenden Zusammenhang zu bedenken: Der Erfolg bestimmter medizinischer Leistungen hängt nicht unwesentlich von der allgemeinen gesundheitlichen Konstitution und den Selbstheilungskräften des Patienten ab. Das Scheitern einer Behandlung muß nicht an der mangelnden Sorgfalt des Arztes liegen, sondern kann in Umständen begründet sein, auf die der Arzt keinen Einfluß hat bzw. hatte. Vgl. dazu auch BLOMQVIST (1991), S. 411, und die Ausführungen in Abschnitt 3.8. Würde der Arzt vor diesem Hintergrund erfolgsabhängig entlohnt, würde er je nach Art der Entlohnung dieses von ihm nicht zu vertretende Mißerfolgsrisiko (mit-) tragen müssen. Ist er Risiko-avers, wird er dazu möglicherweise nicht bereit sein. Das Ausmaß der erfolgsabhängigen Entlohnung muß also ein gutes

der genauen vertraglichen Ausgestaltung der Leistungsanreize ist für die von der Verfasserin angestrebten Aussagen nicht erforderlich.

Es bleiben die Sicherungsmechanismen für den Fall der *hidden intentions*[1]. Wenn einer Person die Absicht ihres Vertragspartners unbekannt ist, läuft sie Gefahr, daß der Transaktionspartner die Informationsasymmetrie zu seinen Gunsten ausnutzt und sich von bestimmten Vertragspflichten ungestraft fernhält. Dies ist für die Person besonders nachteilig, wenn sie zu Beginn der Transaktionsbeziehung spezifisch investiert hat und mithin ein Scheitern der Beziehung für sie mit Kosten verbunden ist. Mit steigender Gefahr eines solchen hold up[2], sinkt die Wahrscheinlichkeit, daß die Transaktion überhaupt noch zustande kommt, obwohl sie für beide Seiten von Vorteil wäre.[3]

Es sollen drei verschiedene Sicherungsmechanismen kurz vorgestellt werden:[4] (1) hostages, (2) collaterals und (3) hands-tying[5]. Sie stellen Unterpfänder dar, die nicht nur die Transaktionsbeziehung stabilisieren, sondern auch deren Effizienz erhöhen, weil sie Investitionen, die aufgrund ihrer Spezifität produktivitätssteigernd wirken, vor opportunistischer Ausbeutung schützen.[6]

Der schlechter informierte Transaktionspartner kann die Übergabe einer *hostage* bzw. Geisel fordern, die er so lange behält, bis der Vertrag ordnungsgemäß erfüllt ist. Als Geisel kann jede beliebige Sache dienen, die ausschließlich für den Geiselgeber von Wert ist.[7] KRONMAN verdeutlicht seine Ausführungen an-

---

Mittelmaß von Anreizintensität und (Risikoallokations-) Effizienz einer Lösung finden. Beide Akteure müßten einen Teil des Risikos tragen.

1 Vgl. hierzu im folgenden KRONMAN (1985).

2 Siehe zum Begriff des hold up ebenso die Ausführungen in Abschnitt 5.3.3.

3 Vgl. KRONMAN (1985), S. 10.

4 Vgl. hierzu KRONMAN (1985), insbesondere S. 12 ff.

5 WILLIAMSON (1983), S. 519, verwendet das Bild des Händebindens um eine bestimmte Form der glaubhaften Zusicherung zu beschreiben, bei der „one party can realize an advantage in relation to a rival by credibly „tieing ones hands“. Handfesseln sind weiter oben schon kurz eingeführt worden.

6 Vgl. WILLIAMSON (1983), S. 538.

7 WILLIAMSON verdeutlicht dies am Beispiel einer „ugly princess“. Unter der Annahme, daß eine häßliche Königstochter für einen Geiselnehmer keinen Wert besitzt, kann sie

hand eines Beispiels:[1] Angenommen Bauer A möchte ein Pferd gegen ein Kalb des Bauern B tauschen, das allerdings erst noch geboren werden muß, und hat zugestimmt, das Pferd schon unmittelbar nach der Tauschvereinbarung, also vor der Geburt des Kalbes zu übergeben. Mit der Übergabe des Pferdes hat Bauer A spezifisch in die Tauschbeziehung investiert. Er hat sich in der Erwartung eines Kalbes als Gegenleistung exklusiv auf einen einzigen Tauschpartner eingelassen. Das ungeborene Kalb ist aus der Sicht des Bauern A ein großer Teil der Quasirente dieser Investition, die Gefahr läuft, durch Bauer B enteignet zu werden: Jenem könnte es im Extremfall gelingen, sowohl das Pferd als auch das Kalb zu behalten, um sich damit die gesamte Quasirente anzueignen.[2] Und selbst für den Fall, daß der vormalige Pferdbesitzer nach dem Scheitern der Vertragsbeziehung sein Pferd zurückerhält, erleidet er einen Nutzenverlust bzw. Verlust an Quasirente. Er verliert immernoch den Mehrertrag der Transaktionsbeziehung: Bauer A muß die Kosten der Suche nach einer alternativen Tauschmöglichkeit tragen, die zudem schlechter sein wird als die ursprüngliche, wäre sie reibungslos verlaufen. Ihm dürfte also dringend an einer Erfüllung des Vertrages gelegen sein.

Erhält der Bauer A beispielsweise einen Tiegel als Geisel, der sich seit längerem im Familienbesitz des Kalbbesitzers befindet, wohlgemerkt aber noch keine wertvolle Antiquität darstellt, also ausschließlich für jene Familie von Wert ist, kann er drohen, die erhaltene Geisel zu zerstören, für den Fall, daß er das Kalb nicht übergeben bekommt, und auf diese Weise auf seinen Vertragspartner Druck ausüben, sich vertragsgerecht zu verhalten. Auf den ersten Blick scheint das ursprüngliche Problem damit gelöst: Das Vertrauen in den Vertragspartner scheint überflüssig. Vertrauen braucht Bauer A nur noch in die Wirksamkeit des zugrundeliegenden Vertragskonstrukts aufzubringen. Die Notwendigkeit jenes Systemvertrauens entpuppt sich jedoch wieder als Notwendigkeit des Vertrauens in den Vertragspartner. Eine Geisel ist - wie oben festgelegt - nur für den Geiselgeber von Wert. Der Geiselnehmer kann aber nicht wissen, wie wertvoll die Geisel für sein Gegenüber tatsächlich ist. Es besteht die Möglichkeit, daß

---

dennoch als Geisel fungieren, wenn der König sie genauso liebt wie eine hübsche Tochter. Vgl. dazu WILLIAMSON (1983), S. 526 f. und WILLIAMSON (1985), S. 177.

1 Vgl. im folgenden KRONMAN (1985), S. 12 ff.

2 Vgl. zu dieser Sichtweise auch BONUS (1995a). S. 10.

der Geiselgeber eine nicht existente Wertschätzung vortäuscht und die Absicherung der Transaktion damit de facto nicht erfolgt ist. Der Geiselnehmer kann bei der Übernahme der Geisel wiederum nur darauf *vertrauen*, daß der Geiselgeber ihn nicht betrügt.

Zudem liegt in der Tatsache, daß eine Geisel nur für den Geiselgeber von Wert ist, ein weiteres Problem begründet. Ein Geiselnehmer droht die Geisel zu zerstören, wenn der Vertrag nicht erfüllt wird. Er zerstört eine Sache, die für ihn wertlos ist. Dies weiß der Geiselgeber natürlich und könnte versuchen, den Geiselnehmer zur Herausgabe der Geisel zu bewegen, wenn er als Gegenleistung das betreffende Abkommen teilweise erfüllt. Eine teilweise Vertragserfüllung dürfte für den Geiselnehmer immer noch vorteilhafter sein als die Zerstörung einer wertlosen Sache. Dennoch trägt er den Schaden, der aus dem sich ergebenden und durch den Geiselgeber opportunistisch ausgenutzten Verhandlungsspielraum resultiert. Die Notwendigkeit des Vertrauens in eine Person sollte durch die Geiselnahme und das Systemvertrauen in das so gestaltete Vertragskonstrukt gemildert bzw. umgangen werden. Für das Funktionieren des Systems ist aber das Vertrauen in die Person offenbar immer noch unabdingbar. Schauen wir uns deshalb weitere Formen von Sicherungsmechnismen an.

Das Geiselmodell kann erweitert und in die Übergabe einer *collateral* bzw. Sicherungsleistung übergehen.[1] Die Beschreibung von Sicherheitsleistungen kann kürzer gefaßt werden, weil sie der Beschreibung von Geiseln sehr ähnlich wäre. Zur Geisel gibt es lediglich einen Unterschied: Eine Sicherheitsleistung ist eine Geisel, die auch für den Empfänger von Wert ist. Beispielsweise könnte Bauer B dem Bauern A einen goldenen Pokal als Sicherheitsleistung übergeben. Der Empfänger einer Sicherheitsleistung wird zur vollständigen Absicherung des Versprechens seines Vertragspartners die Übergabe einer Sache fordern, die für ihn genauso wertvoll ist wie die Erfüllung der versprochenen, noch ausstehenden Leistung. Leistet der Vertragspartner nicht, ist der Empfänger durch den dann dauerhaften Besitz der als Sicherheitsleistung übergebenen Sache automatisch entschädigt. Allerdings taucht in diesem Fall das oben für die Geisel beschriebene Opportunismusproblem in ähnlicher Weise wieder auf. Jetzt kann Bauer A den goldenen Pokal, der für Bauer B mehr wert ist als das ungeborene

---

1 Vgl. im folgenden KRONMAN (1985), S. 15 ff.

Kalb,[1] dazu nutzen, eine höhere Leistung zu verlangen als nur die Übergabe des Kalbes. Die anfänglich für Bauer A bestehende Furcht vor Übervorteilung ist zwar behoben. Nun muß allerdings Bauer B opportunistisches Verhalten seines Vertragspartners fürchten. Der Sicherheitsleistende wird also kaum zu einer vollständigen Sicherung bereit sein. Eine Sicherheitsleistung in geringer Höhe - ein Messingpokal beispielsweise - eröffnet aber wiederum dem Sicherheitsleistenden die Möglichkeit, sich wie oben opportunistisch zu verhalten. Der Druck, den Bauer B auf Bauer A ausüben könnte, wäre sogar gestiegen. Die Drohung des Bauern A, die Geisel zu zerstören, ist diesbezüglich schon wenig wirksam gewesen. Noch weniger wirksam ist die Drohung, einen Gegenstand zu zerstören, der für ihn selbst sogar wertvoll ist. Im schlechtesten Fall führen Sicherheitsleistungen damit zu einem transaktionskostenträchtigen Kräftemessen der beiden Vertragspartner. Entweder hat der eine Partner eine ausreichende Sicherheitsleistung, die den anderen in die Gefahr der Übervorteilung bringt, oder er akzeptiert eine geringere Sicherheitsleistung und setzt sich damit dem Risiko des opportunistischen Verhaltens seines Gegenübers aus, wie es für die Geiselnahme charakteristisch ist. Einigen sich beide Vertragspartner auf eine Variante, bleibt für den schlechter Informierten wiederum nur das Vertrauen auf das Wohlverhalten des anderen.

Auch das *hands-tying* bzw. Händebinden[2] will eine Zusicherung glaubhafter machen, indem es dafür sorgt, daß ein Vertragsbruch für den Vertragsbrechenden kostenträchtig wird. Das Anlegen von Handschellen ist ebenfalls vergleichbar mit der Übergabe einer Geisel: In beiden Fällen nimmt der besser informierte Vertragspartner eine Handlung vor, die Vertragstreue signalisieren soll. Im Gegensatz zur Geisel verlangen die Handschellen jedoch nicht, daß der nach einem Vertragsbruch benachteiligte Transaktionspartner tätig wird, damit die Kosten des Vertragsbruchs für den Vertragsbrüchigen spürbar werden. Sind die

---

1 Dies ergibt sich aus folgenden Überlegungen: Der Pokal ist für Bauer A als vollständige Sicherheitsleistung genauso viel wert wie das Kalb. Für Bauer B wird der Pokal wenigstens einen genauso großen Wert besitzen wie für Bauer A, weil andernfalls der Tausch des Pokals von Vorteil wäre und Bauer B den Pokal mit großer Wahrscheinlichkeit schon an Bauer A für eine angemessene Gegenleistung getauscht hätte. Also muß der Pokal Bauer B auch mehr wert sein als das Kalb, das er mit Bauer A gegen ein Pferd tauscht. Vgl. KRONMAN (1985), S. 16 f.

2 Vgl. im folgenden KRONMAN (1985), S. 18 ff.

Handschellen einmal angelegt, bestrafen sie den Übeltäter ohne Zutun des Benachteiligten automatisch.[1]

Das eigene Interesse am Erhalt einer einmal aufgebauten Reputation wirkt beispielsweise als Handfessel.[2] Für das Beispiel würde dies bedeuten, daß Bauer B öffentlich erklärt hat, das Kalb unverzüglich nach seiner Geburt zu liefen. Gleichzeitig genießt er die Reputation eines vertragstreuen Partners; die möchte er nicht verlieren, weil das Ansehen, das er genießt, Vertragsabschlüsse erleichtert: Seine Vertragspartner sind weniger mißtrauisch; man einigt sich problemloser.[3] Bricht Bauer B sein Versprechen und weigert sich, das Kalb herauszugeben, verliert er automatisch seine Reputation als ehrlicher Vertragspartner. Bauer A muß dazu nicht tätig werden. Wenn überhaupt, muß er lediglich die Information über das vertragsbrüchige Verhalten des Bauern B verbreiten.

KRONMAN verdeutlicht die Wirkung von Handfesseln an einem weiteren Beispiel. Angenommen Bauer A tauscht sein Pferd nicht gegen ein ungeborenes Kalb, sondern Bauer B soll für den Erhalt des Pferdes für Bauer A einen Anzug schneidern. Die Hände könnten Bauer B gebunden sein, wenn er vor der Übergabe des Pferdes aus dem Stoff den Anzug zuschneidet. Würde er jetzt seine Zusage brechen und den Anzug nicht anfertigen und an Bauer A liefern, hätte er zumindest die höheren Kosten zu tragen, die anfallen, um den Stoff für andere Zwecke als das Nähen des Maßanzugs für Bauer A zu verwenden. Bauer B hat durch seine Handlung das Signal gesetzt, daß er im Fall des Vertragsbruchs höhere Kosten tragen will, weil er zunächst nicht die versteckte Absicht hat, den Vertrag zu brechen. Die Kosten fallen im Zeitpunkt der verweigerten Vertragserfüllung an, ohne daß Bauer A tätig werden müßte.

Im Fall des hands-tying wird das Vertauen in den Vertragspartner tatsächlich durch das Vertrauen auf die Wirksamkeit der speziellen Vertragsgestaltung ersetzt. Führt der Vertragsbruch tatsächlich zur gesellschaftlichen Ausgrenzung bzw. zum Verlust an Reputation? Ähnliches gilt für das Beispiel der spezifi-

1 „... hands-tying schemes are designed in such a way that the promisor's punishment is self-executing.“ KRONMAN (1985), S. 18.

2 Vgl. zur Absicherung vertraglicher Versprechen durch Reputation auch TIROLE (1995), S. 79 f., und KREPS (1990), S. 100 ff, und siehe auch weiter oben die Ausführungen im Fall der hidden characteristics.

3 Auf diese Weise spart Bauer B Transaktionskosten.

schen Investition in Form des Stoffzuschnitts. Sie schützt im Zweifel nicht davor, daß der Transaktionspartner sein Versprechen dennoch ignoriert, weil der Nutzen des Vertragsbruchs dessen Kosten aufwiegt. Sind die Kosten also hoch genug? Das hands-tying ist damit eine relativ zuverlässige Form der Absicherung, die das notwendige Vertrauen in den Vertragspartner begrenzt.

Kommen wir damit zur letzten Möglichkeit, die negativen Folgen von Informationsasymmetrien zu mildern: Information.

5.4.4 Information

5.4.4.1 Möglichkeiten der Informierung

Die Asymmetrie der Informationsverteilung ist das Übel, das die Möglichkeit zu illegitimen Transaktionen eröffnet. Die Bereitstellung von Informationen für die schlechter informierte Seite zur Minderung oder möglicherweise sogar zur Beseitigung der Informationsasymmetrie ist deshalb schon als eine naheliegende „Therapie" angedeutet worden. Sie soll nun genauer vorgestellt werden.

Grundsätzlich gibt es zwei Möglichkeiten, Informationsasymmetrien durch Informierung zu mildern oder zu beseitigen: Die schlechter informierte Marktseite versucht, zusätzlich Informationen zu gewinnen und/ oder die besser informierte Marktseite bemüht sich, Informationen zu verbreiten.[1] Ersteres wird in der Literatur „screening", letzteres „signaling" genannt.[2] Signale sollten grundsätzlich so geartet und bemessen sein, daß Anbieter schlechter Qualität und/ oder mit schlechten Absichten aufgrund der Kosten des signaling auf das Signalisieren verzichten, während Anbieter guter Qualität und/ oder mit guten Absichten trotz der Kosten signaling betreiben.[3] Ob eine Maßnahme der Informierung als screening oder signaling klassifiziert wird, ist häufig eine Frage der jeweiligen Sichtweise.

---

1 Vgl. FRITSCH/ WEIN/ EWERS (1996), S. 219.

2 Vgl. KAAS (1990), S. 541, der die Begriffe auf STIGLITZ (1974) und SPENCE (1976) zurückführt. KAAS nennt das „screening" auch Informationsbeschaffung, das „signaling" Informationsübertragung. Vgl. KAAS (1991), S. 357.

3 Vgl. dazu SPREMANN (1990), S. 580.

Die gewonnenen oder übermittelten Informationen sind in Abhängigkeit von der Art der Informationsasymmetrie, auf die sie zielen, von unterschiedlicher Tragweite. Im Fall der hidden characteristics können sie verborgene Eigenschaften des Transaktionsgegenstandes aufdecken. Im Fall der hidden actions oder hidden intentions können sie Aufschluß über relevante Eigenschaften bzw. Umstände des Transaktionspartners bzw. der Transaktion geben.

Vertrauensdeterminanten oder bestimmte vertragliche Sicherungsmechanismen können für die schlechter informierte Person auch als wichtige Information interpretiert und dargestellt werden. Die Information ist sogar Voraussetzung dafür, daß beispielsweise die Reputation als positive Erfahrung mit einem Tauschpartner überhaupt zur Vertrauensdeterminante werden oder als Form des hands-tying eine glaubhafte Bindung untermauern kann. Es sollte deshalb nicht verwundern, daß bei der Beschreibung von Möglichkeiten der Informierung die zuvor beschriebenen „Therapierungsmöglichkeiten" wieder auftauchen.

Schauen wir uns exemplarisch einige Möglichkeiten der Informierung an. Der Preis ist ein wichtiges Signal eines Gutes. Er trägt wichtige Informationen. Es ist darauf hingewiesen worden, daß der Preis das Ausmaß der Knappheit signalisiert.[1] Unter Berücksichtigung des Phänomens der Informationsasymmetrie kommt eine weitere Signalfunktion des Preises hinzu: Die Nachfrager können den Preis als Qualitätsindikator verwenden und ihn zur Aufdeckung von hidden characteristics nutzen.[2] Denn bei hidden characteristics kann die Existenz eines über dem Konkurrenzpreis[3] liegenden Preises unter bestimmten Umständen für den Käufer ein Zeichen für Qualität darstellen. Die Umstände, die den höheren Preis als weiteres Signal begleiten können, sind die in Abschnitt 5.4.3.3 beschriebenen Handfesseln in Form von spezifischen Investitionen in die Reputation. Sie erhöhen die Transaktionskosten[4] des Anbieters für den Fall, daß er die Abnehmer seiner Güter über die Qualität der Güter täuscht: Er würde die Quasi-

---

1 Siehe Abschnitt 4.2.

2 Vgl. dazu SHAPIRO (1983), S. 533, der u.a. den Preis als Indiz für Qualität auflistet.

3 Der Konkurrenzpreis eines Gutes mit einer bestimmten Qualität soll dessen minimalen durchschnittlichen Produktionskosten entsprechen. „... the competitive price ... for alternative quality levels ist given by the minimum average production costs for each level of quality ... ." KLEIN/ LEFFLER (1981), S. 619.

4 Dies sind hier die Anpassungskosten an die veränderte (Vertrags-) Situation.

rente der Investitionen verlieren. Da der Käufer den Konkurrenzpreis des Gutes der vorliegenden Qualität nicht kennt, weiß er nicht, ob der hohe Preis nicht vielleicht nur aufgrund ineffizienter Produktion des Gutes zustande gekommen ist. Die augenscheinlichen Investitionen in die Reputation mildern Bedenken jener Art. Sie erlauben die Schlußfolgerung, daß der höhere Preis Prämie für die tatsächliche Qualität in versprochener Höhe ist. Der Preis zusammen mit den Handfesseln erfüllt also einerseits eine wichtige *screening*-Funktion.[1] Andererseits *signalisieren* Anbieter mit der Forderung eines gewissen Preises und den beschriebenen Investitionen, daß sie eine bestimmte Qualität zu bieten haben. Preis und Handfesseln könnten somit auch als ein Instrument des signaling aufgefaßt werden.

Als ein weitere Möglichkeit der Informierung soll die Werbung genannt werden:[2] Ein Anbieter kann sich und sein Produkt potentiellen Kunden mittels Werbung vorstellen.[3] Dies ist die informative Wirkung der Werbung. Daneben kann auch schon der Werbeumfang allein als Qualitätssignal fungieren, wenn Werbeaufwand und Qualität des angebotenen Produktes positiv korreliert sind,[4] weil der Werbeaufwand als mögliche Form der Investition in die Reputation die schon beschriebene Möglichkeit des hands-tying darstellt.[5]

Reputation ist bisher als vertrauensfördernd[6] und als Handfessel beschrieben worden.[7] Grundsätzlich ermöglicht Reputation aber auch die Verbreitung von Informationen. Der Aufbau einer guten Reputation kann von der besser informierten Marktseite bewußt initiiert werden, um über die gute Qualität im Fall der hidden characteristics, über das vertragsgerechte Verhalten im Fall der hid-

---

1 Vgl. dazu SHAPIRO (1983), S. 533, der den Preis als wichtiges Qualitätssignal auflistet, und auch die screening-Funktion der Segmentierung von Märkten bei MEYER (1990), S. 117 f.

2 Vgl. dazu UNGERN-STERNBERG/ WEIZSÄCKER (1981), S. 618 ff., welche die Rolle der Werbung als signaling-Instrument untersuchen.

3 Vgl. MEYER (1990), S. 109.

4 Vgl. dazu VON UNGERN-STERNBERG/ VON WEIZSÄCKER (1981) und NELSON (1974).

5 Vgl. zur Bedeutung der Werbung als Qualitätssignal auch SHAPIRO (1983), S. 533, und dazu auch NELSON (1974).

6 Siehe Abschnitt 5.4.2.3.

7 Siehe Abschnitt 5.4.3.3.

den actions oder über die vertragskonforme Absicht im Fall der hidden intentions zu *informieren*. Die Reputation eines Transaktionspartners kann sich auf seine Ehrlichkeit und Offenheit beziehen, mit der er gewöhnlich seine Fähigkeiten, Stärken und Schwächen darstellt. Die Gefahr eines moral hazard-Verhalten bei hidden actions kann die schlechter informierte Person besser einschätzen, wenn sie die Information besitzt, daß der agent den guten Ruf genießt, fleißig und sorgfältig zu sein. Das gleiche gilt für die Einschätzung der Bedrohung durch einen hold up im Fall der hidden intentions, wenn der agent dafür bekannt ist, daß er sich stets fair und entgegenkommend verhält.[1]

Das Einräumen eines Garantieversprechens oder Schadenfreiheitsrabattes ist ebenfalls ein Signal dafür, daß der Anbieter die suggerierte Qualität anbietet, weil er sie offensichtlich anbieten *will*. Zur Verringerung des Informationsgefälles trägt auch bei, wenn sich der agent selbst oder die von ihm angebotenen Güter ex ante einer freiwilligen oder gesetzlich vorgeschriebenen Prüfung unterzieht. Die Prüfungsergebnisse signalisieren dem principal in Form von Zeugnissen, Gütesiegeln etc. relevante Eigenschaften des Transaktionsgegenstandes oder -partners.[2]

Differenzierte Vertragsangebote können die Vertragspartner veranlassen, (unbewußt) hidden characteristics, hidden actions oder eine hidden intentions anzuzeigen: Der principal gestaltet eine Entscheidungssituation, mit der er den agent konfrontiert, in der Weise, daß er aus der von seinem agent getroffenen Wahl die Qualität des vom agent angebotenen Gutes ablesen kann bzw. jener sie offenlegen muß.[3] Als Beispiel wird dazu regelmäßig der Versicherungsmarkt angeführt:[4] Versicherer, die Policen mit unterschiedlichen Selbstbehalten anbieten, können auf diese Weise eine hidden characteristic - die Risikoeinstellung der zu Versichernden - ergründen: Versicherungsnehmer, die ihre eigene Schadenswahrscheinlichkeit hoch einschätzen, werden Verträge mit niedrigem

---

1 Vgl. dazu SPREMANN (1990), S. 578.

2 Vgl. PICOT/ DIETL (1993), S. 321. Garantieversprechen oder Schadenfreiheitsrabatte sind Vertragsbestandteil, also institutionalisiert. Zeugnisse und Gütesiegel sind Institutionen. Die Institutionen würden auch als Determinante von Vertrauen eine Rolle spielen. Siehe Abschnitt 5.4.2.2.

3 Vgl. SPREMANN (1990), S. 578.

4 Vgl. dazu FRITSCH/ WEIN/ EWERS (1996), S. 223 f.

Selbstbehalt bevorzugen, während solche mit niedrigerer Schadenswahrscheinlichkeit zu Verträgen mit höherem Selbstbehalt tendieren werden, weil jene kostengünstiger sind. Die offenbarte Risikoeinstellung mindert die Gefahr der adverse selection auf dem Versicherungsmarkt, die eintreten würde, wenn die Versicherer den Versicherten weniger genau kennen, von einer durchschnittlichen Schadenswahrscheinlichkeit ausgehen und unter dieser Annahme den Preis der Versicherung kalkulieren würden. Personen mit geringerer als der durchschnittlichen Schadenswahrscheinlichkeit würden die Versicherung nicht nachfragen, die von der Versicherung beobachtete durchschnittliche Schadenswahrscheinlichkeit würde steigen und damit den Prozeß der Negativauslese in Gang setzen.

Differenzierte Vertragsangebote können auch die Informationsasymmetrien hinsichtlich hidden action oder hidden intention mindern. Dies funktioniert im Beispiel des Versicherungsmarktes folgendermaßen: Durch die Verträge mit Selbstbehalt wird die Gefahr des moral hazard gesenkt. Für den Versicherten ist der Anreiz, ein vereinbartes Sorgfaltsniveau unbemerkt zu unterschreiten, geringer. Er signalisiert mit der Wahl eines Vertrages mit Selbstbehalt, daß er vorhat, sich vertragsgerecht zu verhalten.[1]

Kommen wir nach der exemplarischen Auflistung diverser Informationsmöglichkeiten nun zu den Grenzen der Informierung. Im nächsten Abschnitt sollen verschiedene Grenzen aufgelistet werden.

5.4.4.2 Grenzen der Informierung

Informationen stehen in dem beschriebenen Zusammenhang mit Vertrauen und Verträgen:[2] Über die angesprochenen Vertrauensdeterminanten und Sicherungsmechanismen muß man *informiert* sein, wenn sie wirken sollen. Ein Zusammenhang von Information, Vertrauen und Verträgen kann jedoch ebenso in umgekehrter Richtung bestehen und die erste Grenze der Informierung verdeutlichen. Auch Informationen müssen *glaubwürdig* sein. Informationen, denen man nicht glauben kann, sind für den schlechter informierten Transaktionspartner von nur geringem Wert.

---

1 Vgl. dazu FRITSCH/ WEIN/ EWERS (1996), S. 224.

2 Siehe Abschnitt 5.4.4.1.

In Abschnitt 4.7.2 ist der Begriff der begrenzten Rationalität eingeführt worden. Er steht für die Tatsache, daß die menschliche Aufnahme- und Verarbeitungskapazität von Informationen endlich ist. Auch wenn prinzipiell alle zur Behebung einer Informationsasymmetrie relevanten Informationen generiert und der schlechter informierten Marktseite zur Verfügung gestellt werden können, bedeutet dies nicht, daß die betreffende Person gewillt und in der Lage ist, die Informationen auch tatsächlich zu nutzen. Jene können beispielsweise zu schwer verständlich oder zu umfangreich sein, als daß die Person sie überhaupt nutzen kann und will. Die Aufnahme und Verarbeitung von Informationen ist für die Person so aufwendig, daß sie von vornherein davon absieht oder absehen muß. Die Kosten der Information sind für die Person im Vergleich zu den Nutzen zu hoch.[1] Die begrenzte Rationalität des Individuums kann außerdem opportunistisch ausgenutzt werden: Der besser informierte Transaktionspartner könnte versuchen, sein Gegenüber mit gezielten Informationen zu täuschen - in der begründeten Hoffnung, daß das Individuum den Betrug nicht erkennt.

Information wird kaum zu einer vollständigen Informiertheit führen.[2] Glaubhafte Zusicherungen, die durch die Informierung als „Therapieform" der Informationsasymmetrie prinzipiell substituiert werden könnten,[3] werden nicht überflüssig werden. Nehmen wir das Beispiel des Vertrauens und der hidden characteristics. Informationen, die vorgeben, hidden characteristics vollständig offenzulegen, würden das Vertrauen auf das Versprechen, der Transaktionsgegenstand werde die relevanten Eigenschaften besitzen, überflüssig machen. Das Grundübel - die Informationsasymmetrie - wäre beseitigt. Vertrauen in den Transaktionspartner scheint hinsichtlich der hidden characteristics des angebo-

---

1 Individuen können nicht nur hinsichtlich des Transaktionsobjekts und der relevanten Transaktionsumstände in Unkenntnis sein, sondern sie können auch den Nutzen eines Gutes falsch einschätzen unabhängig davon, wie gut sie über das Gut informiert sind. Im Extremfall besitzen sie sogar vollständige Information und schätzen den Nutzen dennoch falsch ein. Vgl. dazu FRITSCH/ WEIN/ EWERS (1996), S. 227 ff. Überlegungen dazu sind im Zusammenhang mit der Krankenhausleistung als meritorisches Gut schon aufgetaucht. Siehe Abschnitt 3.9. Sie gehören damit in einen Problembereich, der hier nicht berücksichtigt wird.

2 Dies ergibt sich aus der Annahme von Unsicherheit, die unter anderem auch in begrenzter Rationalität bestehen kann. Siehe dazu Abschnitt 4.5.2.

3 Wenn jemand über alles informiert wäre, bräuchte er keine glaubhaften Zusicherungen mehr.

tenen Gutes nicht mehr notwendig. Eine vormals schlechter informierte Person ist nach der Informierung in der Regel jedoch nicht allwissend. In einem gewissen Ausmaß wird die Person möglicherweise darauf vertrauen müssen, daß die erhaltenen Informationen vollständig und richtig sind, wenn sie selbst deren Richtigkeit nicht prüfen kann. Die Notwendigkeit von Vertrauen wird durch Information nicht vollständig beseitigt.

Der Versuch, als schlechter informierte Marktseite Informationen über die besser informierte Marktgegenseite einzuholen, kann sich problematisch gestalten, wenn der besser informierte Transaktionspartner die Möglichkeit hat, wichtige Informationen gezielt und unbemerkt geheimzuhalten.[1] Vor diesem Hintergrund kann es sinnvoll sein, bestimmte Verhaltensweisen der besser informierten Marktseite einfach vorzuschreiben. Gedacht sei an staatlich vorgeschriebene Informationspflichten oder Qualitäts- und Sicherheitsstandards.[2] In beiden Fällen wird die Geheimhaltung wichtiger Informationen verhindert und damit das oben beschriebene Problem gemildert.

Die Beschaffung von Informationen kann für den einzelnen Marktteilnehmer mit größeren Schwierigkeiten verbunden sein, wenn zur Beurteilung bestimmter Eigenschaften Spezialkenntnisse oder eine spezielle Ausstattung erforderlich sind.[3] In einem solchen Fall könnten spezialisierte Dritte die notwendigen Informationen sammeln und für den betreffenden Marktakteur in geeigneter Weise zur Verfügung stellen, oder spezielle Vorschriften könnten dafür sorgen, daß die Information bereitgestellt würde.[4] Voraussetzung für die Wirksamkeit dieser Problemlösung ist allerdings die korrekte Informierung durch den Dritten.

Die Bereitstellung von Informationen durch Dritte kann ein weiteres, im Zusammenhang mit der Informationssuche der weniger informierten Marktseite auftretendes Problem lösen: Informationen können als Gut einen hohen Öffentlichkeitsgrad[5] besitzen.[6] Mehrere Personen können das Gut gleichzeitig nutzen,

---

1 Vgl. im folgenden insbesondere FRITSCH/ WEIN/ EWERS (1996), S. 220.

2 MEYER (1990), S. 111 f., nennt beides als Lösungsmöglichkeiten bei asymmetrischer Information.

3 Vgl. FRITSCH/ WEIN/ EWERS (1996), S. 220.

4 Vgl. FRITSCH/ WEIN/ EWERS (1996), S. 220 f.

5 Siehe zum Öffentlichkeitsgrad von Gütern die Ausführungen in Abschnitt 3.7.

ohne dabei zu rivalisieren. Wenn die Institutionen, welche die Bereitstellung des Gutes regeln, es nicht vorsehen, das Gut exklusiv denjenigen zur Verfügung zu stellen, die auch für seine Nutzung zahlen, gerät das Gefüge in ein Gefangenendilemma: Wenn beispielsweise ein Sachverständiger die Qualität eines Krankenhauses prüft und seine Informationen entgeltlich anbietet, muß er damit rechnen, daß seine Kunden die gekauften Informationen an andere weitergeben, ohne daß Zahlungen an ihn fließen. Eine solche Situation voraussehend, wird kein Sachverständiger mehr bereit sein, Krankenhäuser über das eigene Interesse hinaus zu prüfen, weil er im Zweifel damit rechnen muß, seine Anstrengung nicht vergütet zu bekommen.[1] In dieser Situation kann es angezeigt sein, den Mangel durch institutionelle Änderungen zu beheben. Eine solche Änderung wäre die *institutionalisierte bzw. organisierte* Bereitstellung von Informationen durch Dritte, die kollektiv von tatsächlichen und potentiellen Nutzern zu finanzieren wären. Gedacht sei beispielsweise an Auskunfteien (Organisationen) oder Zertifikate (Institutionen). In diesem Zusammenhang ist auch die Institution der staatlichen Zulassungsbefähigung von Interesse,[2] die schließlich nichts anderes als ein Zertifikat über eine bestimmte Berufsbefähigung darstellt. „Organisierte bzw. institutionalsierte Information“ hat ebenfalls schon als Vertrauensdeterminante eine Rolle gespielt.[3] Hier zeigt sie sich als Instrument der Behebung von sich möglicherweise bei der Informierung von Marktteilnehmern formierenden Gefangenendilemmata.

5.4.5 Bedeutung des Wettbewerbs

In den vorangegangenen Abschnitten sind *verschiedenste* Möglichkeiten vorgestellt worden, wie die mit asymmetrischer Informationsverteilung entstehenden Probleme gelöst werden können. Es existiert eine Reihe von Möglichkeiten, die Individuen vor mit Informationsasymmetrien verbundenen illegitimen Transaktionen schützen. Individuen können sogar *selbst* Maßnahmen ergreifen,

---

6 Vgl. dazu MEYER (1990), S. 110, der sich auf PROSI (1984), S. 74, beruft.

1 Dieses Beispiel bezogen auf die Qualität von Ärzten konstruieren FRITSCH/ WEIN/ EWERS. Vgl. FRITSCH/ WEIN/ EWERS (1996), S. 220 f.

2 Ein hier passendes Beispiel ist die Approbation eines Arztes. Vgl. dazu auch MEYER (1990), S. 112.

3 Siehe Abschnitt 5.4.2.2.

um die Kosten der gesellschaftlich erwünschten Transaktion zu senken bzw. die Kosten der gesellschaftlich unerwünschten Transaktion zu erhöhen.

Allerdings sind jene Maßnahmen nicht ohne *Kosten*. Die Beschreibung von Vertrauensdeterminanten läßt beispielsweise erahnen, daß der Aufbau von Vertrauen nicht kostenlos sein wird. Der für den Aufbau von Vertrauen notwendigerweise zu betreibende Aufwand ist mehr oder minder (transaktions-) kostenträchtig. Im Fall mangelnden Vertrauens einer schlechter informierten Person sind die Kosten für den besser informierten Transaktionspartner scheinbar sogar unendlich hoch. Zudem können im Fall des Vertrauensbruchs immer noch möglicherweise extrem hohe Anpassungskosten an die veränderte Situation entstehen. In ähnlicher Weise fallen bei der Gestaltung von Verträgen und der Bereitstellung von Informationen Kosten an.

Bestimmte wünschenswerte Maßnahmen bedürfen gegebenenfalls *staatlicher Unterstützung*: Die Schaffung eines geeigneten und funktionstüchtigen Rechtssystems sowie leistungsfähiger Gerichte, die Festlegung von Informationspflichten oder die Bereitstellung bestimmter Informationen sind als potentielle Betätigungsfelder des Staates genannt worden.[1]

Wie sieht nun eine gute, möglichst die beste Form der Milderung negativer Folgen von Informationsasymmetrien aus und wie kommt sie zustande? Oder anders ausgedrückt: Wie werden erwünschte Transaktionen ausreichend billig, unerwünschte ausreichend teuer? Im Zusammenhang mit der Auswahl der Therapie sollen die Vorzüge des Wettbewerbs als eines Mechanismus zum Treffen von Entscheidungen über die Verwendung knapper Güter in Erinnerung gerufen werden.[2] Individuelle Entscheidungen über Verwendung knapper Güter zur Befriedigung eigener Bedürfnisse sorgen unter funktionsfähigem Wettbewerb für den effizienten Einsatz der Güter, weil sie Informationsvorteile, die nur der Wettbewerb bietet, nutzen: Im Wettbewerb wird das Ausmaß der Knappheit von Gütern bestimmt und signalisiert. Dabei werden Tatsachen entdeckt, die ohne Wettbewerb unbekannt bleiben oder zumindest nicht genutzt werden würden.

---

1 Siehe dazu die Abschnitte 5.4.3.1 und 5.4.4.2.

2 Siehe dazu die ausführlicheren Überlegungen in Abschnitt 4.2.

Bei der Suche nach der effizienten Verwendung knapper Güter spielen neben den Nutzen auch die Kosten einer Verwendungsalternative eine Rolle. Entscheidungen, die in funktionsfähigem Wettbewerb zustandegekommen sind, optimieren das Verhältnis von Kosten und Nutzen.[1] Zu den Kosten zählen ausdrücklich auch die Transaktionskosten, die mit einer Alternative verbunden sind. Wettbewerbliche Entscheidungen über die Verwendung knapper Güter würden folglich die für die effiziente Verwendung der Güter erforderliche „Therapie“ von Informationsasymmetrien implizieren. Eine gute, annahmegemäß sogar beste Möglichkeit zur Auswahl und Realisierung der „Therapie“ ist somit funktionsfähiger Wettbewerb.

Allerdings haben die Ausführungen im vierten Kapitel verdeutlicht, daß die Funktionsfähigkeit des Wettbewerbs von den institutionellen Rahmenbedingungen abhängt, in denen er stattfindet. Nicht in jedem Markt werden effiziente Entscheidungen getroffen. Entscheidungen über die effiziente Verwendung knapper Güter, also auch die Auswahlprozesse der „Therapie“, können gestört sein. Leider haben die Ausführungen auch klargestellt, daß die richtigen Rahmenbedingungen nicht bekannt sind. Die richtige Größe der Freiheitsspielräume der Marktteilnehmer bei funktionsfähigem Wettbewerb liegt nicht fest.[2] Funktionsfähiger Wettbewerb findet in unterschiedlichsten Rahmenbedingungen statt.[3] Gezielte Änderungen der Rahmenbedingungen sollten ausgehend von einer plausibel begründbaren Mangelsituation mittels legitimierbarer, geeigneter, erforderlicher und verhältnismäßiger Maßnahmen vorgenommen werden, die zu einer schrittweisen Verbesserung beitragen. Dabei sind die Gegebenheiten zu berücksichtigen.[4] Auf diese Weise ist gewährleistet, daß einerseits auf die Leistungsfähigkeit des Entscheidungsverfahrens „Wettbewerb in Märkten“ zum Auffinden effizienter Güterverwendungen und Rahmenbedingungen nicht zu früh verzichtet wird. Andererseits soll der Tatsache ausreichend Rechnung getragen werden, daß bestimmte Elemente der Rahmenbedingungen unter Umständen eben nicht im Wettbewerb „von alleine“ entstehen, sondern ihre Entstehung „Katalysatoren“ benötigt.

---

1 Siehe Abschnitt 4.2.

2 Siehe dazu Abschnitt 4.4 ff.

3 Siehe dazu Abschnitt 4.4.

4 Dies haben die Überlegungen in Abschnitt 4.5.4 ergeben.

Würden mit Informationsasymmetrien behaftete Geschäfte unter Wettbewerb getätigt werden müssen, ist nicht zu befürchten, daß der schlechter informierte Transaktionspartner in jedem Fall durch illegitime Transaktionen seines Gegenübers geschädigt würde. Eine Reihe von Möglichkeiten helfen, mit der Bedrohung durch illegitime Transaktionen des jeweils besser informierten Partners umzugehen. Skepsis gegenüber der Leistungsfähigkeit marktwirtschaftlicher Elemente kann sogar die Entwicklung der erforderlichen „Therapie" hemmen. Wettbewerb dient der Entscheidungsfindung und -koordinierung sowie der Milderung der negativen Folgen von Informationsasymmetrien *gleichzeitig*. Im Wettbewerb könnten sich effiziente Ergebnisse entwickeln, und für den Fall, daß unerwünschte Resultate entstehen oder zu entstehen drohen, ist die Mäßigung wettbewerblicher Entscheidungen dann noch früh genug. Die Maßnahmen, die in einer solchen Situation zu ergreifen wären, sollten Wettbewerb stets nur so weit wie nötig einschränken und staatliches Engagement nur so weit wie nötig zulassen,[1] deshalb erst in begründeten Mangelsituationen ergriffen und nach der in Abschnitt 4.5.4 beschriebenen Vorgehensweise gefunden werden.

5.5 Bedeutung von Informationsasymmetrien für den Wettbewerb unter Krankenhäusern

In Abschnitt 5.3.3 sind für das Krankenhauswesen Formen asymmetrischer Informationsverteilung und deren Folgen beschrieben worden. Dabei ging es um die Darstellung *grundsätzlich* möglicher Ausprägungen von hidden characteristics, hidden actions und hidden intentions und den damit verbundenen, *grundsätzlich* möglichen illegitimen Transaktionen. Ungeklärt ist bisher geblieben, welche Bedeutung Informationsasymmetrien im Krankenhauswesen - insbesondere auch vor dem Hintergrund der Existenz der „Therapierungsmöglichkeiten" - für die Funktionsfähigkeit des Wettbewerbs *tatsächlich* besitzen.

Schon bei der Beschreibung der unterschiedlichen Formen asymmetrischer Informationsverteilung sollte deutlich geworden sein, daß Informationsasymmetrien keinesfalls nur im Krankenhauswesen auftreten. Im Gegenteil! Das Problem der hidden intentions ist beispielsweise mit jeder Art von Transaktion ver-

---

1 Vgl. dazu GROSSEKETTLER (1992), der die ähnlich lautende Handlungsempfehlung KARL SCHILLERS ordnungspolitisch interpretiert.

bunden, sobald der Transaktion spezifische Investitionen vorausgegangen und die zugrundeliegenden vertraglichen Abmachungen durch ein gewisses Maß an Unvollständigkeit gekennzeichnet sind. Das Problem des moral hazard ist prinzipiell mit allen Dienstleistungen verbunden, solange der Nachfrager die Vertragsmäßigkeit der Handlungen des Anbieters nicht beobachten bzw. beurteilen kann. Hidden characteristics können den Kauf vieler Güter begleiten. Wie beschrieben[1] offenbart sich das verfaulte Gehäuse eines Apfels möglicherweise erst, wenn der Apfel schon gekauft worden ist und verzehrt werden soll.

In vielen Märkten dürften Nachfrager also prinzipiell mit denselben Problemen konfrontiert sein wie Patienten im Krankenhauswesen, ohne daß die Funktionsfähigkeit jener Märkte bezweifelt wird. Im deutschen Gesundheitswesen gilt der einzelne Bürger jedoch als unmündig.[2] Nehmen wir das Beispiel der Dienstleistungen eines Hotels.[3] Die Leistungen eines Hotels tragen ähnlich wie bestimmte nicht-medizinische Krankenhaussekundärleistungen Spuren von Such-, Erfahrungs- und Vertrauensgütern. Ein Hotel kann einer Hotelkette angehören oder in einem Hotelführer in bestimmter Weise bewertet worden sein, den damit üblicherweise verbundenen Service bieten und somit wesentliche Eigenschaften eines Suchgutes besitzen. Ein Hotel kann Spuren eines Erfahrungsgutes tragen, wenn der Hotelgast erst nach Inanspruchnahme erster Leistungen feststellen wird, ob die Hotelleitung hält, was sie verspricht. Hinweise auf Eigenschaften eines Vertrauensgutes ergeben sich, wenn der Gast nur darauf vertrauen kann, daß beispielsweise bestimmte in der Hotelküche verwendete Nahrungsmittel die zugesagte Qualität besitzen.[4] Übertragen in die unterschiedlichen Formen der Informationsasymmetrie bedeutet dies, daß auch ein Hotelgast mit hidden characteristics konfrontiert ist. Er muß ebenso wie der Patient im Krankenhaus damit rechnen, durch hidden actions übervorteilt zu werden oder angesichts der hidden intentions des Hoteliers Nachteile aus einem unvollständigen Beherbergungsvertrag zu erleiden. Die Reputation kann für den zukünfti-

1 Siehe Abschnitt 5.2.

2 Vgl. KALTEFLEITER (1994), S. 33, dazu auch OBERENDER (1995), S. 2, und die Ausführungen in Abschnitt 2.2.

3 Den Vergleich zu einem Hotel zieht beispielsweise auch KALTEFLEITER (1994), S. 30.

4 Gedacht sei an die Herkunft des Rindfleisches oder die fehlende gentechnische Veränderung von Nahrungsmitteln.

gen Hotelgast eine wichtige Information[1], Vertrauensdeterminante[2] und/ oder Form des hands-tying[3] darstellen. Die institutionellen Rahmenbedingungen in Deutschland reichen aus, um die Erfüllung geschlossener Verträge sicherzustellen. Wohlfahrtsverluste durch dennoch nicht verhinderte illegitime Transaktionen sind nicht so groß, daß sie von der Gesellschaft als Mangelsituation empfunden werden bzw. mit geeigneten, erforderlichen und verhältnismäßigen Maßnahmen behoben werden könnten.

Die Qualität der Krankenhausleistung besitzt drei Dimensionen: Medizinische Versorgung, allgemeine Atmosphäre und materieller Komfort.[4] Über die allgemeine Atmosphäre und den materiellen Komfort können Patienten problemlos entscheiden. Haben sie die Wahl, werden sie sich in das Krankenhaus einweisen lassen, das ihnen hinsichtlich jener Kriterien am ehesten zusagt. Prinzipiell gleicht die Entscheidung der beschriebenen Auswahl eines Hotels, die schließlich auch jedem potentiellen Besucher selbst überlassen bleibt. Zum Hotelgewerbe gibt es jedoch einen wichtigen Unterschied: Die meisten Leistungen[5] werden solidarisch finanziert, wenn sie von einer gesetzlichen Krankenversicherung[6] getragen werden. Hinsichtlich der allgemeinen Atmosphäre und des materiellen Komforts können Krankenhäuser also schon längst im Wettbewerb stehen,[7] und viele Krankenhäuser haben dies auch schon erkannt. Zwei Beispiele:[8] Die Berglandklinik in Lüdenscheid bietet unentgeltlich Telefon, Fernsehen und eine kleine Hausbar in jedem der wohnlich eingerichteten Krankenzimmer an. Im Gemeinschaftskrankenhaus in Herdecke wird jedem Patienten für die gesamte Behandlungsdauer ein Pfleger zugewiesen, der für ihn ständiger Ansprechpartner und Orientierungshelfer ist. Das Krankenhaus hat „humane"

---

1 Siehe Abschnitt 5.4.4.

2 Siehe Abschnitt 5.4.2.2.

3 Siehe Abschnitt 5.4.3.3.

4 Vgl. KALTEFLEITER (1994), S. 30.

5 Vgl. dazu § 39 SGB V.

6 Die Verfasserin betrachtet in ihrer Arbeit ausschließlich gesetzliche Krankenversicherungen.

7 Die Frage wäre, ob dies in jenem Teilbereich ein funktionsfähiger Wettbewerb ist, so daß er ein effizientes Angebot hervorbringt.

8 Vgl. dazu die Fallstudien in MENZE/ DEMLING (1993), S. 75 f.

Weckzeiten, ermöglicht die problemlose Mitaufnahme von Eltern bei Einweisung eines Kindes und gefällt wegen der patientenfreundlichen architektonischen Gestaltung.

Die Reparatur eines komplizierteren technischen Gerätes weist Analogien zur Nachfrage nach medizinischen Krankenhausleistungen auf:[1] Der Eigentümer des Gerätes kann in der Regel infolge mangelnder Sachkenntnis beispielsweise die Notwendigkeit der später in Rechnung gestellten Leistungen nicht beurteilen. Er ist bei der Entscheidung über den Umfang der Nachfrage nach den Reparaturleistungen auf die Mithilfe des Anbieters angewiesen. Die Entscheidung trifft er im Vertrauen darauf, daß der Anbieter ihm nur zu den wirklich notwendigen Leistungen rät. Die Begriffe Such-, Erfahrungs- und Vertrauensgut bzw. hidden characteristics, actions und intentions könnten hier entsprechend zur Anwendung kommen. Eine marktwirtschaftliche Lenkung des Angebots solcher Reparaturleistungen steht außer Frage. Es werden Kostenvoranschläge erstellt, von denen der Anbieter nur in bestimmten Ausnahmefällen abweichen darf. Verbraucherorganisationen stehen dem Kunden dort zu Seite, weil sie im Nachhinein Umfang und Qualität der Leistungen unabhängig überprüfen oder auf andere Weise Hilfestellung leisten können. Beides liefert dem Individuum bedeutende Informationen. In vergleichbarer Situation befindet sich ein Patient bei der Nachfrage nach medizinischen Krankenhausleistungen. Die Verfasserin möchte nicht behaupten, daß das Preis-Leistungsverhältnis der medizinischen Krankenhausleistung so einfach zu beurteilen wäre wie das der Reparatur des komplizierten technischen Gerätes. Die Unterstützung, die das Individuum bei der Entscheidung braucht, wird eine andere sein müssen. Das gleiche gilt für die institutionellen Rahmenbedingungen, die Transaktionen im Krankenhauswesen umgeben müßten.

Die Existenz von Informationsasymmetrien kann als Begründung also nicht ausreichen, um der Funktionsfähigkeit des Wettbewerbs im Krankenhauswesen von vornherein weniger Vertrauen entgegenzubringen als in anderen, in glei-

---

1 METZE weist darauf hin, daß der Patient Gesundheitsleistungen häufig ebensowenig beurteilen kann wie ein Kunde die Reparatur eines komplizierten technischen Gerätes. Anlaß für staatliche Eingriffe werde dort jedoch nicht gesehen. Vgl. zum folgenden METZE (1982), S. 23.

cher Weise betroffenen Bereichen.[1] Es hat jedoch den Anschein, daß Individuen bei der Nachfrage nach medizinischen Krankenhausleistungen Beschränkungen auferlegt werden, deren Notwendigkeit zumindest hinsichtlich des Auftretens von asymmetrischer Informationsverteilung fraglich ist. Die Tatsache, daß ein Patient die medizinische Leistung nur schwer beurteilen kann, wird nach Meinung der Verfasserin zu häufig als Begründung vorgeschoben, um Patienten von Entscheidungen fernzuhalten, an denen sie sehr wohl - in entsprechenden Rahmenbedingungen - in größerem Umfang teilhaben *wollten*, weil sie dies in anderen Bereichen erfolgreich tun, und mit denen sie weiteren Wettbewerbsdruck auf Krankenhäuser ausüben würden. Was man dem Individuum in einigen Bereichen in ähnlicher Weise überläßt, traut man ihm bei Entscheidungen über die Inanspruchnahme von bestimmten Krankenhausleistungen offenbar nicht zu.[2] Man läßt vielfach nicht zu, was in anderen Bereichen als normal gilt. Eine größere Einschränkung der Entscheidungskompetenz ist in einer freiheitlich orientierten Ordnung nur dann tolerierbar, wenn sie in einer bestehenden oder mit hoher Wahrscheinlichkeit bevorstehenden Mangelsituation erforderlich in dem Sinne ist/ war, daß mit einem geringeren Eingriff in individuelle Entscheidungsmöglichkeiten das legitimierte Ziel nicht zu erreichen ist/ war oder der geringere Eingriff mit unverhältnismäßig hohen Kosten verbunden ist/ war.[3] Es ist fraglich, ob die im deutschen Krankenhauswesen bestehenden Beschränkungen dem genügen.

Informationsasymmetrien sind keine Besonderheit des Krankenhaussektors und kein plausibler Grund für die prinzipielle Ablehnung von Wettbewerb als Entscheidungsmechanismus bei der Bereitstellung von Krankenhausleistungen. Würden Individuen in Entscheidungen über die Inanspruchnahme von medizinischen Krankenhausleistungen in der Weise stärker involviert, daß sie für die Folgen der Entscheidung in größerem Ausmaß verantwortlich wären, ist nicht zu befürchten, daß sie illegitimen Transaktionen schutzlos ausgeliefert wären -

---

1 Vgl. dazu auch SACHVERSTÄNDIGENRAT ZUR BEGUTACHTUNG DER GESAMTWIRTSCHAFTLICHEN ENTWICKLUNG (1997), Ziff. 430.

2 KALTEFLEITER (1994), S. 33, pointiert diesen Sachverhalt: „Man traut dem Bürger zu, durch seine Wahlstimme zu entscheiden, wer ein Land regieren kann, man traut ihm nicht zu, zu entscheiden, wann er in Abwägung der entstehenden Kosten zum Arzt gehen muß."

3 Siehe dazu Abschnitt 4.5.4.

zumindest nicht mehr oder weniger als in anderen Bereichen, in denen die Funktionsfähigkeit des Wettbewerbs nicht grundsätzlich bezweifelt wird. Es gibt eine Reihe von Möglichkeiten, die für das Individuum die Gefahr asymmetrischer Informationsverteilung mindern können.[1] Nicht verhinderte illegitime Transaktionen müssen zudem die Wohlfahrt nicht so weit beeinträchtigen, daß eine Mangelsituation entstünde bzw. Maßnahmen gefunden werden können, die geeignet, erforderlich und verhältnismäßig wären, um die Mangelsituation zu beseitigen.

5.6 Ansätze zur Milderung der negativen Folgen asymmetrischer Informationsverteilung im deutschen Krankenhauswesen

In diesem Abschnitt soll geprüft werden, ob und in welcher Form Spuren der vorgestellten Möglichkeiten zur Milderung der negativen Folgen asymmetrischer Informationsverteilung im deutschen Krankenhauswesen erkennbar sind. Es sollen einige Beispiele vorgestellt werden.

Personen sammeln als Patienten oder Besucher eines Krankenhauses Erfahrungen mit dem Krankenhaus. Manche Krankenhäuser richten ihr gesamtes Leistungsspektrum bewußt an den Bedürfnissen jener Zielgruppen aus. Sie sehen zufriedene Patienten, deren Bekanntenkreis und Besucher als Multiplikatoren.[2] Ein solches Engagement der Krankenhäuser bedeutet gleichzeitig die „Therapierung“ von asymmetrischer Informationsverteilung: Die Erfahrungen stellen wichtige Informationen dar und können Vertrauensdeterminante sein.[3] Die Investition in den guten Ruf des Hauses kann im Zusammenhang mit Verträgen als Handfessel der Krankenhausleitung interpretiert werden.[4]

Krankenhäuser können außerdem gezielt Öffentlichkeitsarbeit und Werbung betreiben.[5] Einige Krankenhäuser unterhalten intensive Beziehungen zu regionalen und überregionalen Medien, bieten Tage der offenen Tür bzw. Führungen

1 Siehe dazu Abschnitt 5.4.

2 Vgl. MENZE/ DEMLING (1993), S. 68.

3 Siehe Abschnitt 5.4.2.2.

4 Siehe Abschnitt 5.4.3.3.

5 Vgl. dazu im folgenden z.B. MENZE/ DEMLING (1993), S. 68 ff.

durch ihre Abteilungen an. Zu Krankenkassen und einweisenden Ärzten halten sie regelmäßigen Kontakt, weil jene potentielle Nachfrager der Krankenhausleistung beeinflussen. Einige Krankenhäuser führen aus diesem Grund sogar Tagungen und Fortbildungsveranstaltungen für Krankenkassen und Ärzte durch.[1] Auch das Engagement des Krankenhauses in der Öffentlichkeitsarbeit und Werbung kann neben der informativen Wirkung im Zusammenhang mit dem Konstrukt des hands-tying Bedeutung erlangen: Investitionen in die Reputation können als Handfessel fungieren.[2] Außerdem können Personen mittels der Öffentlichkeitsarbeit und Werbung ebenfalls auf Vertrauensdeterminanten aufmerksam werden.[3]

Da viele Menschen die Richtigkeit bestimmter Informationen aufgrund des Problems der asymmetrischen Informationsverteilung nicht immer beurteilen können, sind den Möglichkeiten der Öffentlichkeitsarbeit und der Werbung jedoch Grenzen gesetzt.[4] Das Heilmittelwerbegesetz (HWG) verbietet das Ausnutzen ärztlicher Autorität und irreführende Werbung, die Arzneimitteln, Verfahren, Behandlungen, Gegenständen oder anderen Mitteln eine therapeutische Wirksamkeit oder Wirkung beilegen würde, die sie nicht haben. Verboten sind dem Gesetz gegen den unlauteren Wettbewerb (UWG) folgend Zusatzbezeichnungen mit regionalem Bezug im Namen eines Krankenhauses, die den unzutreffenden Eindruck erwecken, das einzige Haus in einem bestimmten Umkreis für die Behandlung bestimmter Krankheiten zu sein. Schließlich sorgt das ärztliche Standesrecht dafür, daß Ärzte (eines Krankenhauses) lediglich an solchen aufklärenden Veröffentlichungen medizinischen Inhalts teilhaben, die ihre Person und das Krankenhaus nicht werbend herausstellen. Ihre Mitwirkung ist auf sachliche Information begrenzt. Die Einschränkung der Werbemöglichkeit durch den Gesetzgeber trägt der Tatsache Rechnung, daß Informationen mißbraucht werden können[5] und daß ein institutioneller Rahmen zur Glaubwürdigkeit von Informationen beitragen kann.

---

1 Vgl. dazu die Fallstudien „St. Marien-Hospital, Lünen" und „Gemeinschaftskrankenhaus, Herdecke" in MENZE/ DEMLING (1993), S. 74 ff.

2 Siehe dazu Abschnitt 5.4.3.3.

3 Siehe dazu Abschnitt 5.4.2.2.

4 Vgl. MENZE/ DEMLING (1993), S. 73.

5 Siehe zu den Grenzen der Informierung Abschnitt 5.4.4.2.

Der Verband der privaten Krankenversicherungen e.V. hat sogar den Versuch unternommen, mittels Befragungen von Krankenhäusern und deren Patienten einen „Krankenhaus-Michelin“ zusammenzustellen - eine Maßnahme der gezielten Bereitstellung von Informationen.[1]

Krankenhausleistungen werden in bestimmten rechtlichen Rahmenbedingungen erbracht. Einige Beispiele:[2]

> Das SGB V schreibt vor, daß Krankenkassen, Leistungserbringer, also auch Krankenhäuser, und Versicherte, darauf zu achten haben, daß Leistungen wirksam und wirtschaftlich erbracht und nur im notwendigen Umfang in Anspruch genommen werden. Unwirtschaftliche und nicht notwendige Leistungen können Versicherte nicht beanspruchen, dürfen Leistungserbringer nicht bewirken und die Krankenkassen nicht bewilligen.[3]
>
> Krankenversicherungen sind ermächtigt, die Wirtschaftlichkeit, Leistungsfähigkeit und Qualität der Leistung durch einen einvernehmlich mit dem Krankenhausträger zu bestellenden Prüfer beurteilen zu lassen. Die Krankenhäuser sind verpflichtet, die im Zusammenhang mit der Prüfung gewünschten Auskünfte zu erteilen.[4]
>
> Die Qualität der Leistungen soll das Krankenhaus mittels der Teilnahme an Maßnahmen zur Qualitätssicherung sicherstellen. Die Maßnahmen sind so zu gestalten, daß vergleichbare Prüfungen durchgeführt werden können.[5]
>
> Ärzte dürfen in einem Krankenhaus nur arbeiten, wenn sie die Approbation besitzen.
>
> Krankenhäuser müssen ihren Patienten auf Antrag eine Aufstellung der erbrachten Leistungen und deren Kosten zukommen lassen.

---

1 Vgl. dazu o.V. (1994), S. 511 ff.

2 Siehe dazu Abschnitt 2.2.

3 Vgl. § 2 (4) und 12 SGB V.

4 Vgl. § 113 SGB V.

5 Vgl. § 137 SGB V.

Erleidet ein Patient anläßlich einer Behandlung in einem Krankenhaus einen Schaden, können sich Schadensersatzansprüche aus vertraglicher und deliktischer Haftung ergeben. Dies ist beispielsweise der Fall, wenn eine ärztliche Maßnahme nicht mit der nach dem Erkenntnisstand der medizinischen Wissenschaft gebotenen Sorgfalt ausgeführt wird und damit unsachgemäß ist. Schadensersatzansprüche können sich ebenfalls bei Untätigkeit oder Überaktivität und Aufklärungsfehlern ergeben.[1]

Rahmenbedingungen sind in Abschnitt 5.4.3.1 insbesondere hinsichtlich der institutionellen Wirksamkeit von Verträgen herausgestellt worden. Die aufgelisteten gesetzlichen Vorschriften bilden spezielle Rahmenbedingungen, welche die illegitimen Transaktionen, die ein Krankenhaus aufgrund seines Informationsvorsprungs vornehmen könnte, gezielt verhindern bzw. das Umfeld für Verträge im Krankenhauswesen bilden sollen.[2] Die Auskunfts- und Aufklärungspflicht der Krankenhäuser sowie die Approbation und Haftpflicht von Ärzten sind außerdem im Rahmen der Informierung von Bedeutung. Die Approbation mindert beispielsweise die Möglichkeit der Geheimhaltung oder falschen Darstellung von Qualifikation: Jene entspricht wenigstens einem durch die Approbation nachgewiesenem Mindestmaß. Die Auskunfts- bzw. Aufklärungspflicht der Krankenhäuser sorgt für eine eigentlich selbstverständliche Preisinformation bzw. für ein Minimum an Aufklärung. Prüfergebnisse, die bei der Wirtschaftlichkeitsprüfung erzielt werden, spielen ebenfalls als Information eine Rolle. Sie können jedoch auch als Vertrauensdeterminante relevant werden.

Krankenhäuser können sich *zertifizieren* lassen. Ein Krankenhaus, das die DIN ISO 9004 Teil 2 erfüllt, wird bestimmten Anforderungen im Qualitätsmanagement gerecht.[3] Die Weltgesundheitsorganisation (WHO) vergibt die Auszeichnung „Health Promoting Hospital". Ein derart ausgezeichnetes Krankenhaus erfüllt die von der WHO aufgestellten Richtlinien und qualifiziert sich damit als ein Krankenhaus mit einer Organisationsphilosophie, die auf den Teil (das kranke Organ) und das Ganze (den ganzen Menschen mit den zwischen-

---

1 Vgl. KELCH (1994a), S. 169 ff., und dazu auch KELCH (1994b), S. 219 ff.

2 Ob die beschriebenen Rahmenbedingungen geeignet, erforderlich und verhältnismäßig sind, müßte geprüft werden. Siehe zur Bedeutung der Prüfung auf Geeignetheit, Erforderlichkeit und Verhältnismäßigkeit die Ausführungen in Abschnitt 4.5.4.

3 Vgl. dazu z.B. PINTER (1995), S. 22 ff.

menschlichen Beziehungen) gerichtet ist.[1] Das Qualitätssiegel stellt eine Information, die Investitionen in die Reputation eine Handfessel und als „Erfahrung" und Institution eine Vertrauensdeteminante dar.

Damit ist deutlich geworden, daß Ansätze der in Abschnitt 5.4 beschriebenen Möglichkeiten zur Milderung der negativen Folgen asymmetrischer Informationsverteilung grundsätzlich auch im deutschen Krankenhauswesen vorhanden sind. Die Sorge, daß Individuen in einem wettbewerblich organisierten Krankenhauswesen illegitimen Transaktionen automatisch schutzlos ausgeliefert wären, ist nicht berechtigt. Möglicherweise müßten den „Therapieansätzen" lediglich Freiräume gegenübergestellt werden, damit sie ihre Wirkung voll entfalten und sich weiterentwickeln könnten.

---

1 Vgl. HÜLLEMANN/ KÜNZEL (1995), S. 19.

6 Wettbewerb im deutschen Krankenhauswesen

6.1 Vorbemerkungen

Aus ökonomischer Sicht könnte funktionsfähiger Wettbewerb unter Krankenhäusern die in der Einleitung geschilderten Diskussionen über die Angemessenheit der Höhe von Ausgaben für Krankenhausleistungen überflüssig machen.[1] Als entscheidend für die Funktionsfähigkeit des Wettbewerbs ist die Größe der Freiheitsspielräume herausgearbeitet worden, in denen sich Individuen im Rahmen einer aus Regeln bzw. Institutionen bestehenden Ordnung in Märkten bewegen können.[2] Die Überlegungen in Abschnitt 4.5.4 haben ergeben, daß eine Ordnung bzw. Rahmenbedingungen für funktionsfähigen Wettbewerb aus einer bestehenden oder drohenden, begründbaren Mangelsituation heraus mittels legitimierbarer, geeigneter, erforderlicher und verhältnismäßiger Maßnahmen zur Minderung der Kosten gesellschaftlich erwünschter bzw. zur Erhöhung der Kosten gesellschaftlich unerwünschter Transaktionen gefunden werden kann bzw. können. Die Mangelsituation, die hier problematisiert wird, ist die Unzufriedenheit mit der Ausgabensituation im Krankenhauswesen. Die gesellschaftliche Erwünschtheit bzw. Unerwünschtheit hängt dabei davon ab, ob die jeweiligen Transaktionen als Gegenstand eines hypothetischen Gesellschaftsvertrages denkbar sind.[3] Hier wurde davon ausgegangen, daß der „ordnungsgemäße" Tausch von Krankenhausleistungen die in Rede stehende gesellschaftlich erwünschte Transaktion ist, daß illegitime Transaktionen des Krankenhauses die gesellschaftlich unerwünschten Transaktionen darstellen und daß die Senkung bzw. Erhöhung der Kosten jener Transaktionen als legitimierbar anzusehen sind.[4] Im fünften Kapitel ist herausgestellt worden, daß Informationsasymmetrien der Funktionsfähigkeit des Wettbewerbs nicht grundsätzlich entgegenstehen.[5] Es kommt auf die richtigen Rahmenbedingungen an, in denen illegitime und deshalb gesellschaftlich unerwünschte Transaktionen

1 Siehe dazu die Ausführungen in den Abschnitten 1, 3.1 und 4.2 ff.

2 Siehe dazu insbesondere Abschnitt 4.4.

3 Siehe Abschnitt 4.5.4.

4 Siehe Abschnitt 5.4.1.

5 Siehe insbesondere Abschnitt 5.5.

ausreichend teuer und gesellschaftlich erwünschte Transaktionen ausreichend kostengünstig sind. In diesem Kapitel will die Verfasserin Rahmenbedingungen für funktionsfähigen Wettbewerb unter Krankenhäusern suchen. Auf der Basis der derzeitigen Situation im deutschen Krankenhauswesen und vor dem Hintergrund der im fünften Kapitel gewonnenen Erkenntnisse werden Vorstellungen über eine im Hinblick auf existierende Informationsasymmetrien möglicherweise richtige Höhe der Kosten gesellschaftlich erwünschter und gesellschaftlich unerwünschter Transaktionen entwickelt. Die Vorstellungen würden in die Konzipierung und Beurteilung *konkreter Maßnahmen* zur Veränderung der Kostenhöhe einfließen können.

Die Gestalt einer angemessenen Wirtschaftsordnung im Krankenhauswesen hängt jedoch nicht nur von den Erfordernissen angesichts asymmetrischer Informationsverteilung ab. Sämtliche Besonderheiten müßten Beachtung finden.[1] Sie müßten vorher ebenfalls genau analysiert werden, damit deutlich wird, inwiefern sie Anforderungen an die Gestalt der Ordnung zur Bereitstellung von Krankenhausleistungen stellen.[2] Bestimmte Regulierungen, die angesichts asymmetrischer Informationsverteilung nicht notwendig bzw. nicht förderlich

---

1 Siehe dazu die Ausführungen in den Abschnitten 3.2 bis 3.9.

2 Unterstützung dabei können außerdem diverse theoretische und empirische Untersuchungen geben. KUBITSCHEK/ NEUDECK weisen z.B. modelltheoretisch nach, daß freier Preis- und Qualitätswettbewerb trotz vollständig informierter, nicht krankenversicherter Individuen im Krankenhausbereich unter bestimmten Annahmen zu einem ineffizienten Qualitätsniveau führt. Vgl. dazu KUBITSCHEK/ NEUDECK (1992), S. 158 ff. NOETHER untersucht den US-amerikanischen Markt für Krankenhausleistungen. Sie stellt z.B. fest, daß Wettbewerb unter Krankenhäusern nicht zu den erwartungsgemäß niedrigeren Preisen führen muß. Krankenhauswettbewerb kann zwei gegensätzliche Effekte auf den Preis ausüben. Zum einen kann das Angebot qualitativ hoher Leistungen Preise erhöhen, zum anderen kann der allgemeine Wettbewerbsdruck zum Sinken der Preise führen. Welcher Effekt überwiegt, entscheiden die Rahmenbedingungen: Werden Krankenhausrechnungen weitgehend von Krankenversicherungen übernommen, reagieren Patienten auf Preisveränderungen kaum. Häufig versuchen Krankenhäuser dann, sich einen Wettbewerbsvorsprung zu erarbeiten, indem sie hohe Qualität oder angenehme Räumlichkeiten anbieten. Die daraus resultierenden, hohen Preise sind für die Kunden bei der Entscheidung für oder gegen einen Anbieter von Krankenhausleistungen annahmegemäß nebensächlich. Anders stellt sich die Situation bei größerer Preiselastizität der Nachfrage dar. NOETHER findet im Rahmen ihrer Analyse Hinweise auf zunehmende Preissensibilität der Patienten und den damit verbundenen Druck auf die Krankenhäuser, sich stärker im Preiswettbewerb zu engagieren. Vgl. NOETHER (1988), S. 259 ff.

sind, mögen vor dem Hintergrund anderer Besonderheiten sehr wohl gerechtfertigt sein. Im folgenden wird also in erster Linie nur ein Aspekt auf dem Weg zur der Ordnung betrachtet.

Im deutschen Gesundheitswesen gilt der Patient als unmündig.[1] Entscheidungen über die Verwendung von Gütern sollten aber grundsätzlich denjenigen überlassen werden, deren Bedürfnisse mit den Gütern befriedigt werden.[2] Die Entscheidungsträger müssen dazu mit ihrer ökonomischen Verantwortung konfrontiert werden.[3] Im Krankenhauswesen bedeutet dies, daß Individuen *prinzipiell* über die Inanspruchnahme von Krankenhausleistungen selbst zu entscheiden hätten und für die Bezahlung der Krankenhausleistungen selbst verantwortlich wären. Die Verfasserin wird an dieser Stelle aber nicht ernsthaft die Forderung vertreten, daß Individuen als Voraussetzung für einen funktionsfähigen Wettbewerb bei den Entscheidungen über die Inanspruchnahme von Krankenhausleistungen *sich selbst überlassen* werden sollten und ihnen die *alleinige finanzielle Verantwortung* übertragen werden müßte. Dies würde sofort auf Unverständnis und Ablehnung stoßen. Denn in der Realität sind wir von einer solchen Situation weit entfernt, und Gegebenheiten sollten schließlich berücksichtigt werden.[4] Außerdem ist nicht ausgeschlossen, daß eine gewisse Entscheidungszentralisierung legitimierbar, geeignet, erforderlich und verhältnismäßig ist. Funktionsfähiger Wettbewerb braucht auch nicht maximale Freiheitsspielräume, sondern Freiheitsspielräume der richtigen Größe. Die Entscheidungsbefugnis bedeutet nicht, daß Personen letztlich *ganz* alleine entscheiden.[5] Die Verantwortungspflicht setzt nicht voraus, daß die Personen mit *sämtlichen* finanziellen Forderungen *unmittelbar* konfrontiert werden.[6] Wenn im Krankenhauswesen funktionsfähiger Wettbewerb zum Finden und Koordinieren der

1 Siehe dazu die Beschreibung der Regulierungen in Abschnitt 2.2 und Abschnitt 5.5.

2 Dies haben die Überlegungen in Abschnitt 4.2 ergeben.

3 Siehe dazu Abschnitt 4.2, insbesondere das Konstrukt des Schattenpreises.

4 Dies haben die Ausführungen Abschnitt 4.5.4 verdeutlicht.

5 Näheres dazu wird in Abschnitt 6.2.1 folgen.

6 Individuen zahlen Krankenhausleistungen nicht unmittelbar selbst, wenn sie krankenversichert sind, sondern kommen durch regelmäßige Beiträge für sie auf. Siehe dazu auch Abschnitt 3.3. Vor dem Hintergrund sozialpolitischer Erwägungen werden Krankenhausleistungen außerdem solidarisch finanziert. Siehe dazu auch Abschnitt 3.4.

Entscheidungen realisiert werden soll, stellt sich die Frage, wie groß die Freiheitsspielräume letztlich sein müssen, damit funktionsfähiger Wettbewerb entsteht und Bestand hat. Die Entmündigung von Konsumenten im deutschen Krankenhauswesen geht mit einer maßiven Begrenzung der Freiräume einher. Sie läßt sich mit der Existenz von Informationsasymmetrien grundsätzlich nicht rechtfertigen. Die folgenden Überlegungen werden deshalb vornehmlich darauf zielen, wie Individuen größere Entscheidungs- und Handlungsspielräume zugestanden werden können.

Fundamentale Institutionen begrenzen den Gestaltungsspielraum. Sie sind Grenzen insoweit, als sie einer zielgerichteten Gestaltung nicht zugänglich sind und folglich auf sie gerichtete Maßnahmen als nicht geeignet oder unverhältnismäßig klassifizieren würden. Man kann ihre Evolution allenfalls beeinflussen, wenn die Einflußfaktoren auf die Entwicklung hinlänglich bekannt und gezielt veränderbar sind. Ob sich die gewünschte Wirkung auf die Entwicklung der fundamentalen Institution tatsächlich einstellt, ist jedoch unsicher.[1] Vorstellungen über eine veränderte Ordnung im Krankenhauswesen müßten berücksichtigen, ob und inwieweit die damit verbundenen Maßnahmen mit fundamentalen Institutionen kollidieren würde. Es wäre die Frage zu klären, ob möglicherweise die Ablehnung von Marktmechanismen im Zusammenhang mit der Gesundheit von Menschen als Ideologie[2] schon eine solche fundamentale Institution ist.[3] Ebenso könnte sich bei Individuen die Vorstellung festgesetzt haben, daß sie selbst bei der Inanspruchnahme von Krankenhausleistungen keine oder kaum unmittelbare (finanzielle) Verantwortung zu tragen haben, weil *andere*

---

1 Siehe Abschnitt 4.5.3.

2 Institutionen werden von Individuen geschätzt, weil sie helfen, eine unsichere Umwelt extern zu ordnen. In ähnlicher Weise dienlich sind sogenannte mentale Modelle (mental models), die das Individuum in seinem Kopf, also intern, aufbaut, um seine Umwelt zu interpretieren. „The mental models that the mind creates and the institutions that individuals create are both essential to the way human beings structure their environment in their interactions with it.“ DENZAU/ NORTH (1994), S. 5. Ideologien sind von mehreren Personen geteilte mentale Modelle, die eine Interpretation der sie umgebenden Welt anbieten und vorgeben, wie die Welt zu ordnen sei. Ideologien können zur Institution werden. Vgl. dazu DENZAU/ NORTH (1994), S. 4.

3 Vgl. dazu z.B. MEYER (1993), S. 26, der das Werturteil, Krankheit dürfe kein Bereich des Geschäftemachens sein, als Besonderheit von Gesundheitsgütern beschreibt. Siehe dazu auch Abschnitt 3.4.

alles wichtige für sie regeln. Im folgenden wird davon ausgegangen, daß eine solche fundamentale Institution nicht existiert. Wäre sie vorhanden, könnten sie nicht im Rahmen von Reformbemühungen geändert oder abgeschafft werden. Es könnte lediglich versucht werden, Vorbehalte gegenüber marktlicher Steuerung allmählich auszuräumen bzw. Schritte einzuleiten, die das Verantwortungsbewußtsein der Individuen stärken könnten.

In Abschnitt 4.5.4 sind Kosten als Bestimmungsfaktoren der Freiheitsspielräume interpretiert worden. Besonderes Augenmerk galt dort den Transaktionskosten, die für gesellschaftlich wünschenswerte Transaktionen ausreichend niedrig, für gesellschaftlich nicht-wünschenswerte Transaktionen ausreichend hoch sein sollten.

Auch mit den Möglichkeiten zur Milderung negativer Folgen von Informationsasymmetrien sind Transaktionskosten verbunden. Die Kosten, die beispielsweise auf eine Person zukommen, um sich vor illegitimen Transaktionen zu schützen, können von der Person als so hoch empfunden werden, daß sie es als vorteilhaft erachtet, die Entscheidungen über die Verwendung knapper Güter zur Befriedigung ihrer Bedürfnisse ganz oder teilweise auf andere abzuwälzen.[1] Ein Individuum könnte aufgrund der Bedrohung durch illegitime Transaktionen eine geeignete Person oder Organisation damit beauftragen wollen, seine Interessen zu vertreten. Vor diesem Hintergrund mag sich ein Angebot von „Entscheidungshelfern" formieren, das gegen eine entsprechende Entlohnung jene Unterstützung verspricht. Wenn mit der Inanspruchnahme von Entscheidungshelfern eine Verkleinerung des Freiheitsspielraums des Individuums für die Entscheidung über die Verwendung knapper Güter im Krankenhauswesen verbunden ist, muß dies also nicht bedeuten, daß die Funktionsfähigkeit des Wettbewerbs negativ betroffen wäre. Zur Senkung der Transaktionskosten erwünschter Transaktionen könnten sich Individuen gewollt auf kleinere Freiräume einlassen, ohne die Funktionsfähigkeit des Wettbewerbs zu gefährden. Eine solche Veränderung ist sogar Ausdruck funktionsfähigen Wettbewerbs, solange dabei für die Gesellschaft keine Mangelsituation entsteht. Mit der Veränderung könnte eine effiziente „Therapierungsmöglichkeit" von Informationsasymmetrien entstanden sein. An der Stellung des Entscheidungshelfers braucht so lange nicht gezweifelt zu werden, wie nicht der begründete Verdacht

1 Siehe dazu auch die Abschnitte 4.2 und 6.3.

besteht, daß die individuelle Entscheidungsbefugnis und Verantwortungspflicht so weit eingeschränkt ist, daß die Funktionsfähigkeit des Wettbewerbs Schaden nimmt und eine Mangelsituation entsteht oder zu entstehen droht.

Zwischen dem Individuum und seinem Entscheidungshelfer entsteht eine Principal-Agent-Beziehung. Das Individuum als principal wird im Verhältnis zu seinem Entscheidungshelfer als agent auf Schwierigkeiten treffen, die es von dem Verhältnis zum Krankenhaus kennt: Es kann die Qualität der Leistung im Vorhinein nicht erkennen (hidden characteristics); es kann die Handlungen des Helfers nicht beobachten (hidden actions); es kennt die Absichten des Helfers nicht oder nicht genau (hidden intentions).[1] Der Vorteil: Die Beziehung zum Entscheidungshelfer wird für das Individuum die Transaktionskosten bei der Konsumierung von Krankenhausleistungen senken, wenn es sie freiwillig anstrebt. Der Entscheidungshelfer steht ebenfalls in einer Principal-Agent-Beziehung: zum Krankenhaus. Er wird aufzupassen haben, daß das Krankenhaus ihn nicht in dem Maße, in dem er die Verantwortung übernommen hat, mit den illegitimen Transaktionen schädigt, die zuvor unmittelbar das Individuum getroffen haben.

Das Krankenhauswesen in Deutschland ist schon vorgeprägt. Die Gegebenheiten sollen so weit wie möglich berücksichtigt werden. Freiheitsspielräume sind in bestimmter Größe definiert. Sie können analysiert und hinsichtlich ihrer Bedeutung für wettbewerbliche Entscheidungen über die Verwendung knapper Güter beurteilt werden. Im deutschen Krankenhauswesen spielt neben den bisherigen Hauptakteuren, Anbieter und Nachfrager von Krankenhausleistungen, die Krankenversicherung ein Rolle. Sie ist beispielsweise schon in Entscheidungen über die Vergütung von Krankenhausleistungen involviert,[2] obwohl die originäre Aufgabe einer Versicherung lediglich die Absicherung des finanziellen Risikos umfassen würde. Vor zu großen Veränderungen von Rahmenbedingungen ist Abstand genommen worden. Es wird deshalb an dieser Stelle davon ausgegangen, daß die Krankenversicherung die Aufgaben des Entscheidungshelfers übernehmen.[3] Erst wenn sich zeigen würde, daß eine solche Rolle der

---

1 Siehe dazu Abschnitt 5.3.3.

2 Siehe dazu die Beschreibung der Regulierungen in Abschnitt 2.2.

3 Dabei ist nicht ausgeschlossen, daß auch ein versicherungsunabhängiges Angebot solcher Dienstleistungen entsteht, das sich der Nachfrage der Menschen nach „Gesundheits-

Krankenversicherungen funktionsfähigem Wettbewerb entgegensteht, müßte diesbezüglich über Veränderungen des Systems nachgedacht werden. Im folgenden werden deshalb Ansatzpunkte für Veränderungen beim Individuum *und* bei der Versicherung gesucht.

Die Veränderungen mögen teilweise mit einer Erhöhung von Transaktionskosten verbunden sein und deshalb auf Kritik stoßen. Inwiefern jener Anstieg von Transaktionskosten durch daraufhin mögliche, gesellschaftlich wünschenswerte Transaktionen zu rechtfertigen ist, kann sich nur allmählich herausstellen. Denn die Bestimmung richtiger Kostenrelationen kann nur Ergebnis funktionsfähigen Wettbewerbs sein.[1] Der Gestalt funktionsfähiger Märkte kann man sich nur sukzessiv nähern.[2] Warum nicht einmal mit weniger Wettbewerbspessimismus?

6.2 Ansatzpunkt: Individuum

Personen, deren Bedürfnisse mit der Verwendung knapper Güter befriedigt werden, müssen sich bei funktionsfähigem Wettbewerb in Freiheitsspielräumen von richtiger Größe bewegen, damit sie über die Güte einer Leistung richtige Entscheidungen fällen und demgemäß handeln können bzw. wollen.[3] Die Freiheitsspielräume sind in Abschnitt 4.5.4 an Kosten gebunden worden. Die Größe der Freiheitsspielräume wird in funktionsfähigen Märkten maßgeblich von der Tatsache beeinflußt, daß Individuen bei ihren Entscheidungen die finanziellen Konsequenzen zu tragen haben.[4] Besteht hinsichtlich der Krankenhausleistung eine Auswahlmöglichkeit, haben Individuen auch jetzt schon bis zu einem gewissen Grad an der Entscheidung teil, wenn beispielsweise der betreffende ein-

---

management" widmet. Die neu gegründete Arztpartner GmbH plant, Privatversicherten z.B. Dienstleistungen bei der Abrechnung sowie bei der Auswahl von Leistungen und Leistungsanbietern zur Verfügung zu stellen. Vgl. dazu O.V. (1997c), S. 23. Das Entstehen eines ähnlichen Angebots wäre für sämtliche Versicherten denkbar.

1 „Wenn irgend jemand tatsächlich all das wüßte, was die ökonomische Theorie als 'Daten' bezeichnet, so wäre Wettbewerb gewiß eine höchst verschwenderische Methode zur Herbeiführung einer Anpassung an diese Tatsachen". HAYEK (1969a), S. 249. Siehe dazu auch Abschnitt 4.2.

2 Siehe dazu Abschnitt 4.5.4.

3 Siehe dazu Abschnitt 4.4.

4 Siehe dazu die Ausführungen in Abschnitt 4.2.

weisende Arzt sie in die Auswahl aus alternativen Diagnose- und Therapierungsverfahren einbezieht oder - ganz einfach - wenn sie die Wahl zwischen verschiedenen Krankenhäusern haben. Die bloße Entscheidung über die Inanspruchnahme von Leistungen reicht jedoch nicht aus. Hinzukommen muß ein ausreichendes Maß an Verantwortung für die damit entstehenden Kosten. Dies gilt für die nicht-medizinischen, aber auch für die medizinischen Leistungen. Werden die Kosten eines Krankenhausaufenthalts vollständig von einer Versicherung übernommen, erhält der Versicherte nur geringen Anreiz, bei Inanspruchnahme der Leistungen eines Krankenhauses deren Kosten zu beachten.[1] Die Kosten der gesellschaftlich unerwünschten Transaktion sind zu niedrig. Selbstbeteiligung korrigiert diesen Fehlanreiz. Sie könnte ein Schritt in Richtung funktionsfähigen Wettbewerbs sein.

Unter Selbstbeteiligung versteht man die direkte Beteiligung der Versicherten an der Finanzierung ihrer Nachfrage nach Gesundheitsleistungen.[2] Mit der Selbstbeteiligung entsteht ein funktionaler Zusammenhang zwischen Inanspruchnahme und Zahlung einer Leistung.[3] Ziel der Selbstbeteiligung ist es, bei den Betroffenen mehr Eigenverantwortung zu wecken, das Gesundheits- und Krankheitsverhalten zu beeinflussen und der Anspruchsmentalität gegenüber dem Staat und den Einrichtungen der sozialen Sicherung entgegenzutreten.[4] Das Kostenbewußtsein der Nachfrager soll gesteigert werden.[5] Das Interesse des Individuums an der Mitwirkung an Entscheidungen über die Bereitstellung von Krankenhausleistungen soll wachsen, die Mündigkeit zunehmen. Gesellschaftlich unerwünschte Transaktionen[6], die aufgrund mangelnden Interesses des Individuums zustande kommen, sollen teurer werden.

Die Verfasserin sieht in dem Interesse des Individuums an der Einflußnahme auf entsprechende Entscheidungen einen wichtigen Motor für die Entstehung

---

1 Vgl. HAUSER (1988), S. 18.

2 Vgl. dazu auch MÜNNICH (1980), S. 89.

3 Vgl. MÜNNICH (1980), S. 89.

4 Vgl. RUF (1982), S. 9.

5 Vgl. METZE (1982), S. 77.

6 Unerwünscht sind die Transaktionen, weil sie zu ineffizienten Güterverwendungen führen.

funktionsfähigen Wettbewerbs im Krankenhauswesen. Der damit entstehende Wettbewerbsdruck auf die Krankenhäuser könnte dazu beitragen, daß Krankenhäuser noch mehr als bisher und insbesondere auch bei der medizinischen Behandlung die Effizienz ihres Angebotes überwachen.[1] Sie könnten ihr Angebot zudem (noch stärker) an den Bedürfnissen der Kunden ausrichten.

Selbstbeteiligung würde auch im Umgang mit weiteren Besonderheiten der Krankenhausleistung problematisiert werden. Ihre Bedeutung in jenen Bereichen soll hier der Vollständigkeit halber skizziert, jedoch nicht im Detail ausgemalt werden. Die Verbindung zur Besonderheit „Versicherungsgut" deutete sich schon an. Wird die Finanzierung der Krankenhausleistung von einer Versicherung übernommen, würde die Einführung einer Selbstbeteiligung für Krankenhausleistungen zwar den Fehlanreiz senken, Versicherungsleistungen so lange nachzufragen, bis ihr Grenznutzen auf Null gesunken ist,[2] gleichzeitig jedoch die mit der Versicherung ursprünglich verfolgte finanzielle Absicherung mindern.[3] Das Ausmaß der Selbstbeteiligung hätte einen Kompromiß darzustellen zwischen der zumutbaren Belastung des einzelnen und der unzumutbaren Belastung der Versichertengemeinschaft.[4] Außerdem müßte ein Konzept der Selbstbeteiligung die Belange der sozialen Gerechtigkeit berücksichtigen, wenn Krankenhausleistungen als besondere Güter in dem Sinne akzeptiert werden sollen, daß sie solidarisch zu finanzieren sind.[5] Die Höhe der Selbstbeteiligung könnte beispielsweise nach sozialen Kriterien differenziert werden,[6] indem für chronisch kranke, multimorbide oder einkommensschwächere Personen Sonderregelungen vorgesehen werden.[7] Das Ausmaß der Selbstbeteiligung sollte zudem nicht so hoch festgelegt sein, daß Versicherte von der unter medizini-

---

1 Dem kommt entgegen, daß für Krankenhäuser mit Inkrafttreten der Neuordnungsgesetze die Großgeräteplanung abgeschafft und die Pflege-Personalregelung aufgehoben worden ist. Krankenhäuser haben damit mehr Entscheidungs- und Handlungsspielraum erhalten. Vgl. o.V. (1996c), S. 545 f.

2 Vgl. BREYER/ ZWEIFEL (1997), S. 188.

3 Vgl. HERDER-DORNEICH (1980), S. 91.

4 Vgl. METZE (1982), S. 79.

5 Siehe dazu Abschnitt 3.4.

6 Vgl. METZE (1982), S. 77.

7 Vgl. SVRKAIG (1995), Ziff. 504.

schen Gesichtspunkten notwendigen Inanspruchnahme von Leistungen abgehalten werden.[1]

In Deutschland übernimmt die Krankenversicherung[2] die mit der Nachfrage notwendiger Krankenhausleistungen anfallenden Kosten zum großen Teil. Der Patient ist pro Krankenhaustag - egal in welchem Krankenhaus - lediglich mit einem fixen Zuzahlungsbetrag beteiligt.[3] Selbstbeteiligung von Leistungsnehmern ist also grundsätzlich nicht unbekannt. Zur Auswahl effizient erbrachter Leistungen trägt die bisherige Form allerdings nur wenig bei. Es gibt jedoch eine Reihe weiterer Selbstbeteiligungsmodelle.[4] Würden Versicherte beispielsweise in Abhängigkeit von der Summe der in Anspruch genommenen Leistungen in angemessener Höhe beteiligt werden,[5] sollten sie an der effizienten Auswahl von Krankenhausleistungen ein größeres Interesse haben, weil sie mit positiven finanziellen Konsequenzen verbunden wäre.[6] Krankenkassen haben mit Inkrafttreten der Neuordnungsgesetze Freiraum für diverse Selbstbeteiligungsmodelle erhalten.[7] Es bleibt abzuwarten, ob und inwiefern sie ihn nutzen.

Begrüßenswert ist in diesem Zusammenhang auch, daß Versicherte neuerdings einen Anspruch auf die Informierung über erbrachte Leistungen und deren Kosten durch den Leistungserbringer haben.[8] In den Augen der Verfasserin müßte

---

1 Vgl. SVRKAiG (1995), Ziff. 497.

2 Betrachtet werden hier lediglich die gesetzlichen Krankenversicherungen.

3 Siehe dazu auch Abschnitt 2.2.

4 Eine Auflistung von Möglichkeiten der Selbstbeteiligung findet sich z.B. bei Ruf (1982), S. 38 ff., und beim SVRKAiG (1995), Ziff. 498 ff.

5 Dies könnte z.B. durch ein Franchise-System oder ein Bonus-Malus-System erreicht werden. Vgl. dazu SVRKAiG (1995), Ziff. 498 und 505. Das gleiche gilt für ein System der Beitragsrückerstattung. Vgl. dazu Ruf (1982), S. 63 ff.

6 Im Rahmen der dritten Stufe der Gesundheitsreform ist den Krankenkassen die Möglichkeit gegeben worden, in ihren Satzungen Regelungen zum Selbstbehalt im Rahmen der Kostenerstattung mit entsprechender Beitragsermäßigung und zur Beitragsrückerstattung vorzusehen. Vgl. dazu o.V. (1996d), S. 492.

7 Siehe Abschnitt 2.2.

8 Es bleibt zu hoffen, daß der Änderung des § 305 SGB V mehr Beachtung geschenkt wird als seiner ursprünglichen Fassung. Versicherte konnten schon vor Verabschiedung der Neuordnungsgesetze auf solche Informationen bestehen: Die Krankenkassen waren verpflichtet, den Versicherten auf Antrag über die im letzten Geschäftsjahr in Anspruch ge-

die Preisgabe jener Informationen eine Selbstverständlichkeit sein. Wünschenswert wäre deshalb gewesen, die Leistungserbringer zur Informierung zu verpflichten, ohne daß der Leistungsnehmer einen Antrag dazu stellen muß.[1] Dies würde verhindern, daß der Versicherte auf jene Informationen verzichtet, weil ihm der Aufwand der Antragsstellung zu hoch ist und/ oder weil er befürchtet, daß beim Leistungserbringer der Eindruck des Mißtrauens entsteht.[2]

Damit sind wieder die „Therapierungsmöglichkeiten" von Informationsmängeln angesprochen. Die Mitteilung über die Leistung und deren Kosten kann eine wichtige Information darstellen und für Vertrauensdeterminanten bedeutsam sein. In Abschnitt 5.4.5 ist zudem darauf hingewiesen worden, daß Wettbewerb sogar zur Verbesserung der „Therapierung" von Informationsasymmetrien beitragen kann. Eine stärkere Einbindung der Individuen und die damit verfolgte Intensivierung des Wettbewerbs könnten mithelfen, die „Therapierungsmöglichkeiten" weiterzuentwickeln. Sie könnten die Nachfrage nach Informationen über die Leistungsanbieter steigern. Die Nachfrage könnte sodann durch geeignete Fachzeitschriften, Angebote von Verbraucherorganisationen und/ oder ähnlichem befriedigt werden. Die Öffentlichkeitsarbeit von Krankenhäusern könnte sich vermehrt auch an ihre Kunden richten. Sogar ein „echtes" Krankenhausmarketing[3] könnte sich lohnen.[4]

---

nommenen Leistungen und deren Kosten zu unterrichten. Versicherungen waren während der gesamten Gültigkeit des alten § 305 SGB V dazu jedoch *technisch* nicht in der Lage.

1 Für privat versicherte Personen wird dies schließlich in Form einer Rechnung regelmäßig praktiziert.

2 Es wird bemängelt, daß die Kosten, die Krankenhäusern entstehen, wenn sie ihre Patienten über die Kosten der erbrachten Leistungen informieren sollen, zu hoch seien. Vgl. dazu o.V. (1997b), S. 167. Daß jene Veränderung, die den Individuen endlich umfassendere Informationen gibt, jene Kosten nicht rechtfertigt, müßte sich jedoch - wie in Abschnitt 6.2.1 dargelegt, erst einmal *herausstellen*.

3 „Krankenhausmarketing umfaßt alle Handlungen des Krankenhauses, die auf die Befriedigung der Bedürfnisse der Kunden von Krankenhausleistungen ausgerichtet sind." EICHHORN (1997), S. 203.

4 EICHHORN (1997), S. 203, behauptet, daß Marketing in der Krankenhauspraxis bisher nur selten anzutreffen sei. Viele Krankenhäuser beschränkten sich auf eine mehr oder weniger professionell durchgeführte Öffentlichkeitsarbeit.

Die Verfasserin möchte ausdrücklich darauf hinweisen, daß Individuen die betreffenden Entscheidungen nicht unmittelbar selbst und alleine treffen *müssen*. Dem Wunsch nach Entscheidungsdelegation kann durchaus nachgekommen werden, wenn die Entscheidungsdelegation nicht droht, später zur Ursache einer der besagten Mangelsituationen zu werden. Die Rolle der Versicherung als Entscheidungshelfer ist in diesem Zusammenhang schon angesprochen worden.[1] Würde es ein Anliegen der Versicherten sein, daß Entscheidungen, die sie auch finanziell unmittelbar betreffen, so gefällt werden, daß die gewünschte Leistung für den Versicherten mit minimalen Aufwendungen verbunden ist, sollten Versicherungen um das „Mandat" als Entscheidungshelfer wetteifern können. Versicherungen, die versuchen, den Versicherten bei den Entscheidungen optimal zu beraten oder sogar zu vertreten, und damit die Gefahr oder sogar Schädigung durch illegitime Transaktionen mindern, wären gefragt.

Im deutschen Krankenhauswesen ist die Beteiligung der Versicherungen an Vergütungsentscheidungen schon vorgegeben. An dieser Gegebenheit will die Verfasserin nicht rütteln. Individuen werden also nicht mit Krankenhäusern Verträge über die Preise von Leistungen aushandeln. Das Interesse der Versicherten an den Kosten der Krankenhausleistungen würde sich in der Wahl der Krankenversicherung niederschlagen. Der Wettbewerbsdruck, der durch das Interesse des Individuums an den Kosten von Krankenhausleistungen, deren Vergütung ohnehin die Krankenversicherung aushandelt, würde vielmehr unmittelbar die Versicherung treffen und erst dann an das Krankenhaus weitergegeben werden. Eine ähnliche Entwicklung mag sich für den einweisenden Arzt abzeichnen. Bei der Auswahl eines Krankenhauses in Zusammenarbeit mit dem Patienten würde er nun verstärkt auch auf die Kosten der jeweiligen Krankenhausleistungen achten müssen.

Die Rolle als Entscheidungshelfer werden Krankenversicherungen wiederum am besten erfüllen, wenn zwischen ihnen funktionsfähiger Wettbewerb herrscht. Rahmenbedingungen für funktionsfähigen Wettbewerb im Krankenhauswesen scheinen also funktionsfähigen Wettbewerb unter Krankenversicherern zu erfordern. An dieser Stelle sollen Fragen zur Gestalt funktionsfähigen Wettbewerbs der Krankenkassen nicht im einzelnen untersucht werden. Es sei lediglich auf folgenden Aspekt hingewiesen: Seitdem für die gesetzlichen

---

1 Siehe Abschnitt 6.2.1.

Krankenversicherungen feststand, daß sie 1996 in den Wettbewerb untereinander entlassen werden würden,[1] wird gefordert, die Wettbewerbsparameter, d.h. den wettbewerblichen Entscheidungs- und Handlungsspielraum zu erweitern.[2] Mit der Rolle als Entscheidungshelfer könnten die Krankenversicherungen ein weiteres Betätigungsfeld finden. Es wird behauptet, daß sie sich dazu allerdings von einer parafiskalischen Sozialverwaltung zu einem modernen Dienstleistungsunternehmen entwickeln müßten.[3] Versicherte wären nicht länger Verwaltungsobjekte sondern Kunden.[4] Versicherungen könnten als Dienstleister zum Serviceanbieter werden. Es wäre beispielsweise denkbar, daß Krankenversicherungen ein intensives Beratungsangebot entwickeln, um ihre Versicherten bei Entscheidungen effektiv zu unterstützen. Selbstverständlich sollte es dabei nicht Anliegen der Versicherung sein, in erster Linie ihre eigenen Ausgaben zu minimieren. Eine im Wettbewerb stehende Versicherung sollte daran interessiert sein, optimale Lösungen für ihre Kunden zu finden. Die Beratung der Krankenversicherung könnte sich auch Fragen öffnen, die sich ihren Kunden nach erfolgter Inanspruchnahme einer Krankenhausleistung stellen. Dies könnte beispielsweise zur Überprüfung der Qualität einer Leistung beitragen, wenn sich ein ehemaliger Krankenhauspatient schlecht behandelt fühlt und die Versicherung zu ergründen hilft, ob dieses Gefühl berechtigt ist und zu Konsequenzen führen müßte.[5]

Zu den bisherigen Vorstellungen gehören weitere Veränderungen an den Rahmenbedingungen. Sie hängen im wesentlichen mit der Flexibilisierung der Vertragsgestaltungsmöglichkeiten von Versicherungen zusammen. Weitere Schritte in Richtung funktionsfähigen Wettbewerbs werden deshalb im nächsten Abschnitt als Ansatzpunkt bei Versicherungen vorgestellt.

---

1 Siehe dazu Abschnitt 2.2.

2 Vgl. dazu z.B. JACOBS (1993), S. 600.

3 Vgl. JACOBS (1993), S. 599.

4 Vgl. JACOBS (1993), S. 599.

5 Sie sind dazu gesetzlich ermächtigt. Vgl. § 66 SGB V.

6.3 Ansatzpunkt: Versicherung

Um gesetzlichen Krankenversicherungen, die in der Rolle des Entscheidungshelfers um Versicherte wetteifern und Wettbewerbsdruck auf Krankenhäuser ausüben sollen, größere Entscheidungs- und Handlungsspielräume zu geben, könnte man ihnen die Möglichkeit einräumen, in der Vertragsgestaltung selbständig zu agieren[1]. Die Kosten der gesellschaftlich erwünschten Transaktionen würden gesenkt, indem jene überhaupt erlaubt würden. Versicherungen benötigen Freiräume, um ihre Leistungsfähigkeit im Wettbewerb zu offenbaren. Derzeit ist vielfach ein landesweites Vorgehen vorgeschrieben:[2] Zur Bestimmung der Höhe der Fallpauschalen und Sonderentgelte wird von den Vertragsparteien auf Landesebene mit Wirkung für sämtliche Vertragsparteien jeweils ein landesweit geltender Punktwert bestimmt.[3] Das Budget sowie Art, Höhe und Laufzeit der tagesgleichen Pflegesätze, die Zu- und Abschläge auf Fallpauschalen und Sonderentgelte sowie der Erlösausgleich werden zwar krankenhausindividuell verhandelt,[4] die Pflegesätze für die allgemeinen Krankenhausleistungen müssen jedoch für alle Benutzer einheitlich berechnet werden.[5] Im Ergebnis bedeutet dies, daß Versicherungen mit Krankenhäusern keine unterschiedlichen Pflegesätze verhandeln können. Die Versorgungsverträge mit Krankenhäusern müssen Landesverbände der Krankenkassen und die Verbände der Ersatzkassen gemeinsam abschließen oder kündigen.[6] Freiräume eröffnen ihm lediglich die Modellvorhaben.

Wenn eine Versicherung für die Krankenhausleistungen, die ein Krankenhaus anbietet, stets die gleichen Preise zahlen muß wie seine Konkurrenten bzw. es ihr nicht erlaubt ist, mit Krankenhäusern ihrer Wahl Verträge ihrer Wahl zu schliessen, ist die Suche nach kostengünstigeren Leistungsformen gehemmt. Sowohl für die Krankenversicherung als auch für das Krankenhaus ist der An-

---

1 Dies fordert z.B. DR. ECKART FIEDLER, Direktor der Barmer Ersatzkasse, für den die Vertragsfreiheit für die Gesetzliche Krankenversicherung unabdingbare Voraussetzung für Kostensenkungen im Gesundheitswesen ist. Vgl. o.V. (1996a), S. 6.

2 Siehe Abschnitt 2.2.

3 Vgl. § 16 BPflV.

4 Vgl. § 17 BPflV.

5 Vgl. § 14 BPflV.

6 Vgl. § 109 SGB V.

reiz, das Leistungsangebot zu verbessern, begrenzt.[1] Die Kosten der resultierenden gesellschaftlich unerwünschten Transaktionen sind zu gering. Abgesehen davon stellt die Krankenhausbedarfsplanung der Länder zusammen mit der Genehmigungspflicht von Versorgungsverträgen durch die Landesbehörden eine Markteintrittsbarriere für Anbieter von Krankenhausleistungen dar.[2] Die Kosten gesellschaftlich erwünschter Transaktion sind dadurch zu hoch.

Der SACHVERSTÄNDIGENRAT FÜR DIE KONZERTIERTE AKTION IM GESUNDHEITSWESEN (SVRKAIG) schlägt vor, daß die landesweit ausgehandelten Vergütungen nur noch als Höchstpreise gelten sollten, die durch gezielte Verträge von einzelnen Versicherungen unterschritten werden dürften. Er ist der Auffassung, daß Krankenhäuser sich unter der Bedingung, daß Krankenkassen ihre Patienten vermehrt in ein solches Krankenhaus lenken, auf eine geringere Vergütung einlassen werden.[3] 20 Gesundheitsökonomen hatten Bundesgesundheitsminister Seehofer zur dritten Reformstufe im Gesundheitswesen[4] aufgefordert, den Vertragspartnern im stationären Sektor weitgehende Verhandlungs- und Vertragsfreiheit zu geben.[5] Sie fordern ebenso wie der SVRKAiG[6] die duale Finanzierung durch eine monistische[7] zu ersetzen.[8] Eine Krankenversicherung *hat* sogar

---

1 Hier wird deutlich, daß mehr Vertragsfreiheit für die Krankenversicherungen auch mehr Spielraum für Krankenhäuser bedeutet. An dieser Stelle sei jedoch die Perspektive der Versicherung beibehalten, weil die Vertragsfreiheit vor dem Hintergrund verstärkten Wettbewerbsdrucks auf die Krankenhäuser seitens der Nachfrager diskutiert wird. Die Wirkung des Wettbewerbsdrucks, den konkurrierende Krankenhäuser untereinander aufbauen, ist die erwünschte Folge und nicht zuletzt Bestandteil funktionsfähigen Wettbewerbs.

2 Vgl. dazu NEUBAUER (1993), S. 66.

3 Vgl. SVRKAIG (1995), Ziff. 405.

4 Erste Stufe ist das Gesetz zur Strukturreform im Gesundheitswesen (Gesundheitsreformgesetz - GRG) vom 20. Dezember 1988, zweite Stufe das GSG. Die dritte Stufe bilden die Neuordnungsgesetze. Siehe dazu auch Abschnitt 2.2.

5 Vgl. CASSEL/ KNAPPE/ OBERENDER (1997), S. 35.

6 Vgl. SVRKAIG (1995), Ziff. 404.

7 Die Frage der monistischen Krankenhausfinanzierung ist ein vieldiskutierter Problembereich in der Krankenhausökonomik. Vgl. dazu z.B. KNORR (1994) als Befürworter und NEUBAUER (1993) als Kritiker der dualen Finanzierung. Die Entscheidung über die Art der Krankenhausfinanzierung würde im Rahmen einer anderen Besonderheit der Krankenhausleistung erhebliche Bedeutung erlangen: Krankenhausleistung als öffentliches

schon mit einer Herzklinik in Konstanz, die ihre Leistungen 20 % günstiger als andere Herzkliniken anbietet, eine überdurchschnittliche Qualitätskontrolle zusagt und zur Kooperation mit den Fachleuten der Krankenversicherung bereit ist, die jedoch nicht im Krankenhausbedarfsplan des Landes geführt wird, im Alleingang einen Versorgungsvertrag geschlossen[1], obwohl diesbezüglich im Gesetz grundsätzlich ein gemeinsames Vorgehen vorgeschrieben ist.[2]

Mehr Freiheit in der Vertragsgestaltung war als Element der dritten Stufe der Gesundheitsrefom vorgesehen.[3] Der Selbstverwaltung der Krankenkassen sollte es überlassen werden, ob Krankenkassen Vereinbarungen mit den Leistungserbringern und deren Verbänden einheitlich und gemeinsam, als Kassenart oder als einzelne Krankenkasse schließen.[4] Es war geplant, kassenindividuelles Handeln bei den Vergütungsvereinbarungen zum ambulanten Operieren sowie bei den zwei- und dreiseitigen Verträgen zur Regelung über die Krankenhausversorgung und zur Verzahnung ambulanter und stationärer Versorgung vorzusehen.[5] Der Gesetzentwurf der Koalitionsfraktionen konnte sich jedoch nicht durchsetzen.[6] Ebenso wenig durchsetzen konnte sich die Ausweitung der Mitwirkungsmöglichkeiten der Krankenkassen bei der Krankenhausplanung.[7] Vorgesehen war die einvernehmliche Krankenhausplanung, statt die Krankenkassen

---

Gut. Aufgrund der Vielschichtigkeit jenes Problembereichs, der nicht Gegenstand dieser Arbeit ist, muß der Hinweis auf die weiterführende Literatur genügen.

8 Vgl. CASSEL/ KNAPPE/ OBERENDER (1997), S. 35 f.

1 Vgl. o.V. (1996b), S. 7.

2 Vgl. § 109 SGB V.

3 Vgl. Entwurf eines Gesetzes zur Weiterentwicklung der Strukturreform in der gesetzlichen Krankenversicherung (GKV-Weiterentwicklungsgesetz - GKWG).

4 Weitgehende Verhandlungs- und Vertragsfreiheit für die gesetzlichen Krankenkassen im Krankenhauswesen fordern auch CASSEL/ KNAPPE/ OBERENDER (1997), S. 35.

5 Vgl. DEUTSCHE KRANKENHAUSGESELLSCHAFT (1996), S. 203, und dazu §§ 115, 115a und 115b SGB V.

6 Die Deutsche Krankenhausgesellschaft war/ ist Gegner solcher Veränderungen. Ein solches Vorgehen führe zu einem überdimensionalen administrativen Aufwand. Vgl. DEUTSCHE KRANKENHAUSGESELLSCHAFT (1996), S. 204.

7 Vgl. ZIPPERER (1996), S. 551.

lediglich zu beteiligen. Jenes Vorhaben ist im Bundesrat gescheitert.[1] Geblieben sind von der Initiative zur Liberalisierung der Vertragsverhältnisse die wesentlich größeren Gestaltungsmöglichkeiten bei Modellvorhaben zur Weiterentwicklung der Verfahrens-, Organisations-, Finanzierungs- und Vergütungsformen.[2]

Die Pläne der Regierungskoalition zur dritten Stufe der Gesundheitsreform, die Handlungsspielräume der Verbände der einzelnen Kassenarten beim Abschluß und der Kündigung von Versorgungsverträgen mit Krankenhäusern zu erweitern,[3] sind ebenfalls gescheitert. Von einer monistischen Krankenhausplanung ist das System noch weit entfernt. Einen bedeutenden Zuwachs an Vertragsflexibilität für Krankenversicherungen hat die dritte Stufe der Gesundheitsreform damit nicht gebracht. Die Möglichkeit des Wetteiferns der Versicherungen als auch der Wettbewerbsdruck auf die Krankenhäuser bleiben insofern weiterhin begrenzt.

Vor dem Hintergrund asymmetrischer Informationsverteilung ist die Rigidität, mit der Verträge im Krankenhauswesen geschlossen werden müssen, außerdem insofern bedenklich, als insbesondere die vertragliche Gestaltung eine „Therapieform" von Informationsmängeln darstellt.[4] Der Entscheidungshelfer ist in Abhängigkeit von der Verantwortung, die er für die Qualität der Entscheidung übernimmt, von illegitimen Transaktionen des Krankenhauses bedroht: Die Verfasserin hatte darauf hingewiesen, daß die für das Verhältnis des Individuums zum Krankenhaus beschriebenen Informationsasymmetrien und die damit verbundenen Folgen prinzipiell im Verhältnis des Entscheidungshelfers zum Krankenhaus wieder auftreten können. Wenn beispielsweise eine Versicherung dafür Sorge tragen will, daß ihr Kunde die Leistung erhält, die er erwartet und beispielsweise nicht mit unnötigen Behandlungsschritten belastet wird, trägt sie die Verantwortung für die entstehenden illegitimen Transaktionen, wenn an dem Patienten dennoch zu viele Leistungen erbracht und ihm in Rech-

---

1 Vgl. ZIPPERER (1996), S. 551. Auch diese Neuerung wurde von der Deutsche Krankenhausgesellschaft nicht befürwortet. Siehe dazu z.B. die Aussagen ihres Hauptgeschäftsführers JÖRG ROBBERS. Vgl. ROBBERS (1997), S. 168.

2 Vgl. o.V. (1996c), S. 545.

3 Vgl. dazu SEEHOFER (1996), S. 61.

4 Siehe Abschnitt 5.4.3.

nung gestellt werden. Wenn die Versicherung als Entscheidungshelfer im Wettbewerb bestehen will,[1] wird sie sich - wie vormals der Patient - gegen derartige illegitime Transaktionen schützen und dies beispielsweise mit gezielter Vertragsgestaltung tun wollen. Die Versicherung braucht dazu Freiraum, um die beschriebenen, vielfältigen Vertragsgestaltungsmöglichkeiten[2] nutzen zu können. Aufgrund der prekären Beziehung[3] des Entscheidungshelfers zum Leistungsanbieter mag es für den Leistungsanbieter erstrebenswert sein, größeren Einfluß auf Entscheidungen über die Leistungserbringung zu nehmen. Wie groß dieser Einfluß sein soll, müßte die Krankenversicherung selbst entscheiden dürfen. Möglicherweise möchte sie den Einfluß sogar so weit ausweiten, daß im Wege der Beteiligung an einem Krankenhaus Einfluß auf die Leitung desselben erlangt.[4]

Abgesehen von der Bedeutung der Flexibilisierung der Vertragsgestaltung für die „Therapierung" von asymmetrischer Informationsverteilung, mag eine derartige Erweiterung der Freiräume die Suche und Entdeckung neuer und effizienter Bereitstellungsformen von Krankenhausleistung erlauben. Der Freiraum bleibt im deutschen Krankenhauswesen jedoch vorerst geschlossen. Die Kosten

---

1 Wir gehen dabei davon aus, daß die Gefahr besteht, daß der Patient die ungenügende Qualität der Leistungen entdecken könnte.

2 Diese wurden in Abschnitt 5.4.3 beschrieben.

3 Siehe zum Begriff der prekären Beziehung Abschnitt 5.3.2.

4 Eine solche Konstellation ist z.B. in Health Maintenance Organizations (HMO) in den USA nicht unüblich. HMO tragen im wesentlichen vier Kennzeichen: 1. Übernahme der vertraglichen Verpflichtung, ein festgesetztes Sortiment an Gesundheitsleistungen, das zumindest Arzt- und Krankenhausleistungen umfaßt, anzubieten oder das Versorgungsangebot zu garantieren; 2. Zugang für eine bestimmte, eingeschriebene Gruppe von Mitgliedern. Diese sind auf einen begrenzten Kreis von an die HMO gebundenen Ärzten und Krankenhäusern festgelegt; 3. Entrichtung einer festen Vorauszahlung pro Periode und Mitglied, die unabhängig von der Leistungsinanspruchnahme durch das Mitglied ist; 4. Übernahme des finanziellen Risikos, welches durch die Krankheiten der Mitglieder entsteht; dabei Möglichkeit von Gewinnen und Verlusten. Vgl. REINHARDT (1988), S. 154. HMO sind in den USA ein wichtiger Meilenstein in der Entwicklung des Managed Care (MC). MC „ist ein integrierter Ansatz zur Steuerung und Regelung von Finanzierung und Leistungserbringung im Gesundheitswesen, mit dem Ziel, die Qualität zu verbessern und die Wirtschaftlichkeit zu erhöhen. Zentrale Maßnahmen sind dabei der Abschluß von Verträgen mit ausgewählten Leistungserbringern sowie die Einflußnahme auf die Leistungserbringer und die Versicherten durch datengestützte Informationen und Vorgaben". NEUFFER (1997), S. 118.

gesellschaftlich erwünschter Transaktionen bleiben zu hoch; die Kosten der gesellschaftlich unerwünschten Transaktionen bleiben zu gering.

7 Zusammenfassung und Schluß

Mittels funktionsfähigem Wettbewerb in Märkten könnten Auseinandersetzungen über die Angemessenheit der Ausgabenhöhe von Krankenhausleistungen beigelegt werden. Wettbewerb unter Krankenhäusern bzw. ein Markt für Krankenhausleistungen wird jedoch regelmäßig abgelehnt, weil er nicht zu den guten Ergebnissen führen würde, die Wettbewerb normalerweise in anderen Märkten erbringt. Grund für die Ablehnung des Wettbewerbs als Entscheidungsmechanismus seien verschiedene Besonderheiten der Krankenhausleistung.

Im deutschen Krankenhauswesen gibt es eine Vielzahl von Regulierungen, die in Märkten normalerweise nicht zu finden sind. Die Regulierungen werden teilweise mit der Existenz von asymmetrischer Informationsverteilung zwischen Anbietern und Nachfragern von Krankenhausleistungen begründet. Informationsasymmetrien sollten in der Arbeit daraufhin untersucht werden, ob sie tatsächlich einen plausiblen Grund für die mangelnde Funktionsfähigkeit von Krankenhausmärkten darstellen. Ferner sollte sodann geprüft werden, ob bestimmte Regulierungen mit der Existenz von Informationsasymmetrien zu rechtfertigen sind oder ob die Regulierungen womöglich selbst der Funktionsfähigkeit von Krankenhausmärkten entgegenstehen.

Zunächst hat die genaue Analyse des Wettbewerbs, von Märkten und deren Funktionsfähigkeit gezeigt, daß die pauschale Ablehnung von Wettbewerb in Krankenhausmärkten unangemessen ist. Das Wetteifern um die Verwendung knapper Güter nimmt grundsätzlich unterschiedlichste Formen an. Folglich gibt es nicht den *einen* Wettbewerb bzw. den *einen* Markt, der im Krankenhauswesen nicht funktioniert. Vielmehr findet funktionsfähiger Wettbewerb in unterschiedlich gestalteten Märkten statt. Die Märkte unterscheiden sich in den Rahmenbedingungen, in denen Wettbewerb abläuft, also in den Wettbewerbsfreiheitsspielräumen der einzelnen Beteiligten. Wettbewerbs- bzw. Marktgegner müßten die Rahmenbedingungen spezifizieren, die für den Wettbewerb unter Krankenhäusern nicht geeignet wären.

Die Rahmenbedingungen präsentieren sich den Marktteilnehmern in Form von Regeln, die in ihrer Gesamtheit die Wirtschaftsordnung bilden. Ein Synomym für die Regeln ist der Begriff der Institutionen. Die Funktionsfähigkeit von Märkten hängt von den Institutionen ab, welche letztlich die Größe der Freiheitsspielräume mitbestimmen. Leider können die Institutionen, welche die

Funktionsfähigkeit des Wettbewerbs gewährleisten würden, nicht allgemeingültig genau bestimmt werden. Die genaue, richtige Größe der Freiheitsspielräume, die durch Regeln bzw. Institutionen definiert werden, liegt ebenso wenig generell fest wie die Gestalt funktionsfähigen Wettbewerbs oder funktionsfähiger Märkte. Institutionen können grundsätzlich auf zwei verschiedenen Wegen entstehen. Die Gestaltung ist schon genannt worden. Daneben können Institutionen jedoch auch evolvieren. Es ergibt sich das Problem, daß institutionelle Veränderungen zwar geplant werden können, die Güte der Veränderung aber umstritten bleibt. Gleichzeitig besteht die Gefahr, die Freiheitsspielräume für die Evolution effizienter Institutionen zu weit zu beschränken. Denn auch die „richtigen" Freiheitsspielräume für die Entstehung von effizienten Institutionen sind nicht genau bekannt. Und die Evolution garantiert noch nicht einmal die Effizienz von Institutionen.

Die Rahmenbedingungen lassen sich ebenfalls als Kosten interpretieren. Das Ziel einer Ordnungspolitik, die für funktionsfähige Märkte bzw. für die Voraussetzung zu deren Entstehung sorgen will, kann dann folgendermaßen formuliert werden: Ziel muß es sein, die Kosten gesellschaftlich erwünschter Transaktionen zu senken und die Kosten gesellschaftlich unerwünschter Transaktionen zu erhöhen. Eine generell richtige Höhe der Kosten liegt wie die Größe der Freiheitsspielräume sowie die Gestalt funktionsfähigen Wettbewerbs und funktionsfähiger Märkte nicht genau fest. Institutionen beeinflussen die Transaktionskosten, weil sie die Unsicherheit menschlicher Interaktionen mindern. Sie sind deshalb nicht nur Baustein der Ordnung, sondern auch ein wichtiges Instrument der Ordnungspolitik, sofern sie gezielt gestaltet werden können.

Der richtigen Ordnung kann man sich nur sukzessiv nähern. Maßnahmen zur Veränderung der Transaktionskosten sollten nur aus einer begründeten Mangelsituation heraus ergriffen werden und ein legitimierbares Ziel verfolgen. Sie sollten geeignet, erforderlich und verhältnismäßig sein. Gegebenheiten müssen berücksichtigt werden. Auf diese Weise ist am besten gewährleistet, daß eine geplante institutionelle Reform, den Freiraum für die Entstehung möglicherweise effizienter Institutionen nicht zu weit eingeschränkt und nicht der Versuch unternommen wird, fundamentale Institutionen zu ändern, die definitionsgemäß nicht zu gestalten sind.

Informationsasymmetrien gibt es im Krankenhauswesen grundsätzlich in vielfältiger Form. Der besser informierte Transaktionspartner hat eine Reihe von

Möglichkeiten, seinen Informationsvorsprung opportunistisch auszunutzen und den schlechter informierten Transaktionspartner mit illegitimen Transaktionen zu belasten. Das Krankenhaus als besser informierter agent kann beispielsweise eine Behandlung minderer Qualität durchführen. In Abhängigkeit von der Art asymmetrischer Informationsverteilung ist das opportunistische Verhalten des Krankenhauses mit unterschiedlichen negativen Konsequenzen verbunden: Hidden characteristics können zu adverse selection führen, hidden actions ermöglichen moral hazard und hidden intentions bergen die Gefahr eines hold up.

Die illegitimen Transaktion sind gesellschaftlich unerwünscht. Ihre Beseitigung stellt ein legitimierbares Ziel dar. Um die negative Folgen asymmetrischer Informationsverteilung zu mäßigen oder sogar zu beseitigen, müßten die Kosten der (unerwünschten) illegitimen Transaktionen erhöht werden bzw. die Kosten der (erwünschten) legitimen Transaktionen gesenkt werden. Opportunistisches Verhalten darf sich für das Krankenhaus nicht mehr lohnen. Es sind verschiedene Möglichkeiten vorgestellt worden, mit denen die negativen Folgen asymmetrischer Informationsverteilung grundsätzlich angegangen werden könnten. Sie können teilweise von Individuen selbst initiiert werden.

Die Möglichkeiten sind ihrerseits jedoch mit unterschiedlich hohen (Transaktions-) Kosten verbunden. Bei der Auswahl einer effizienten Ausgestaltung und Kombination der verschiedenen Möglichkeiten ist wiederum funktionsfähiger Wettbewerb in Märkten von Bedeutung. Jener dient dem Finden und Koordinieren von Entscheidungen über die Verwendung knapper Güter. Bei den Entscheidungen spielen sowohl Produktions- als auch Transaktionskosten eine Rolle. Folglich werden die Entscheidungen auch berücksichtigen, daß die mit der Erhöhung der Kosten unerwünschter Transaktionen bzw. der Minderung der Kosten erwünschte Transaktionen verbundenen Aufwendungen in einem angemessenen Verhältnis zum erzielbaren Ergebnis stehen.

Im Krankenhauswesen gibt es zwar *prinzipiell* eine Reihe von Möglichkeiten, den schlechter informierten Nachfrager von Krankenhausleistungen mit illegitimen Transaktionen zu schädigen. Vor dem Hintergrund diverser „Therapierungsmöglichkeiten" von Informationsasymmetrien ist ihre *tatsächliche* Bedeutung für die Funktionsfähigkeit des Wettbewerbs im Krankenhauswesen jedoch geringer, als von Wettbewerbsgegnern behauptet. Informationsasymmetrien gibt es in ähnlicher Form in vielen anderen Märkten. Die Funktionsfähigkeit jener Märkte steht deshalb jedoch nicht in Frage. Informationsasymmetrien sind dort kein plausibler Grund für die Ablehnung des Wettbewerbs als Entscheidungsmechanismus. In den Märkten existieren Institutionen, welche die Möglichkeit zu illegitimen Transaktionen in offenbar ausreichendem Maß begrenzen. Im deutschen Krankenhauswesen sind diverse Ansätze von Möglichkeiten zur Milderung der negativen Folgen asymmetrischer Informationsverteilung erkennbar. Die Ansätze könnten in funktionsfähigem Wettbewerb eine wichtige Rolle spielen.

Vorschläge zur Veränderung einer Wirtschaftsordnung sollen aus einer Mangelsituation heraus erfolgen. Die unbefriedigende Ausgabensituation im Krankenhauswesen ist als eine solche Mangelsituation interpretiert worden. Maßnahmenvorschläge zur Veränderung der Situation dürften die Gegebenheiten nicht vernachlässigen. Die derzeitige Ausgestaltung des Krankenhaus- bzw. Gesundheitswesens ist deshalb berücksichtigt worden. Im deutschen Krankenhaus- bzw. Gesundheitswesen gilt der Patient als unmündig. Die Entmündigung widerspricht dem in funktionsfähigem Wettbewerb wichtigen Prinzip, daß Entscheidungen über die Verwendung von Gütern denjenigen überlassen werden sollten, deren Bedürfnisse mit den Gütern befriedigt werden. Die Überlegungen im sechsten Kapitel zielten deshalb vornehmlich darauf, wie Individuen größere Entscheidungs- und Handlungsspielräume zugestanden werden können. Vormals zu teure gesellschaftlich erwünschte Transaktionen sollten billiger, vormals zu billige gesellschaftlich unerwünschte Transaktionen sollten teurer werden.

Vorstellungen über eine Ordnung im Krankenhauswesen müßten *sämtliche* Besonderheiten der Krankenhausleistungen berücksichtigen. Jene müßten vorher genau untersucht und ihre Relevanz für die Gestalt bzw. Gestaltung funktionsfähigen Wettbewerbs im Krankenhauswesen festgestellt werden. In dieser Arbeit konnten deshalb in erster Linie nur Vorstellungen über angesichts der Existenz von Informationsasymmetrien möglicherweise richtige Rahmenbedingungen für funktionsfähigen Wettbewerb unter Krankenhäusern entwickelt werden. Sie können in die Konzipierung und Beurteilung späterer Maßnahmen einfließen.

Die Vorstellungen betrafen zum einen die Selbstbeteiligung von Individuen an den in Anspruch genommenen Krankenhausleistungen, die nicht zuletzt Krankenkassen als Informationshelfer mobilisieren könnte, und zum anderen die Vertagsfreiheit der Krankenkassen, die derzeit noch durch bestimmte Regulierungen gehemmt ist. Sowohl die Selbstbeteiligung als auch die größere Freiheit der Krankenkassen beim Abschluß von Verträgen über Krankenhausleistungen könnte den Wettbewerbsdruck im Krankenhauswesen erhöhen. In der Funktion als Informationshelfer würden Krankenkassen ebenso wie die Möglichkeit flexiblerer Vertragsgestaltung zur „Therapierung" von Informationsasymmetrien beitragen.

Es ist die richtige Gestalt von Märkten, die für die Funktionsfähigkeit des Wettbewerbs unter Krankenhäusern entscheidend ist. Wettbewerb im Krankenhauswesen ist - angesichts asymmetrischer Informationsverteilung - nicht generell abzulehnen. Es gilt, die Gestalt *funktionsfähiger* Märkte zu suchen, die Informationsasymmetrien in angemessener Weise regelt. Maßnahmen, welche die Abkehr vom Wettbewerb als Entscheidungsmechanismus bedeuten würden, sind erst gerechtfertigt, wenn sie sich aus einer begründeten Mangelsituation heraus als geeignete, erforderliche und verhältnismäßige Maßnahme mit legitimierbarem Ziel ergeben.

Literaturverzeichnis

AKERLOF, G. A. (1970), The Market for „Lemons": Quality, Uncertainty and the Market Mechanism, in: Quarterly Journal of Economics, 84. Jg., S. 488-500.

ALBACH, H. (1980), Vertrauen in der ökonomischen Theorie, in: Zeitschrift für die gesamte Staatswissenschaft, 136. Jg., S. 2-11.

ALCHIAN, A. A./ WOODWARD, S. (1987), Reflections on the Theory of the Firm, in: Journal of Institutional Theory and Economics, 143. Jg., S. 110-136.

ALCHIAN, A. A./ WOODWARD, S. (1988), The Firm is Dead; Long Live the Firm, A Review of Oliver E. Williamson's The Economic Institutions of Capitalism, in: Journal of Economic Literature, 26. Jg., S. 65-79.

ALT, J. E./ SHEPSLE, K. A. (1990), Perspektive on Positive Political Economy, Cambridge.

ALTMANN, F. (1997), Stabilität vertraglicher Kooperationsverhältnisse im Franchising - eine institutionenökonomische Analyse, Frankfurt am Main.

ANDREAS, H. (1994), Problemgeschichte der Gesundheitsökonomie in der Bundesrepublik Deutschland, Köln.

ARNOLD, V. (1992), Theorie der Kollektivgüter, München.

ARROW, K. J. (1963), Uncertainty and the Welfare Economics of Medical Care, in: American Economic Review, 53. Jg., S. 941-969.

ARROW, K. J. (1969), The Organization of Economic Activity: Issues Pertinent to the Choice of Market Versus Nonmarket Allocation, in: The Analysis and Evaluation of Public Expenditures: The PBB-System, Joint Economic Committee, 91st Congress, 1st Session, Vol. 1, Washington.

ARROW, K. J. (1971), Political and Economic Evaluation of Social Effects and Externalities, in: INTRILIGATOR, M. D. (Hrsg.), Frontiers of Quantitative Economics, Amsterdam, London, S. 3-25.

ARROW, K. J. (1991/1985), The Economics of Agency, in: PRATT, J. W./ ZECKHAUSER, R. J. (Hrsg.) , Principals and Agents: The Structure of Business, Boston, S. 37-51.

AXELROD, R. (1984), The Evolution of Cooperation, New York.

BACKHAUS, K. (1992), Investitionsgüter-Marketing - Theorieloses Konzept mit Allgemeinheitsanspruch?, in: Zeitschrift für betriebswirtschaftliche Forschung, 44. Jg., S. 771-791.

BACKHAUS, K./ AUFDERHEIDE, D./ SPÄTH, G.-M. (1994), Marketing für Systemtechnologien, Stuttgart.

BACKHAUS, K./ BONUS, H. (1997), Die Beschleunigungsfalle oder der Triumph der Schildkröte, 2., erweiterte Auflage, Stuttgart.

BACKHAUS, K./ WEISS, P. A. (1989), Kompetenz - die entscheidende Dimension im Marketing, in: Harvard Manager, 11. Jg., S. 107-114.

BÄR, D. u.a. (1995), Weiterentwicklung der Krankenhausversorgung in Deutschland (IV), in: das Krankenhaus, 87. Jg., S. 116-119.

BAMBERG, G./ SPREMANN, K. (1989), Agency Theory, Information and Incentives, Berlin u.a.O.

BARTLING, H. (1980), Leitbilder der Wettbewerbspolitik, München.

BENDER, D. u.a. (1995), Vahlens Kompendium der Wirtschaftstheorie und Wirtschaftspolitik, 6. Auflage, München.

BERG, H. (1995), Wettbewerbspolitik, in: Vahlens Kompendium der Wirtschaftstheorie und Wirtschaftspolitik, Bd. 2, 6., überarbeitete Auflage, München, S. 239-300.

BÉJEAN, S./ GADREAU, M. (1992), Asymétries d'information et régulation en médecine ambulatoire, in: revue d' économie politique, 102. Jg., S. 207-227.

BINSWANGER, H.-CHR./ BONUS, H./ TIMMERMANN, M. (1981), Wirtschaft und Umwelt, Stuttgart u.a.O.

BLOMQUIST, A. (1991), The Doctor as Double Agent: Information Asymmetrie, Health Insurance, and Medical Care, in: Journal of Health Economics, 10. Jg., S. 411-432.

BÖHM-BARWERK, E. VON (1961), Kapital und Kapitalzins, 4. Auflage, Bd. 2, Stuttgart.

BOLLES, W. (1994), „Markt" für Krankenhausleistungen - Realität oder Wunschvorstellung?, in: das Krankenhaus, 86. Jg., S, 60-65.

BONUS, H. (1972), Über Schattenpreise von Umweltressourcen, in: Jahrbuch für Sozialwissenschaft, Bd. 23. S. 343-354.

BONUS, H. (1978), Ordnungspolitische Aspekte öffentlicher Güter, Schriften des Vereins für Socialpolitik, Gesellschaft für Wirtschafts- und Sozialwissenschaften, Neue Folge, Bd. 98, Neuere Entwicklungen in den Wirtschaftswissenschaften, S. 51-73.

BONUS, H. (1979), Öffentliche Güter: Verführung und Gefangenendilemma, in: List-Forum, Bd. 10, S. 69-102.

BONUS, H. (1980a), Öffentliche Güter und Öffentlichkeitsgrad von Gütern, in: Zeitschrift für die gesamte Staatswissenschaft, 136. Jg., S. 50-81.

BONUS, H. (1980b), Öffentliche Güter und Gefangenendilemma, in: DETTLING, W. (Hrsg.), Die Zähmung des Leviathan: Neue Wege der Ordnungspolitik, Baden-Baden, S. 129-160.

BONUS, H. (1986), The Cooperative Association as a Business Enterprise: A Study in the Economics of Transaction, in: Journal of Institutional and Theoretical Economics, 142. Jg., S. 310-339.

BONUS, H. (1987a), Die Genossenschaft als modernes Unternehmenskonzept, INSTITUT FÜR GENOSSENSCHAFTSWESEN DER UNIVERSITÄT MÜNSTER (Hrsg.), Genossenschaftswissenschaftliche Beiträge, Heft 10, Münster.

BONUS, H. (1987b), Illegitime Transaktionen, Abhängigkeit und institutioneller Schutz, in: Hamburger Jahrbuch für Wirtschafts- und Gesellschaftspolitik, 32. Jg., S. 87-107.

BONUS, H. (1987c), Transaktionen, Opportunisten und Koalition, in: Frankfurter Allgemeine vom 29.08.1987, S. 13.

BONUS, H. (1994), Das Selbstverständnis moderner Genossenschaften - Rückbindung von Kreditgenossenschaften an ihre Mitglieder, Tübingen.

BONUS, H. (1995a), Precarious Relationships in Economics, Working Paper of the Center for Research on Contracts and the Structure of Enterprise, Nr. 95-01, Pittsburgh.

BONUS, H. (1995b), Europäische Identität aus ökonomischer Sicht, in: HENRICHSMEYER, W./ HILDEBRAND, K./ MAY, B. (Hrsg.), Auf der Suche nach europäischer Identität, Bonner Schriften zur Integration Europas, Bd. 5, Bonn, S. 67-100.

BONUS, H. (1997), Die Langsamkeit von Spielregeln, in: BACKHAUS, K./ BONUS, H. (Hrsg.), Die Beschleunigungsfalle oder der Triumph der Schildkröte, 2., erweiterte Auflage, Stuttgart, S. 1-18.

BONUS, H./ MASELLI, A. (1996a), Neue Institutionenökonomik, in: GABLER-VOLKSWIRTSCHAFTS-LEXIKON, Wiesbaden, S. 764-766.

BONUS, H./ MASELLI, A. (1996b), Transaktionskostenökonomik, in: GABLER-VOLKSWIRTSCHAFTS-LEXIKON, Wiesbaden, S. 1082-1085.

BONUS, H./ WEILAND, R. (1995), Die Welt der Institutionen, in: DIECKHEUER, G. (Hrsg.), Beiträge zur angewandten Mikroökonomik. Jochen Schumann zum 65. Geburtstag, Berlin u.a.O., S. 29-52.

BORCHARDT, K./ FIKENTSCHER, W. (1957), Wettbewerb, Wettbewerbsbeschränkung, Marktbeherrschung, Stuttgart.

BORCHERT, M./ GROSSEKETTLER, H. (1985), Preis- und Wettbewerbstheorie, Stuttgart u.a.O.

BREYER, F./ ZWEIFEL, P. (1997), Gesundheitsökonomie, 2., überarbeitete und erweiterte Auflage, Berlin u.a.O.

BRÜMMERHOFF, D. (1990), Finanzwissenschaft, 5., überarbeitete und erweiterte Auflage, München, Wien.

BRUHN, M. (1996), Qualitätsmanagement für Dienstleistungen, Berlin u.a.O.

BUCHANAN, J. M. (1977), Freedom in Constitutional Contract, Perspective of a Political Economist, London.

BÜHNER, R./ HAASE, K. D./ WILHELM, J. (1995), Die Dimensionierung des Unternehmens, Stuttgart.

CASSEL, D. (1988), Wirtschaftspolitik als Ordnungspolitik, in: CASSEL, D./ RAMB, B.-T./ THIEME, H. J. (Hrsg), Ordnungspolitik, S. 313-333.

CASSEL, D./ KNAPPE, E./ OBERENDER, P. (1997), Für Marktsteuerung, gegen Dirigismus im Gesundheitswesen, in: Wirtschaftsdienst, 77. Jg., S. 29-36.

CASSEL, D./ RAMB, B.-T./ THIEME, H. J. (1988), Ordnungspolitik, München.

CLAESSENS, D. (1980), Das Konkrete und das Abstrakte - Soziologische Skizzen zur Anthropologie, Frankfurt am Main.

CLARK, J. M. (1961), Conpetition as a Dynamic Process, Washington.

COASE, R. H. (1937), The Nature of the Firm, in: Economica, 4. Jg., S. 386-405.

COASE, R. H. (1988), The Firm, the Market, and the Law, in: COASE, R. H. (Hrsg.), The Firm, the Market and the Law, Chicago, London, S. 1-31.

CULYER, A. J. (1971), The Nature of the Commodity „Health Care" and its Efficient Allocation, in: Oxford Economic Papers, 23. Jg., S. 189-211.

DARBY, E./ KARNI, M. R. (1973), Free Competition and the Optimal Amount of Fraud, in: Journal of Law and Economics, 8. Jg., S. 67-88.

DAVIS, L. E./ NORTH, D. C. (1971), Institutional Change and American Economic Growth, Cambridge.

DEMMLER, H. (1992), Grundlagen der Mikroökonomie, München, Wien.

DENZAU, A. T./ NORTH, D. C. (1994), Shared Mental Models: Ideologies and Institutions, in: Kyklos, 47. Jg., S. 3-31.

DEREGULIERUNGSKOMMISSION (1991), Marktöffnung und Wettbewerb, Stuttgart.

DETTLING, W. (1980), Die Zähmung des Leviathan: Neue Wege der Ordnungspolitik, Baden-Baden.

DEUTSCHE KRANKENHAUSGESELLSCHAFT (1994), Die Stellung des Krankenhauses in der künftigen gesundheitlichen Versorgung, in: das Krankenhaus, 86. Jg., S. 542.

DEUTSCHE KRANKENHAUSGESELLSCHAFT (1996), DKG-Stellungnahme, GKV-Weiterentwicklungsgesetz (GKVWG), Zweites Gesundheits-Strukturgesetz (GSG II), in: das Krankenhaus, 88. Jg., S. 202-213.

DIECKHEUER, G. (1995), Beiträge zur angewandten Mikroökonomik. Jochen Schumann zum 65. Geburtstag, Berlin u.a.O.

DIENER, F. (1990), Die Wahl der Verträge zwischen Versicherung und Kliniken, Frankfurt am Main u.a.O.

DIETL, H. (1993), Institutionen und Zeit, Tübingen.

DÖRING, T. (1994), Das Subsidiaritätsprinzip, in: Wirtschaftswissenschaftliches Studium, S. 243-246.

EBERS, M./ GOTSCH, W. (1995), Institutionenökonomische Theorien der Organisation, in: KIESER, A. (Hrsg.), Organisationstheorien, 2., überarbeitete Auflage, Stuttgart.

EHRLICHER, W. u.a. (1975), Kompendium der Volkwirtschaftslehre, Bd. 2, 4. Auflage, Göttingen.

EICHHORN, S. (1982), Systemplanung im Krankenhaus- und Gesundheitswesen, in: HERDER-DORNEICH, PH. u.a. (Hrsg.), Wege zur Gesundheitsökonomie II, ROBERT BOSCH STIFTUNG (Hrsg.), Beiträge zur Gesundheitsökonomie, Bd. 2, Gerlingen, S. 11-82.

EICHHORN, S. (1997), Integratives Qualitätsmanagement im Krankenhaus: Konzeption und Methoden eines qualitäts- und kostenintegrierten Krankenhausmanagements, Stuttgart, Berlin, Köln.

ERIKSON, E. H. (1992/1966), Identität und Lebenszyklus: drei Aufsätze, 13. Auflage, Frankfurt am Main.

ERLEI, M. (1996), Institutionen, Märkte und Marktphasen, Allgemeine Transaktionskostentheorie unter spezieller Berücksichtigung der Entwicklungsphasen von Märkten, Habilitationsschrift zur Erlangung der venia legendi im Fach Volkswirtschaftslehre an der Westfälischen Wilhelms-Universität Münster.

EUCKEN, W. (1952), Grundsätze der Wirtschaftspolitik, 3. Auflage., Tübingen, Zürich.

FISCHER, D. (1988), Marktstruktur und Marktverhalten in der Krankenhauswirtschaft, Spardorf.

FREY, B./ KIRCHGÄSSNER, G. (1994), Demokratische Wirtschaftspolitik, 2., völlig neubearbeitete Auflage, München.

FRITSCH, M./ WEIN, T./ EWERS, H.-J. (1996), Marktversagen und Wirtschaftspolitik, 2., überarbeitete und ergänzte Auflage, München.

GABLER-VOLKSWIRTSCHAFTS-LEXIKON (1996), Wiesbaden.

GABLER-WIRTSCHAFTS-LEXIKON (1992), Taschenbuch-Kassette mit 8 Bänden, 13., vollständig überarbeitete Auflage, Wiesbaden.

GÄFGEN, G. (1990), Gesundheitsökonomie: Grundlagen und Anwendungen, GÄFGEN, G./ OBERENDER, P. (Hrsg.), Gesundheitsökonomische Beiträge, Bd. 8, Baden-Baden.

GÄFGEN, G./ OBERENDER, P. (1990), Gesundheitsökonomische Beiträge, Bd. 8, Baden-Baden.

GIDDENS, A. (1990), The consequences of modernity, Cambridge.

GOLDBERG, V. P. (1976), Regulation and Administered Contracts, in: Bell Journal of Economics and Management, 7. Jg., S. 439-441.

GREENBERG, W. (1978), Competition in the Health Care Sektor: Past, Present, and Future, Germantown.

GROSSEKETTLER, H. (1989), Deregulierung und Privatisierung, in: Wirtschaftswissenschaftliches Studium, S. 437-445.

GROSSEKETTLER, H. (1991), Zur theoretischen Integration der Wettbewerbs- und Finanzpolitik in die Konzeption des ökonomischen Liberalismus, in: Jahrbuch für Neue Politische Ökonomie, Bd. 10, S. 103-145.

GROSSEKETTLER, H. (1992), „Wettbewerb so weit wie möglich, Planung so weit wie nötig", Über Voraussetzungen und Entwicklungsmöglichkeiten der Schillerschen Beweislastregel, in: Ehrendoktorwürde der Wirtschaftswissenschaftlichen Fakultät für Karl Schiller, Schriften der Gesellschaft zur Förderung der Westfälischen Wilhelms-Universität zu Münster, Heft 73, Münster.

GROSSEKETTLER, H. (1995a), Öffentliche Finanzen, in: BENDER, D. u.a. (Hrsg.), Vahlens Kompendium der Wirtschaftstheorie und Wirtschaftspolitik, 6. Auflage, München, S. 483-628.

GROSSEKETTLER, H. (1995b), Die Messung der Funktionsfähigkeit von Märkten mit Hilfe des Konzepts zur Koordinationsmängeldiagnose, Methodenbeschreibung und Anwendung bei einer In-vivo-Inspektion realer Märkte, Volkswirtschaftliche Diskussionsbeiträge der Westfälischen Wilhelms-Universität Münster, Beitrag Nr. 195, 2. verbesserte Auflage, Münster.

GUTMANN, G. (1988), Märkte, Information und Flexibilität, in: CASSEL, D./ RAMB, B.-T./ THIEME, H. J. (Hrsg.), Ordnungspolitik, München, S. 207-229.

HÄDER, M./ NIEBAUM, H. (1997), EWU und Stabilitätskultur aus institutionenökonomischer Sicht, in: Wirtschaftsdienst, 77. Jg., S. 94-98.

HARTWIG, K.-H. (1988), Ordnungstheorie und die Tradition des ökonomischen Denkens, in: CASSEL, D./ RAMB, B.-T./ THIEME, H. J. (Hrsg.), Ordnungspolitik, München, S. 31-51.

HAUBROCK, M. (1994), Krankenhausfinanzierung, in: PETERS, S. H. F. / SCHÄR, W. (Hrsg.), Betriebswirtschaft und Management im Krankenhaus, Berlin, S. 215-242.

HAUBROCK, M./ SCHÄR, W. (1994), Struktur des Gesundheitswesens/ Grundlagen der Gesundheits- und Sozialpolitik, in: PETERS, S. H. F. / SCHÄR, W. (Hrsg.), Betriebswirtschaft und Management im Krankenhaus, Berlin, S. 71-91.

HAUSER, H. (1988), Grundzüge einer wettbewerbsorientierten Reformpolitik und das Konzept der Health Maintenance Organization, in: HAUSER, H./ SCHULENBURG, M. GRAF V. D. (Hrsg.), Health Maintenance Organizations, ROBERT BOSCH STIFTUNG (Hrsg.), Beiträge zur Gesundheistökonomie, Nr. 19, Gerlingen, S. 13-35.

HAUSER, H./ SCHULENBURG, M. GRAF V.D. (1988), Health Maintenance Organizations, ROBERT BOSCH STIFTUNG (Hrsg.), Beiträge zur Gesundheistökonomie, Nr. 19, Gerlingen

HAYEK, F. A. VON (1969a), Wettbewerb als Entdeckungsverfahren, WALTER EUCKEN INSTITUT (Hrsg.), Wirtschaftswissenschaftliche und wirtschaftsrechtliche Untersuchungen, Bd. 5, F. A. von Hayek, Freiburger Studien, Gesammelte Aufsätze, Tübingen, S. 249-265.

HAYEK, F. A. VON (1969b), Arten der Ordnung, WALTER EUCKEN INSTITUT (Hrsg.), Wirtschaftswissenschaftliche und wirtschaftsrechtliche Untersuchungen, Bd. 5, F. A. von Hayek, Freiburger Studien, Gesammelte Aufsätze, Tübingen, S. 32-46.

HAYEK, F. A. VON (1969c), Arten des Rationalismus, WALTER EUCKEN INSTITUT (Hrsg.), Wirtschaftswissenschaftliche und wirtschaftsrechtliche Untersuchungen, Bd. 5, F. A. von Hayek, Freiburger Studien, Gesammelte Aufsätze, Tübingen, 75-89.

HEAD, J. G. (1966), On Merit Goods, in: Finanzarchiv, Bd. 25, S. 1-28.

HEINER, R. (1983), The Origins of Predictable Behavior, in: American Economic Review, 73. Jg., S. 560-595.

HENRICHSMEYER, W./ HILDEBRAND, K./ MAY, B. (1995), Auf der Suche nach europäischer Identität, Bonner Schriften zur Integration Europas, Bd. 5, Bonn.

HERDER-DORNEICH, PH. (1980), Gesundheitsökonomik, Stuttgart.

HERDER-DORNEICH, PH. u.a. (1982), Wege zur Gesundheitsökonomie II, ROBERT BOSCH STIFTUNG (Hrsg.), Beiträge zur Gesundheitsökonomie, Bd. 2, Gerlingen,

HERDER-DORNEICH, PH. (1994), Ökonomische Theorie des Gesundheitswesens, Baden-Baden.

HERDZINA, K. (1975), Zur historischen Entwicklung der Wettbewerbstheorie, in: HERDZINA, K. (Hrsg.), Wettbewerbstheorie, Köln, S. 15-28.

HERDZINA, K. (1993), Wettbewerbspolitik, 4., überarbeitete Auflage, Stuttgart.

HIRSHLEIFER, J./ RILEY, G. (1979), The Analytics of Uncertainty and Information: An Expository Survey, in: Journal of Economic Literature, 17. Jg., S. 1375-1421.

HOPPMANN, E. (1966), Das Konzept der optimalen Wettbewerbsintensität, in: Jahrbuch für Nationalökonomie und Statistik, 176. Jg.

HÜLLEMANN, K.-D./ KÜNZEL, U. (1995), Gütesiegel „Health Promoting Hospital, gesundheitsförderndes Krankenhaus“?, in: krankenhausumschau-spezial, 64. Jg., S. 18-21.

INSTITUT FÜR GENOSSENSCHAFTSWESEN DER UNIVERSITÄT MÜNSTER (1987), Genossenschaftswissenschaftliche Beiträge, Heft 10, Münster.

INSTITUT FÜR GENOSSENSCHAFTSWESEN DER UNIVERSITÄT MÜNSTER (1997), Kooperations- und Genossenschaftliche Beiträge, Bd. 40, Münster.

INTERNATIONALE GESELLSCHAFT FÜR GESUNDHEITSÖKONOMIE (1980), Selbstbeteiligung im Gesundheitswesen, Stuttgart.

INTRILIGATOR, M. D. (1971), Frontiers of Quantitative Economics, Amsterdam, London.

JACOBS, K. (1993), Sinnvoller Kassenwettbewerb in der GKV, in: Wirtschaftsdienst, 11. Jg., S. 597-602.

JENSEN, M. C./ MECKLING, W. H. (1976), Theory of the Firm: Managerial Behavior, Agency Costs and Ownership Structure, in: Journal of Financial Economics, 3. Jg,. S. 305-360.

JÜRGENSEN, H. (1967), Wirtschaftspolitische Studien aus dem Institut für Europäische Wirtschaftspolitik der Universität Hamburg, Bd. 1, 2., durchgesehene Auflage, Göttingen.

KAAS, K. P. (1990), Marketing als Bewältigung von Informations- und Unsicherheitsproblemen im Markt, in: Die Betriebswirtschaft, 60. Jg., S. 539-548.

KAAS, K. P. (1991), Marktinformationen: Screening und Signaling unter Partnern und Rivalen, in: Zeitschrift für Betriebswirtschaft, 61. Jg., S. 357-370.

KAAS, K. P. (1992), Kontraktgütermarketing als Kooperation zwischen Prinzipalen und Agenten, in: Zeitschrift für betriebswirtschaftliche Forschung, 44. Jg., S. 884-901.

KALTEFLEITER, W. (1994), Kann das Krankenhaussystem marktwirtschaftlich organisiert werden?, in: Orientierungen zur Wirtschafts- und Gesellschaftspolitik, 62. Jg., S. 29-34.

KANTZENBACH, E. (1967), Die Funktionsfähigkeit des Wettbewerbs, JÜRGENSEN, H. (Hrsg.), Wirtschaftspolitische Studien aus dem Institut für Europäische Wirtschaftspolitik der Universität Hamburg, Bd. 1, 2., durchgesehene Auflage, Göttingen.

KELCH, D. (1994a), Arzthaftung und Aufklärungsproblematik (I), in: das Krankenhaus, 86. Jg., S. 169-173.

KELCH, D. (1994b), Arzthaftung und Aufklärungsproblematik (II), in: das Krankenhaus, 86. Jg., S. 219-223.

KIESER, A. (1995), Organisationstheorien, 2., überarbeitete Auflage, Stuttgart.

KLEIN, B. (1985), Self-Enforcing Contracts, in: Journal of Institutional and Theoretical Economics, 141. Jg., S. 594-600.

KLEIN, B./ CRAWFORD, R. G./ ALCHIAN, A. A. (1978), Vertical Integration, Appropriable Rents and the Competitive Contracting Process, in: Journal of Law and Economics, 21. Jg., S. 297-326.

KLEIN, B./ LEFFLER, K. B. (1981), The Role of Market Forces in Assuring Contractual Performance, in: Journal of Political Economy, 89. Jg., S. 615-641.

KNIGHT, F. A. (1971/1921), Risk, Uncertainty and Profit, Chicago, 3. Auflage, London.

KNORR, G. (1994), Staatliche Verantwortung und Krankenhausversorgung - Argumente für das duale Finanzierungssystem, in: das Krankenhaus, 86. Jg., S. 548-553.

KOMMISSION KRANKENHAUSFINANZIERUNG DER ROBERT BOSCH STIFTUNG (1987), Krankenhäuser in Selbstverwaltung: Kommissionsbericht, ROBERT BOSCH STIFTUNG (Hrsg.), Beiträge zur Gesundheitsökonomie, Bd. 20, Gerlingen.

KREPS, D. M. (1990), Corporate Culture and Economic Theory, in: ALT, J. E./ SHEPSLE, K. A. (Hrsg.), Perspektive on Positive Political Economy, Cambridge, S. 90-143.

KRONMAN, A. T. (1985), Contract Law and the State of Nature, in: Journal of Law, Economics, and Organisation, 1. Jg., S. 5-32.

KUBITSCHEK, J./ NEUDECK, W. (1992), Zur Effizienz von Preis- und Qualitätswettbewerb im Krankenhausbereich, in: OBERENDER, P. (Hrsg.), Steuerungsprobleme im Gesundheitswesen, Baden-Baden.

KÜLP, B. (1975), Wohlfahrtsökonomik I: Die Wohlfahrtskriterien, Tübingen, Düsseldorf.

LACHMANN, L. M. (1970), Drei Essays über Max Webers geistiges Vermächtnis, Tübingen 1973.

LANCASTER, K. (1969), Introduction to Modern Microeconomics, Chicago 1969.

LANDESZENTRALBANK IM SAARLAND (1992), Wissenschaftliche Hefte, Bd. 2, Dillingen.

LEHMANN, A. (1993), Dienstleistungsmanagement: Strategien und Ansatzpunkte zur Schaffung von Servicequalität, Stuttgart.

LEVINTHAL, D. (1988), A Suvey of Agency Models of Organizations, in: Journal of Economic Behavior and Organization, 9. Jg., S. 153-185.

LOOSE, A./ SYDOW, J. (1994), Vertrauen und Ökonomie in Netzwerkbeziehungen - Strukturationstheoretische Betrachtungen, in: SYDOW, J./ WINDELER, A. (Hrsg.), Management interorganisationaler Beziehungen - Vertauen, Kontrolle und Informationstechnik, Opladen, S. 160-193.

LÜBBE, H. (1979), Zur Identitätspräsentationsfunktion der Historie, in: MARQUARD, O./ STIERLE, K. (Hrsg.), Identität, Politik und Hermeneutik, München, S. 277-292.

LUHMANN, N. (1989), Vertrauen. Ein Mechanismus zur Reduktion sozialer Komplexität, 3. Auflage, Stuttgart.

MACNEIL, I. R. (1974), The Many Futures of Contract, in: Southern California Law Review, 47. Jg., S. 691-816.

MACNEIL, I. R. (1978), Contracts: Adjustment of Long-term Economic Relations Under Classical, Neoclassical, and Relational Contact Law, in: Northwestern University Law Review, 72. Jg., S. 854-905.

MARGOLIS, J./ GUITTOR, H. (1969), Public Economics - An Analysis of Public Production and Consumption and their Relation to the Private Sector, Proceedings of a Conference held by the International Economic Association 1966, London u.a.O.

MARQUARD, O./ STIERLE, K. (1979), Identität, Politik und Hermeneutik, München.

MARSHALL, A. (1980/1920), Principles of Economics, London.

MASELLI, A. (1997), Spin-offs zur Durchführung von Innovationen - Eine Analyse aus institutionenökonomischer Sicht, Wiesbaden.

MENZE, T./ DEMLING, I. (1993), Möglichkeiten und Grenzen des Marketing für Krankenhäuser, in: Krankenhaus Technik, 19. Jg., S. 68-76.

METZE, I. (1982), Gesundheitspolitik. Ökonomische Instrumente zur Steuerung von Angebot und Nachfrage im Gesundheitswesen, Stuttgart u.a.O.

MEYER, D. (1993), Technischer Fortschritt im Gesundheitswesen, Tübingen.

MEYERS-MIDDENDORF, J. (1993), Die Gestaltungsrelevanz marktwirtschaftlichen Wettbewerbs in der Gesetzlichen Krankenversicherung, Sozialökonomische Analyse der Möglichkeiten und Grenzen eines Krankenkassenwettbewerbs, Köln.

MOONEY, G./ RYAN, M. (1993), Agency in Health Care: Getting Beyond First Principles, in: Journal of Health Economics, 12. Jg., S. 125-135.

MÜNNICH, F. E. (1980), Modelle der Selbstbeteiligung, in: INTERNATIONALE GESELLSCHAFT FÜR GESUNDHEITSÖKONOMIE (Hrsg.), Selbstbeteiligung im Gesundheitswesen, Stuttgart.

MURKEN, A. (1971), Die Entwicklung des Krankenhauses seit dem 19. Jahrhundert, in: das Krankenhaus, 63. Jg., S. 291-296.

MUSGRAVE, R. A./ MUSGRAVE, P. B./ KULLMER, L. (1978), Die öffentlichen Finanzen in Theorie und Praxis, Band 1, 2., durchgesehene Auflage, Tübingen.

NELL-BREUNING, O. VON (1962), Das Subsidiaritätsprinzip, in: Staatslexikon, Bd. 7, Freiburg, S. 826-833.

NELSON, P. (1970), Information and Consumer Behavior, in: Journal of Political Econony, 78. Jg., S. 311-329.

NELSON, P. (1974), Advertising as Information, in: Journal of Political Economy, 82. Jg., S. 729-754.

NEUBAUER, G. (1993), Schritte zur Neuordnung der Krankenhausfinanzierung in Deutschland, in: OBERENDER, P. (Hrsg.), Institutionelle Erneuerung des Gesundheitswesens in Deutschland, Baden-Baden, S. 63-83.

NEUBERGER, O. (1986), Führung im Spannungsfeld von Effizienz, Moral und persönlicher Identität, Universität Augsburg.

NEUFFER, A. B. (1997), Managed Care: Umsetzbarkeit des Konzeptes im deutschen Gesundheitssystem, Bayreuth.

NIEDERKOFLER, M. (1991), The Evolution of Strategic Alliances: Opportunities for Managerial Influence, in: Journal of Business Venturing, 6. Jg., S. 237-257.

NOETHER, M. (1988), Competition among Hospitals, in: Journal of Health Economics, 7. Jg., S. 259-284.

NORTH, D. C. (1990), Institutions, Institutional Change and Economic Performance, Cambridge/ New York.

NORTH, D. C. (1992), Institutionen, institutioneller Wandel und Wirtschaftsleistung, Tübingen.

NORTH, D. C. (1993), Institution and Credible Commitment, in: Journal of Institutional and Theoretical Economics, 149. Jg., S. 11-23.

o.V. (1994), Krankenhaus-Michelin: Sehr zufriedene Patienten in privaten Krankenanstalten, in: Führen und Wirtschaften im Krankenhaus, 11. Jg., S. 511.

o.V. (1996a), Kassen für mehr Vertragsfreiheit, in: Handelsblatt vom 30.01.1996, S. 6.

o.V. (1996b), Barmer Ersatzkasse will mehr Vertragsfreiheit, in: Handelsblatt vom 24.10.1996, S. 7.

o.V. (1996c), Gesetzgebung: Perspektiven ab 1997, in: das Krankenhaus, 88. Jg., S. 545-546.

o.V. (1996d), Regierungskoalition einigt sich auf Eckpunkte zur Fortführung der 3. Stufe der Gesundheitsreform, in: das Krankenhaus, 88. Jg., S. 491-493.

o.V. (1997a), Koalition setzt dritte Reformstufe durch, in: Frankfurter Allgemeine vom 14.06.1997, S. 6.

o.V. (1997b), Interview mit DKG-Hauptgeschäftsführer Jörg Robbers, Was kommt auf die Krankenhäuser zu?, in: das Krankenhaus, 89. Jg., S. 167-170.

o.V. (1997c), Ein neuer Dienstleister will Gesundheitskosten sparen helfen, in: Frankfurter Allgemeine vom 15.09.1997, S. 23.

o.V. (1997d), Kosten für Kliniken gesunken, in: Handelsblatt vom 24.07.1997, S. 5.

OBERENDER, P. (1992), Steuerungsprobleme im Gesundheitswesen, Baden-Baden.

OBERENDER, P. (1993), Institutionelle Erneuerung des Gesundheitswesens in Deutschland, Baden-Baden.

OBERENDER, P. (1995), Mehr Verantwortung für den Patienten, in: Handelsblatt vom 19.12.1995, S. 2.

OSSEN, P. (1995), Das Krankenhaus als volkswirtschaftlicher Faktor, in: das Krankenhaus, 87. Jg., S. 61-65.

OTT, A. E. (1959), Marktform und Verhaltensweise, Stuttgart.

OTT, C./ SCHÄFER, H.-B. (1993), Ökonomische Analyse des Unternehmensrechts, Heidelberg.

PARKIN, M./ NOBAY, A. R. (1974), Current Economic Problems, London u.a.O.

PAULY, M. V. (1978), Is Medical Care Different?, in: GREENBERG, W. (Hrsg.), Competition in the Health Care Sektor: Past, Present, and Future, Germantown, S. 11-45.

PETERMANN, F. (1992), Psychologie des Vertrauens, 2., vollständig überarbeitete Auflage, München.

PETERS, S. H. F. / SCHÄR, W. (1994), Betriebswirtschaft und Management im Krankenhaus, Berlin.

PICOT, A./ DIETL, H. (1990), Transaktionskosten, in: Wirtschaftswissenschaftliches Studium, 19. Jg., S. 178-184.

PICOT, A./ DIETL, H. (1993), Neue Institutionenökonomie und Recht, in: OTT, C./ SCHÄFER, H.-B. (Hrsg.), Ökonomische Analyse des Unternehmensrechts, Heidelberg, S. 306-330.

PINTER, E. (1995.), DIN ISO 9004 Teil 2 als Leitlinie für ein zeitgemäßes Qualitätsmanagement im Krankenhaus, in: krankenhausumschau-spezial, S. 22-32.

PLÖTNER, O. (1995) Das Vertrauen des Kunden: Relevanz, Aufbau und Steuerung auf industriellen Märkten, Wiesbaden.

PRATT, J. W./ ZECKHAUSER, R. J. (1991/1985), Principals and Agents: The Structure of Business, Boston.

PRATT, J. W./ ZECKHAUSER, R. J. (1991/ 1985), Principals and Agents. An Overview, in: PRATT, J. W./ ZECKHAUSER, R. J. (Hrsg.), Principals and Agents: The Structure of Business, Boston, S. 1-35.

PREUSS, O. (1994), Das Krankenhaus als Betrieb, in: PETERS, S. H. F./ SCHÄR, W. (Hrsg.), Betriebswirtschaft und Management im Krankenhaus, Berlin.

PROSI, G. (1984), Verbraucherpolitik im Ordnungsrahmen der Sozialen Marktwirtschaft, in: PIEPENBROCK, H. (Hrsg.), Verbraucherpolitik in der Sozialen Marktwirtschaft, Stuttgart.

RAWLS, J. (1979), Theorie der Gerechtigkeit, Frankfurt am Main.

REINHARD, W. (1983), Die Identität von Organisationen, Bonn.

REINHARDT, U. E. (1988), HMOs in den Vereinigten Staaten: Darstellung und jüngste Entwicklungstendenzen, in: HAUSER, H./ SCHULENBURG, M. GRAF V.D., Health Maintenance Organizations, ROBERT BOSCH STIFTUNG (Hrsg.), Beiträge zur Gesundheistökonomie, Nr. 19, Gerlingen, S. 147-187.

RIBHEGGE, H. (1991), Der Beitrag der Neuen Institutionenökonomik zur Ordnungspolitik, Jahrbuch für Neue Politische Ökonomie, Bd. 10, S. 38-60.

RICHARD, S. (1993), Qualitätssicherung und technologischer Wandel im Gesundheitswesen: Eine institutionenökonomische Analyse, Baden-Baden.

RICHTER, R. (1992), Institutionen ökonomisch analysiert, LANDESZENTRALBANK IM SAARLAND (Hrsg.), Wissenschaftliche Hefte, Bd. 2, Dillingen.

RICHTER, R./ BINDSEIL, U. (1995), Neue Institutionenökonomik, in: Wirtschaftswissenschaftliches Studium, 24. Jg., S. 132-140.

RICHTER, R./ FURUBOTN, E. (1996), Neue Institutionenökonomik, Tübingen.

ROBBERS, J. (1997), Was kommt auf die Krankenhäuser zu?, in: das Krankenhaus, 89. Jg., S. 167-170.

ROBERT BOSCH STIFTUNG (1982), Beiträge zur Gesundheitsökonomie, Bd. 2, Gerlingen.

ROBERT BOSCH STIFTUNG (1987), Beiträge zur Gesundheitsökonomie, Bd. 20, Gerlingen.

ROBERT BOSCH STIFTUNG (1988), Beiträge zur Gesundheistökonomie, Bd. 19, Gerlingen.

ROCHAIX, L. (1989), Information Asymmetry and Search in the Market for Physicians Services, in: Journal of Health Economics, 8. Jg., S. 53-84.

RÖSSL, D. (1994), Gestaltung komplexer Austauschbeziehungen: Analyse zwischenbetrieblicher Kooperation, Wiesbaden.

ROTHSCHILD, K. W. (1981), Einführung in die Ungleichgewichtstheorie, Berlin, Heidelberg.

RUF, T. (1982), Zur Selbstbeteiligung der Versicherten, VERBAND DER PRIVATEN KRANKENVERSICHERUNG E.V. (Hrsg.), PKV-Dokumentation 8, Köln.

SACHVERSTÄNDIGENRAT ZU BEGUTACHTUNG DER GESAMTWIRTSCHAFTLICHEN ENTWICKLUNG (1996), Reformen voranbringen, Jahresgutachten 1996/97, Stuttgart.

SACHVERSTÄNDIGENRAT FÜR DIE KONZERTIERTE AKTION IM GESUNDHEITSWESEN (1995), Gesundheitsversorgung und Krankenversicherung 2000, Mehr Entscheidungsorientierung, mehr Qualität und mehr Wirtschaftlichkeit, Sondergutachten 1995, Baden-Baden.

SAMUELSON, P. A. (1954), The Theory of Public Expenditure, in: Review of Economics and Statistics 36, S. 386-389.

SAMUELSON, P. A. (1955), Diagrammatic Exposition of a Theory of Public Expenditure, in: Review of Economics and Statistics 37, S. 350-356.

SAMUELSON, P. A. (1969), Pure Theorie of Public Expenditure and Taxation, in: MARGOLIS, J./ GUITTOR, H. (Hrsg.), Public Economics - An Analysis of Public Production and Consumption and their Relation to the Private Sector, Proceedings of a Conference held by the International Economic Association 1966, London u.a.O., S. 98-123.

SCHADE, C./ SCHOTT, E. (1993), Instrumente des Kontraktgütermarketing, in: Die Betriebswirtschaft, 53. Jg., S. 491-511.

SCHLIEPER, U./ SCHMIDTCHEN, D. (1993), Makro, Geld & Institutionen, Beiträge zu einem Saarbrücker Symposium, Tübingen.

SCHMIDT, I. (1996), Wettbewerbspolitik und Kartellrecht, 5., neubearbeitete Auflage, Stuttgart.

SCHMIDTCHEN, D. (1993), Neue Institutionenökonomik internationaler Transaktionen, in: SCHLIEPER, U./ SCHMIDTCHEN, D. (Hrsg.), Makro, Geld & Institutionen, Beiträge zu einem Saarbrücker Symposium, Tübingen, S. 57-84.

SCHMIDTCHEN, D. (1994), Ökonomik des Vertrauens, in: HOF, H. (Hrsg.), Recht und Verhalten: Verhaltensgrundlagen des Rechts - zum Beispiel Vertrauen, Baden-Baden, S. 129-163.

SCHMOLLER, G. V. (1900), Grundriß der allgemeinen Volkswirtschaftslehre, München.

SCHRÖDER, J. (1997), Der moderne Förderauftrag im Gründungsgeschäft der Kreditgenossenschaften: Herleitung, Funktion und Möglichkeiten der Umsetzung, INSTITUT FÜR GENOSSENSCHAFTSWESEN DER UNIVERSITÄT MÜNSTER (Hrsg.), Kooperations- und Genossenschaftswissenschaftliche Beiträge, Bd. 40, Münster.

SCHUMANN, J. (1992), Grundzüge der mikroökonomischen Theorie, 6. Auflage, Heidelberg.

SCHWARZ, A. (1997), Informations- und Anreizprobleme im Krankenhaussektor: eine institutionenökonomische Analyse, Wiesbaden.

SEEHOFER, H. (1996), Strukturelle Reformen im Gesundheitsbereich, in: Wirtschaftsdienst, 76. Jg., S. 59-62.

SHAPIRO, C. (1983), Consumer Protection Policy in the United States, in: Journal of Institutional and Theoretical Economics, 139. Jg., S. 527-544.

SHAVELL, S. (1978), Risk Sharing and Incentives in the Principal and Agent Relationship, in: Bell Journal of Economics, 10. Jg., S. 55-73.

SIMON, H. A. (1957), Models of Man: Social and Rational, New York.

SIMON, H. A. (1961/1947), Administrative Behavior: A Study of Decision-Making Process in Administrative Organization, 2. Auflage, New York.

SIMON, H. A. (1978), Rationality as Process and as Product of Thought, in: American Economic Association, 68. Jg., S. 1-176.

SOHMEN, E. (1976), Allokationstheorie und Wirtschaftspolitik, Tübingen.

SPREMANN, K. (1988), Reputation, Garantie, Information, in: Zeitschrift für Betriebswirtschaft, 58. Jg., S. 613-629.

SPREMANN, K. (1990), Asymmetrische Information, in: Zeitschrift für Betriebswirtschaft, 60. Jg., S. 561-586.

SPENCE, M. A. (1976), Informational Aspects of Market Structure: An Introduction, in: Quarterly Journal of Economics, 90 Jg., S. 591-597.

STAUSS, B. (1989), Beschwerdepolitik als Instrument des Dienstleistungsmarketing, in: Jahrbuch der Absatz- und Verbrauchsforschung, S. 41-62.

STIGLER, G. J. (1981), The Economics of Information, in: Journal of Political Economy, 69. Jg., S. 213-225.

STIGLITZ, J. E. (1974), Information and Economic Analysis, in: PARKIN, M./ NOBAY, A. R. (Hrsg.), Current Economic Problems, London u.a.O., S. 27-52.

SYDOW, J. (1995), Konstitutionsbedingungen von Vertrauen in Unternehmensnetzwerken - theoretische und empirische Einsichten, in: BÜHNER. R./ HAASE, K. D./ WILHELM, J. (Hrsg.), Die Dimensionierung des Unternehmens, Stuttgart, S. 177-200.

SYDOW, J./ WINDELER, A. (1994), Management interorganisationaler Beziehungen - Vertauen, Kontrolle und Informationstechnik, Opladen.

TELSER, L. G. (1980), A Theory of Self-enforcing Agreements, in: Journal of Business, 58. Jg., S. 27-44.

TIROLE, J. (1995), Industrieökonomik, München, Wien.

TUCHTFELD, E. (1975), Wettbewerbspolitik, in: EHRLICHER, W. u.a. (Hrsg.), Kompendium der Volkswirtschaftslehre, Bd. 2, 4. Auflage, Göttingen.

TUSCHEN, K. H./ QUAAS, M. (1996), Bundespflegesatzverordnung, Kommentar mit einer umfassenden Einführung in das Recht der Krankenhausfinanzierung, 3., überarbeitete Auflage, Stuttgart, Berlin, Köln.

UNGERN-STERNBERG, T. VON/ WEIZSÄCKER, C. C. VON (1981), Marktstruktur und Marktverhalten bei Qualitätsunsicherheit, in: Zeitschrift für Wirtschafts- und Sozialwissenschaften, 101. Jg., S. 609-626.

VANBERG, V. (1981), Liberaler Evolutionismus oder vertragstheoretischer Konstruktivismus? Zum Problem institutioneller Reformen bei F. A. von Hayek und J. M. Buchanan, WALTER EUCKEN INSTITUT (Hrsg.), Vorträge und Aufsätze, Bd. 80, Tübingen.

VANBERG, V. (1982), Markt und Organisation, Individualistische Sozialtheorie und das Problem korporativen Handelns, Tübingen.

VARIAN, H. R. (1991), Grundzüge der Mikroökonomik, 2., überarbeitete und erweiterte Auflage, München, Wien.

VERBAND DER PRIVATEN KRANKENVERSICHERUNG E.V. (1982), PKV-Dokumentation 8, Köln.

WALTER EUCKEN INSTITUT (1969), Wirtschaftswissenschaftliche und wirtschaftsrechtliche Untersuchungen, Bd. 5, F. A. von Hayek, Freiburger Studien, Gesammelte Aufsätze, Tübingen.

WALTER EUCKEN INSTITUT (1981), Vorträge und Aufsätze, Bd. 80, Tübingen.

WIEMEYER, J. (1984), Krankenhausfinanzierung und Krankenhausplanung in der Bundesrepublik Deutschland, Sozialpolitische Schriften, Heft 50, Berlin.

WILLEKE, F. U. (1973), Grundsätze wettbewerbspolitischer Konzeptionen, Tübingen.

WILLIAMSON, O. E. (1975), Markets and Hierarchies: Analysis and Antitrust Implications. A Study in the Economics of Internal Organization, New York, London.

WILLIAMSON, O. E. (1983), Credible Commitments: Using Hostages to Support Exchange, in: American Economic Review, 73. Jg., S. 519-540.

WILLIAMSON, O. E. (1985), The Economic Institutions of Capitalism: Firms, Markets, Relational Contracting, New York, London.

WILLIAMSON, O.E. (1990), Die ökonomischen Institutionen des Kapitalismus,

ZIMMERMANN, H./ HENKE, K.-D., Finanzwissenschaft, 7., völlig überarbeitete und erweiterte Auflage, München.

ZIPPERER, M. (1996), Wohin steuert die Gesundheitspolitik?, in: das Krankenhaus, 88. Jg., S. 547-553.

ZÖLLNER, D. (1965), Die Ökonomie der Versorgung mit Gesundheitsleistungen, in: Schmollers Jahrbuch für die Gesetzgebung, Verwaltung und Volkswirtschaft, 85. Jg., II. Halbband, S. 171-198.

Verzeichnis wichtiger Gesetze und Verordnungen

5. Sozialgesetzbuch (SGB) - Gesetzliche Krankenversicherung - vom 20. Dezember 1988, BGBl. I, S. 2477.

Gesetz zur wirtschaftlichen Sicherung der Krankenhäuser und zur Regelung der Krankenhauspflegesätze (Krankenhausfinanzierungsgesetz - KHG) vom 10. April 1991, BGBl. I, S. 886.

Gesetz zur Sicherung und Strukturverbesserung der gesetzlichen Krankenversicherung (Gesundheitsstrukturgesetz - GSG) vom 21. Dezember 1992, BGBl. I, S. 2266.

Verordnung zur Regelung der Krankenhauspflegesätze (Bundespflegesatzverordnung - BPflV) vom 26. September 1994, BGBl. I, S. 2750.

Entwurf eines Gesetzes zur Weiterentwicklung der Strukturreform in der gesetzlichen Krankenversicherung (GKV-Weiterentwicklungsgesetz - GKVWG). BT-Drucksache 13/ 3608.